古代研究Ｖ

国文学篇１

折口信夫

角川文庫
20311

目次

国文学の発生（第三稿）

まれびとの意義

一　客とまれびとと

客をまれびとと訓ずることは、我が国に文献の始まった最初からのことである。従来の語原説では「まれに来る人」の意義から、珍客の意を含んで、まれびとと言うたものとし、その音韻変化が、まらひと・まらうどとなったものと考えて来ている。形成の上から言えば、確かに正しい。けれども、内容――古代人の持っていた用語例――は、この語原の含蓄を拡げて見なくては、釈かれないものがある。

我が国の古代、まれの用語例には、「稀」または「rare」のごとく、半否定は含まれてはいなかった。江戸期の戯作類にすら、まれ男などいう用法はあるのに、当時の学者すでに「珍客」の意と見て、一種の誇張修辞と感じていた。

うづは尊貴であって、珍重せられるものの義を含む語根であるが、まれは数量・度数において、さらに少ないことを示す同義語である。単に少ないばかりでなく、唯一・孤独などの義が第一のものではあるまいか。「あだなりと名にこそたてれ、桜花、年にまれなる人も待ちけり（古今集）」などいう表現は、平安初期の創意ではあるまい。

まれびとの内容の弛んでいた時代にかかわらず、このまれには「唯一」と「尊重」との意義が見えている。「年に」という語があるために、このまれは、つきつめた範囲に狭められて、一回きりの意になるのである。この「年にまれなり」という句は、文章上の慣用句を利用したものと見てさしつかえはないようである。

上代皇族の名に、まろ・まりなどついたもののあるのは、まれとおなじく、尊・珍の名義を含んでいるのかと思う。継体天皇の皇子で、倭媛の腹に椀子ノ皇子があり、欽明天皇の皇子にも椀子ノ皇子がある。また、用明天皇の皇子にも当麻公の祖麻呂子ノ皇子がある（以上日本紀）。しかも継体天皇は皇太子勾ノ大兄を呼んで「朕が子麻呂古」と言うておられる（紀）。これから考えると、子に対して親しみと尊敬とを持って呼ぶ、まれ系統の語であったのが、固有名詞化したものであることが考えられる。まれびとも珍客などを言うよりは、一時的の光来者の義を主にしているのが古いのである。

くすり師は常のもあれど、珍人の新のくすり師　たふとかりけり。珍しかりけり

（仏足石の歌）

つねは、普通・通常などを意味するものと見るよりも、この場合は、常住、あるいは不断の義で、新奇の一時的渡来者の対立として用いられているのである。まらは、まれの形容屈折である。尊・珍・新などの連想をともなう語であったことは、この歌によく現れている。

まれという語の溯（さかのぼ）れる限りの古い意義において、最少の度数の出現または訪問を示すものであったことは言われる。ひとという語も、人間の意味に固定する前は、神および継承者の義があったらしい。その側から見れば、まれひとは来訪する神ということになる。ひとについて今一段推測しやすい考えは、人にして神なるものを表すことがあったとするのである。人の扮した神なるがゆえにひとと称したとするのである。

私はこの章で、まれびとは古くは、神を斥（さ）す語であって、とこよから時を定めて来（きた）り訪（おとな）うことがあると思われていたことを説こうとするのである。幸いにして、この神を迎える儀礼が、民間伝承となって、賓客をあしらう方式をはらんで来た次第まで説き及ぼすことが出来れば、望外の欣（よろこ）びである。

てっとりばやく、私の考えるまれびとの原（もと）の姿を言えば、神であった。第一義においては古代の村々に、海のあなたから時あって来（きた）り臨んで、その村人どもの生活を幸福にして還（かえ）る霊物を意味していた。

まれびとが神であった時代を溯って考えるために、平安朝以後、近世にいたる賓客饗応の風習を追憶してみようと思う。第一に、近世「客」なる語が濫用せられて、その訓なるまれびとの内容をさえ、きわめてありふれたものに変化させて来たことを思わねばならぬ。大正の今日にもいたる所の田舎では、いろりの縁の正座なるよこざ（横座）を主人の座とし、その次に位する脇の側を「客座」と称えている。これは客を重んじ慣れた都会の人々には、会得のいかぬことである。しかし田舎屋の日常生活に訪うものと言えば、近隣の同格あるいは以下の人たちばかりである。もしたまに同等以上の客の来た時には、主人は、横座をその客に譲るのが常である。だから、第二位の座に客は坐わるものと考えられたことは、農村の家々に、真の賓客と称してよい者の、容易には来るものでなかったことを示している。

正当に賓客と称すべき貴人の光来の栄に接することになったのは、およそ、武家時代以後、次第に盛んになったことと観察せられる。武家は、久しい地方生活によって、親方・子方の感情が、きわめて緻密であった。中央には、伝承が作法を生んで、久しい後までも、わりあい自由に親密を露すことが出来た。それで、武家が勢力を獲たころになると、中央であったら大事件と目せられねばならないような臣家訪問の事実が、急に目につき出したのである。下剋上の恐怖が感じられるようになると、懐柔の手段という意味も含められて、いよいよ流行した。その結果、賓客と連帯して来たまれびとなる語は、到底、上代から伝えた内容を持ちこたえることが出来なくなったのである。六国史を見ても、そうである。天子の臣家に臨まれた史実は、数えるほどしかない。公式と非公式とでは違うであろうが、内容にもしばしばあり得べきことではなかった。

上官下僚の関係で見ても、そうだ。非公式には多少の往来を交していそうな人々の間にも、公式となると、ことごとしい形式を履まねばならぬことになっていた。「大臣大饗」は、この適切な例である。新しく右大臣に任ぜられた人が、先輩なる現左大臣を正客として、他の公卿を招く饗宴であるが、これは公家生活の上における非常に重大な行事とせられていた。だから、正客なる左大臣の一挙一動は、満座の公卿の注視の的となった。新大臣にとっては、単に次には自分の行わねばならぬ儀式の手本を見とっておくための目的から、ことさらに行うたような形があった。先輩大臣は、それだけに故実を糺して、先例を遺しておこうという気ぐみを持っていた。

二　門入り

およそ、大饗と名のつく饗宴には、すべてこの正客をば「尊者」と称えていた。寿・徳・福を備えた長老を「尊者」と言うと説明して来ているが、違うようである。

私はこれには二とおりの考えを持っている。一つはまれびとの直訳とするのである。今一つは寺院生活の用語を応用したものと見るのである。食堂(じきどう)の正席は必ず、空座なのが常である。これは、尊者の座席として、あけておくのである。尊者は、賓頭盧(びんずる)尊者の略号なのである。だから、食事を主とする饗宴の正客を尊者と称すると考えるのも、不自然な想像ではないようである。尊者の来臨に当たって、まず喧(やか)ましいのは門入りの儀式である。次に設けの席に就くと、列座の衆の拍手するのが、本式だったようである。饗膳(きょうぜん)にもまた特殊な為来(しきた)りがあった。このうち、支那風、仏教風の饗宴様式をとり除いて考えて行きたい。

奈良朝の記録には、神護景雲元年八月乙酉、参河(みかわ)国に慶雲が現れたので、西宮寝殿に、僧六百人を招いて斎(とき)を設けた。

是の日、緇侶(しりょ)の進退、復法門の趣なし。手を拍(う)って歓喜すること、もはら俗人に同じ。(続紀)

とある。この拍手が純国風であったことは、延暦十八年朝賀(ちょうが)のさまの記述を見ても察せられる。

文武官九品以上、蕃客等、各位に陪す。四拝を減じて再拝と為し、拍手せず。渤(ぼっ)海(かい)国の使あるを以(もっ)てなり。(日本後紀)

とあるのは、天子を礼拝することの、きわめて鄭重(ていちょう)であった国風を、蛮風と見られまいとして、恥じて避けたのである。だが、これもまた宴式に臨んだ正客を拝した古風の存していたのである。手を拍つことは、酒宴の興に乗って拍子をとり、囃すものと思われて来たが、後世の宴会の風から測った誤解である。正客すなわち尊者は拝むべきものであった。それゆえ、手を拍って拝したのである。

二つの引用文は天子に関したものであるが、拍手礼拝の儀は、天子に限らない。うたげは「拍ち上げ」の融合なることは、まず疑いはない。しかし、宴はじまって後の手拍子を斥すのでなく、宴に先だっての礼拝を言う語であったのである。それが饗宴全体を現し、ついには饗宴の主要部と考えられるようになった酒宴を示すように移って来たものと思われる。後に言う朝観行幸・おめでたごとと同じ系統の壻入りをうちやげ（宛て字宇茶下）と美濃国で称えていたというのは、疑いもなく拍上げである。しかし、壻入りの宴会を斥すものでなく、壻が舅を礼拝する義から出ているのは疑いがない。

後世、饗宴の風、その宴席のために正客を設け、名望ある長老を迎えることを誇りとするようになったが、古代には尊者のための饗宴であって、饗宴のための正客ではなかったのである。だから、尊者は、饗宴の唯一の対象であり、中心であった。他の列座の客人・宴席の飾り物・食膳の様子・酒席の余興などの起原については、おのずから説明する機会があるであろう。

尊者の「門入り」の今一つ古い式は、平安の宮廷に遺っていた。大殿祭の日の明け方、神人たち群行して延政門に訪れ、門の開かれるを待って、宮廷の巫女なる御巫らを随えて、主上日常起居の殿舎を祓うて廻わるのであった。この神人――中臣・斎部の官人を尊者と称することはせなかったけれど、祓えをすました後、事にあずかった人々は、それぞれ饗応せられて別れる定めであった。かくて貴族の家々に中門の構造が必須条件となり、中門廊に宿直人を置いて、主人の居所を守ることになる。平安中期以後の家屋はみなこの様式で、きわめて尊い訪客は、中門から車を牽き入れて、寝殿の階に轅を卸すことが許されていた。武家の時代になると、中門が塀重門と名称・構造を変えて来たが、なお、普通には、母屋の前庭に出る門を中門と称えて来た。

田楽師の演奏種目の中、古くからあって、今に伝えている重要な「中門口」というのは、この「門入り」の儀の芸術化したものなのであった。田楽法師と千秋万歳法師との間には、どちらから影響したか問題であるが、類似がたくさんある。服装・舞いぶりはもちろんだが、この「中門口」にいたっては、ことに著しい。後世風に考えれば、「中門口」はむしろ、千秋万歳の方に属するものと見える。しかし、単に門ぼめを、「中門口」の主体と見ることは出来ぬ。くちを、今も「語り」の意に使うているところから見ると、「中門口」の動作というよりも、中門での語りを意味すると見る方が、いささかでも真実に近いようだ。ともかくも、尊者系統の訪れ人が、中門におとなう民間伝承から出たものに相違はないと思う。これが門ぼめの形式に移って行ったので、むしろ、庭中・屋内のほめの儀が重んぜられていたものと見るべきである。なぜ、このように「門入り」の式を問題にしたものであろうか。奈良朝あるいはそれ以前に溯っても、実際の民俗にも、その伝説化した物語にも、同様の風のあったのがありありと見られる。

にほどりの葛飾早稲をにへすとも、彼の可愛しきを外に立てめやも

誰ぞ。此家の戸押ふる。にふなみに、我が夫を行りて、斎ふ此戸を

この二首の東歌（万葉集巻十四）は、東国の「刈り上げ祭り」の夜の様を伝えているのである。にへは神および神なる人の天子の食物の総称なる「贄」と一つ語であって、刈り上げの穀物を供ずる所作をこめて表す方に分化している。この行事に関した物忌みが、にへのいみ、すなわちにふなみ・にひなめと称せられて、新嘗という民間語原説を古くから持っている。この宛て字を信じるとすれば、なめという語の含蓄は、きわめて深いものとせなければならぬ。

大嘗は大新嘗、相嘗は相新嘗で、なめが独立していないことは、おほなめ・あひなめと正確に発音した文献のないことからも知れる。鳥取地方には、今も「刈り上げ祝い」の若衆の宴をにへと称えている。羽前庄内辺で「にはない行（？）」というのは、新嘗の牲と見るよりむしろ、にへなみの方に近い。にへする夜の物忌みに、家人は出

払うて、特定の女だけが残っている。処女であることも、主婦であることもあったであろう。家人の外に避けているのは、神の来訪あるがためである。

これらの民謡は、新嘗の夜の民間伝承が信仰的色彩を失い始めたころに、民謡特有の恋愛情趣にとりなして、そのようすを潤色したのである。来訪者を懸想人としたのは、民謡なるがためであるに過ぎないが、こうしたおとづれ人を予期する心は、深い伝承に根ざしていたのである。こうした夜の真のおとづれ人は誰か。それは刈り上げの供を享(う)ける神である。その神に扮した神人である。

「戸おそふる」と言い、「外(と)に立つ」と謡(うと)うたのは、戸を叩(たた)いてその来訪を告げた印象が、深く記憶せられていたからである。とふはこたふの対で、言いかけるであり、たづぬはさぐるを原義としている。人の家を訪問する義を持った語としては、おとなふ・おとづるがある。音を語根とした「音を立てる」を本義とする語が、戸の音にばかり連想が偏倚(へんい)して、訪問する義を持つようになったのは、長い民間伝承を背景に持っていたからである。祭りの夜に神の来て、ほとほとと叩くおとなひに、豊かな期待を下に抱きながら、恐怖と畏敬(いけい)とに縮みあがった邑落(ゆうらく)幾代の生活が、産んだ語であった。だから、訪問する義の語自体が、神をほかにして出来なかったことが知れるのである。

新嘗の夜に神のおとづれを聴いた証拠は、歌に止(とど)まらないで、東(あずま)の古物語にも残っていた。母神（御祖神）が地上に降ったのは、偶然にも新嘗の夜であった。姉は、人を拒む夜のゆえに、母を宿さなかった。妹は、母には替えられぬと、物忌みの夜にもかかわらずとめることにした（常陸風土記）。物語の半分は「しんどれら型」にとり込まれているが、前半は民間伝承が民譚化したものである。新嘗の夜に来る神が、一方に分離して、御祖神の形をとることになったのだ。

　おなじく神の来る夜の民俗は、武塔神を拒み、あるいは宿した巨旦将来・蘇民将来の民譚（備後風土記逸文）をも生んでいる。これは新嘗の夜とは伝えていない。事実、刈り上げ祭り以外にも、神の来臨はあったのである。この武塔神の場合に、御子神を随えておられるのは注意せねばならぬ。この神をすさのをの命と同じ神とする見解も古くからあるが、これは日本紀の一書に似た型の神話を止めているからであろう。命、高天原を逐われた時に長雨が降っていた。青草をもって簑笠として、宿を衆神に乞うたが、罪あるゆえにとめる者がなかった。それ以来、簑笠を着て他人の家に入り、また、束草を背負うてはいることを諱んだ。犯す者には祓えを課したのが、奈良朝の現行民俗であった。この神話は、武塔神の件との似よりから観ると、やはり神来訪の民俗の神話化したものに違いない。

三　簑笠の信仰

しかもなお一つ、簑笠に関する禁忌の起原を説く点である。私の考えるところでは、簑笠を着て家に入ったからとて、祓えを課するわけはない。孝徳朝に民間に行われた祓えを見ても、家を潰し村を穢したものとするさまざまな口実をもってして、科料を課しているようすが見える。だから束草などは説明の途のつかない間は、しばらく家を汚すものと見ることも出来るが、簑笠を着てずっとはいることは、別途の説明をすることが出来る。婚礼の水祝いも、実は孝徳紀によると、祓えから出発しているのである。巫女と婚する形式になるところから婚前に祓うべきを、事後に行うたのである。

これと同じで、簑笠を着たままで、他家の中に入るのは特定のおとづれ人に限ることであるのに、それを犯したから祓うのである。がこれは、一段の変化を経ている。祓えをして簑笠を着たおとづれ人を待つ風があったのを、その条件に叶わぬ人の闖入に対して、逆にこの方法をとったものである。決して農村生活に文化式施設を試みようとの考えから出たのではない。簑笠は、後世農人の常用品ともっぱら考えられているが、古代人にとっては、一つの変相服装でもある。笠を頂き簑を纏うことが、人格を離れて神格に入る手段であったと見るべき痕跡がある。

神武紀戊午の年九月の条に、敵の邑落を幾つも通らねば行けぬ天ノ香山の埴土を盗みに遣るのに、椎根津彦に弊れた衣に簑笠を着せて、老爺に為立て、弟猾に箕を被かせて、老媼の姿に扮せしめたことが出ている。これは二段の合理化を経た書き方で、簑笠で身を隠すというより、姿が豹変するものとした考え、第二に二人が夫婦神の姿に扮した——というよりも、夫婦のおとづれ人の姿の印象が、この伝説を形づくったと見る方が正しい——ので、神の服装には簑笠が必須条件になっていたことを示すものである。

このことは、なおほおよびうらの条に詳しく解説をする。隠れ簑・隠れ笠は、正確には外来のものではない。在り来りの信仰に、仏教伝来の空想の、隠形の帽衣の観念をとりこんで発達させたまでである。人間の姿がなくなって、神と替わるということと、人間の姿を隠すということとだけの違いに過ぎない。

また、笠神の形態および信仰の由来するところも、その大部分は、このおとづれ人の姿から出ているものと見られる。今も民間信仰に、田の神あるいはその系統の社の神の、簑笠を着けたのが多いのは、理由のあることである。遠い国から旅をして来る神なるがゆえに、風雨・潮水を凌ぐための約束的の服装だと考えられ、それから簑笠を神のしるしとするようになり、これを着ることが神格を得る所以だと思うようになったのである。簑笠で表された神と、襲・襅をもって示された神との、二種の信仰対象があって、次第に前者は神秘の色彩を薄めて来たものと思われる。神社・邸内神は後者で表されたものである。後には、簑よりも笠を主な目じるしとするようになって行った。これは然るべきことで、顔を蓋うという方にばかり、注意が傾いて行ったので、神事と笠との関係は、きわめて深いものであった。

大晦日・節分・小正月・立春などに、農村の家々を訪れたさまざまのまれびとは、みな、簑笠姿を原則としていた。夜の暗闇まぎれに来て、家の門からただちにひき還す者が、この服装を略することになり、ようやく神としての資格を忘れるようになったのである。近世においては、春・冬の交替に当たっておとずれる者を、神だと知らなくなってしもうた。ある地方では一種の妖怪と感じ、またある地方では祝言を唱える人間としか考えなくなった。それにも二通りあって、一つは、若い衆でなければ、子ども仲間の年中行事の一部と見た。他は、専門の祝言職に任せるという形をとるに到った。そうして、祝言職の固定して、神人として最下級に位するように考えられてから、乞食者なる階級を生じることになった。

おとずれ人＜妖怪
　　　　　　祝言職――乞食

だから、こういう風に変化推移した痕が見られるのである。門におとずれてさらに屋内に入りこむ者、門前から還る者、そしてその形態・為事が雑多に分化してしもうたが、結局、門前での儀が重大な意義を持っていたことだけはうかがわれる。このように各戸訪問が、門前でその目的を達する風に考えられたものもあり、また、家の内部深く入りこまねばならぬものとせられたのもある。古代には家の内に入る者が多く、近世にもその形が遺(のこ)っているが、門口から引き返す者ほど、卑しく見られていたようである。つまりは、単に形式を学ぶだけだというところから出るのであろう。

四　初春のまれびと

乞食者はすべて、門芸人の過程を経ていることは、前に述べた。歳暮に近づくと、来む春のめでたからむことを予言(かねごと)に来る類の神人・芸人・乞食者のいずれにも属する者が来る。「鹿島のことふれ」が廻わり、ついで節季候(せきぞろ)・正月さしが来る。「正月さし」は神事舞太夫の為事で、ことふれは鹿島の神人だと称した者なのだ。

このうち、節季候(せきぞろ)は、それらより形式の自由なだけ、古いものと言われる。その姿からして、笠に約束的の形を残していた。これは、近世京都ではたたきという非人のすることになっていた。たたきの原形だと言われている胸叩(むねたた)きという乞食者は、顔だけ編み笠で隠して、裸で胸を叩きながら「春参らむ」と言うたとあるから、「節季に候」と「春参らむ」とは、一続きの唱え言であったことが知れる。そうしてたたきの正統は、誓文払いくらいから出たすたすた坊主に接続している。しかも、その常用文句は「すたすた坊主の来る時は、世の中よいと申します」という、元来、明年の好望なることを予約するものであった。

大晦日は前にも述べたとおり、節分・立春前夜・十四日年越しと共通の意味を持った日と考えられていたため、こうした点にも同様のことが行われた。「厄払い」は、右のいずれの日にか行われるもので、節分には限らない。奈良では、「富み富み」と唱えて駆け歩く夙の者の出たのが、大晦日である。たたきという悲田院の者も、実はこの夜門戸を叩いて唱え言をして歩いたからであろう。徒然草の「つごもりの夜、いたう暗きに松どもともして、夜半すぐるまで人の門たゝき走りありきて、何ごとにかあらむ、ことぐ〵しくのゝしりて、足を空にまどふ」（第十九段）とあるのの職業化したもので、元禄時代までも非人以外に、町内の子どももして歩いたようである。しかも、兼好は、東国風として、大晦日の夜に、霊祭りをする国あるを伝えている。

宝船を売りに来るのも、除夜あるいは節分の夜である。正月二日に売り歩くのは、変態である。元旦未明から若えびす売りが来ることは、やはり江戸中期まではあったことである。それからは物吉・万歳が来て、門をほめ、柱をほめ、屋敷・廏・井戸をほめて廻わる。猿廻わしの来るのも正月で、主として廏祈禱の意を持っている。京ではたたき、江戸では非人の女太夫が鳥追いに来るのも、小正月までのことである。また、同期間にわたって、江戸の中ごろまでは、懸想文うりが出た。これは、祇園の犬神人の専業であったようだから、常陸帯同様、当年いっぱいに行わるべき氏人の結婚の予言と見るのが適当である。さすれば、鹿島の「言触れ」の原義も辿ることが出来よう。そのほかにも生計上の予言が含まれている。

鳥追いの女太夫ばかりでなく、室町・聚楽のころまでは、年頭祝言に出る者に桂女があった。将軍家の婚礼にも、戦争の首途にも、祝言を唱えに来た。桂女は、巫女から出て、本義は失いながら、まだ乞食者にも芸人にも落ちきっていないものである。女でなお、ある時期を主とする乞食者に「姥等」がある。これは、白河にいた者で、師走にもっぱら出る者であった。上に列挙した者は、たいてい門口から還るのだが、万歳・桂女は、深く屋敷に入り、座敷までも上っている。

こうした職業者以外で言うと、十月からすでに来春を予祝する意で、玄猪の行事がある。この夜は、村の子どもが群れをなして、屋敷に自由に入って来て、地をうち固める形式をするが、共通のようである。多くの地方で、海鼠をもって、鼹鼠を逐う儀式と信じている。大晦日・節分の厄払いも、若い衆が行う地方はまだある。しかも、厄払いに似ていて、意義不明なほとほと・とのへい・こととことなどいう簡単な唱え言をして、家々の門戸を歴訪し、中には餅銭などを貰い受け、あるいは不意の水祝いを受けて、還るのもある。みなおそらくおとずれる戸の音の声色を使うのであって、ほたのであろう。

とほとといった古言で、おとなひを表した時代から固定した唱文であり、儀式であったのであろう。

小正月あるいは元日に、妖怪の出て来るのは、主として奥羽地方である。なもみはげたか・なまはげ・がんぼう・もうこなどいう名で、通有点は簑を着て、恐ろしい面を被って、名称に負うた通りの唱え言、あるいは、唸り声を発して家々に踊りこんで、農村生活における不徳を懲らす形をして行くのである。私は、地方々々の民間語原説はどうあろうとも、なま・なもみは、玄猪の「海鼠」と語原を一つにしたもので、おとづれ人の名でなくば、その目的として懲らそうとする者の称呼ではないかと思う。そうでなくば、少なくとも、我が古代の村々の、来向かう春の祝言の必須文言であったとだけは言われよう。この妖怪、実は村の若い衆の仮装なのである。村の若者が人外の者に扮して、年頭の行事として、村の家々を歴訪するというのは、どういう意味であろうか。何にしても、不得要領なほとほとと同じ系統で、まだそれほどに固定していないものだということは知れる。

五 遠所の精霊

村から遠い所にいる霊的な者が、春の初めに、村人の間にある予祝と教訓とを垂れるために来るのだ、と想像することは出来ぬだろうか。簑笠を着けた神、農作の初めに村および家をおとずれる類例は、沖縄県の八重山列島にもあちこちに行われている。

　このおとづれ人の名をまやの神という。まやは元来は国の名で、海のあなたにある楽土を表す語らしい。台湾土民の中にも、阿里山蕃人(ばんじん)は、神話の上にこの楽土の名を伝えている。しかも沖縄本島の西北の洋中にある伊平屋(いへや)列島にも、古くこの楽土の名を伝えていたことを思えば、偶発したものとは考えられない。まやを沖縄語「猫」に用いるところから、猫の形をした神と考えている村もあるのは、かえって逆で、まやの国から来た畜類ということなのであろう。蒲葵(くば)の葉の簑笠で顔姿を隠し、杖を手にしたまやの神・ともまやの神の二体が、船に乗って海岸の村に渡り来る。そうして家々の門を歴訪して、家人の畏怖(いふ)して頭もえあげぬのを前にして、今年の農作関係のこと、あるいは家人の心を引き立てるような詞(ことば)を陳べて廻わる。そうした上で、また、洋上はるかに去る形をする。つまりは、初春の祝言を述べて歩くのである。

　これはもちろん、その村の択(えら)ばれた若者が仮装した神なのである。村人のうち、女および成年式を経ない子供には絶対に知らせない秘密で、同時に状を知った男たちでも、まやの神来訪の瞬間は真実の神と感じ、まやの神自身も神としての自覚の上に活(はたら)いているようである。このように大切な神にもかかわらず、村によっては猫の怪物と連想しているというふうに、どこかに純化しきった神とは言われぬ点を交えている。

こうして見ると、なもみはげたかとの隔りは、きわめてわずかなものになって来るのである。

おなじ八重山群島の中には、まやの神の代わりににいる人(ぴつ)を持っている地方も、たくさんある。蛇の一種の赤また、それから類推した黒またというのと一対の巨人のような怪物が、穂利祭(ふうりい)に出て来る。所によっては、黒またの代わりに、青またと称する巨人が、赤またの対に現れるのもある。この怪物の出る地方では、みな、海岸になびんづうと称(とな)える岩窟(がんくつ)の、神聖視せられている地があって、そこから出現するものと信じている。なびんづうは、巨人等の通路になっているのだ。

にいるすくという所が、巨人の本所であると考えて、多くの人は海底にあると説く。にいるは奈落(ならく)で、すくは底だと言うが、にいるは明らかに別の語である。にこらい・ねふすきい氏の考えでは、すくも底ではなく、この群島地方で、底をすくと言うことはない。やはり塁・村・国を意味しているそうだ。つまり、にいる国ということになる。ぴつは人であるが、一種の敬意を持った言い方で、霊的なものなることを示しているのである。

にいる人の行うことは、一年中の作物の予祝から、今年中の心得、または昨年中、村人の行動に対する批評などもある。村人の集まっている広場に出て踊り、その後で家々を歴訪すること、およびそれに対する村人の心持ちは、まやの神と同様である。

にいる人の出る地方の青年には、また、酉年ごとに成年式が執り行われる。一日だけではあるが、かなりの苦行を命じられるままにせなければならない。まやの国から来る神と、にいるすくから来る霊物との間に違う点は、形態の差異だけしかないわけであるが、にいる人の方が、村の生活・村の運命との交渉が緻密であるように見える。この巨人も、択ばれた若者たちが、一体につき二人ずつ交替にはいることになっている。それを男たちは知っていて、しかも敬虔感は失わないのである。

にいるすくは、海底か洋上か、その所在、すこぶる、曖昧であるが、これは後に説くとして、先島の人々は、にいるすくを恐ろしい所と考えていることは、事実である。暴風もにいるすくから吹くと考えている。これは洞窟をもって、風伯のいる所とし、その海岸にあるものは、黄泉への通路としている世界的信仰と脈絡があるのである。風とにいるとの関係については、沖縄本島でも、風凪ぎを祈るのに、にらいかないへ去れと唱えるのでわかる。にいるを風の本拠と見ている証である。

にらいかないは、言うまでもなく、にいると同じ語で、かないは対句表現である。にらいかない・じらいかない・儀来河内・けらいかないなど、沖縄本島の文献には見えている。本島には、にらいかないから、初夏になると、蚤が麦稈の舟に麦稈の棹をさしてやって来るという信仰から来た諺がある。

沖縄本島のにらいかないは、琉球神道における楽土であって、海のあなたにあるものと信じている地だ。そうして人間死して、まれに至ることもあると考えられたようである。神は時あって、ここから船に乗って、人間の村に来ると信じた。それが海岸からやや入りこんだ地方にも及ぼしている。だから、沖縄の村は海岸から発達したことは知れる。方言では多く、その神を「にれい神がなし」と称している。いたる所の村々の祭りに海上から来る神である。

琉球王朝では、遠方より来る神を地神の上に位せしめていたようである。そうして、天神と海神とに区分している。儀来河内の神は、海神に属するのである。そうしてその所在地は、東方の海上に観じていたらしく見える。あがりの大主というのが、一名儀来の大主なのである。あがりは東である。今実在の島である大東島は、実は旧制廃止以後までも、空想の島であった。さらに古くは、本島東岸の久高・津堅の二島のごときも、楽土として容易に近づきがたい所と考えられた時代もあったようである。

琉球神道の上のにらいかないは光明的な浄土である。にもかかわらず、多少の暗影の伴うているのは、何故であろう。今一度、八重山群島の民間伝承から話をほぐして行きたい。

六　祖霊の群行

村々の多くは、今も盂蘭盆に、祖先の霊を迎えている。これをあんがまあと言う。考位の祖先の代表を言う大主前・妣位の代表と伝える祖母という一対の老人が中心になって、眷属の精霊を大勢引き連れて、盆の月夜のまっ白な光の下を練り出して来る。どこから来るともわからないが、墓地から来るとは言わぬらしい。小浜島では、大やまとから来ると言うているから、海上の国を斥すのであろう。あんがまあという名称も、私はその練り物の名ではなく、まや・にいる同様、その本拠の国の称えであろうと思うよしは、後に言う。

盆の三日間夜に入ると、村中を廻わって迎えられる家に入って、座敷に上って饗応を受ける。もちろん、若い衆連の仮装で、顔は絶対に露さない。元は、芭蕉の葉を頭から垂れて、葉の裂け目から目を出していたというが、今は木綿をもって頭顔を包んで、それに眉目を画き、鼻を作って、仮面のようにしている。大主前が、時に起って家人にいろいろな教訓や批難あるいは慰撫・激励をするが、軽口まじりに人を笑わせることが多い。時には、随分恥をかかせるようなことも言うそうである。大主前の黙っている間は、眷属たちが携えて来た楽器を鳴して、舞いつ謡いつ芸づくしをして歓をほしいままにする。家の主人・主婦らは、ひたすら、あんがまあの心に添おうと努めている。大主前は、いろいろな食物の註文をして催促することもある。

あんがまあは、「母小」で、がまは最小賞美辞である。しかも、沖縄語普通の倒置修飾格と考えることが出来るから、「親しい母」というぐらいの意を持つ。すなわち、我が古代語の「妣が国」に適切に当たるのである。これも後に説くが、「妣が国」も、海のあなたにあるものとしていたことは疑いがない。我が国に多い「あくたい祭り」、すなわち、有名な千葉笑い・京五条天神の「朮祭り」の悪口・陸前塩竈のざっとな・河内野崎観音詣での水陸の口論の風習の起こりは、ここにあるのである。

そしるという語は、古くささやくという内容を持ったに過ぎぬが、人の悪口を耳うちするというふうに替わったのは、この辺に理由があるのではないか。そしるは日・琉に通じる古語で、託宣することである。託宣はささやかれるのが本式であった。ところが、一方へ分化したのは、託宣の形をもって、人のあやまち・手落ちを誹謗することが一般に行われたところから、そしるの現用用語例が出来たものであろう。

八重山の村々で見ても、今こそ一村一族というものはなくなって、たいてい、数個の門中からなっているが、古い形はだいたい一つの門中をもって、村を組織していたのであるから、一つのあんがまあが、村中のどこの家にも迎えられることの出来るわけはわかる。そうした祖の精霊の、時あって子孫の村屋にのぞみ、新しい祝福の辞を述べるとともに、教訓・批難などをして行った古代の民間伝承が、だんだん神事の内容を持って来ることも考えにくくはない。

内地の祭礼の夜にあくたいの伴うことがあるのは、悠遠な祖先の邑落生活時代に村の死者の霊の来臨する日の古俗をとどめているのである。もちろん、我が国農村に近世まで盛んに行われた村どうしの競技に、相手の村を屈服させることが、おのが村の農作を豊かにするとしたかけあい・かけ踊りの側の形式をとり込んでいるのであろうが、主としての流れは、祖霊のそしりにあることと思う。

一村が一族であるとしたら、子孫の正系が村君である。祖霊が、村の神人の口に託して、村君のやり口を難ずることがあったとしたら、これを咎めることも出来ないはずである。こういうふうに、神人の為事が、村の幸福と政治との矛盾した点に触れることが多くなって来るにつれて、姿はいよいよ、隠され、声はますます、作られて、その誰とも知れないように努めるようになって来るのは、当然である。「千葉笑い」のごときは、神人の意識的のそしりが含まれて来るわけである。ざっとなは家々を訪問する点においてあんがまあに近いものである。

祖霊が夙く神と考えられ、神人の仮装によって、その意思も表現せられるようになったのが、日本の神道の上の事実である。しかもなお、神の属性に含まれない部分を残しているのは、「みたまおがみ」の民間伝承である。古代日本人の霊魂に対する考えは、人の生死にかかわらず生存しているものであって、しかも同時に游離しやすい状態にあるものとしていた。特に生きている人のものということを示すために、いきみたまと修飾語を置く。霊祭りは、単に死者にあるばかりではなかった。生者のいきみたまに対して行うたのであった。そうしてその時期もだいたい同時であったらしい。偽経だという「盂蘭盆経」には、盂蘭盆を年中六回と定めている。「魂祭り」は中元に限るものでなかったことを示しているのであろう。「魂祭り」類似の形式が「節の祭り」と融合して残っているあとが見える。七夕も盆棚と違わぬこしらえの地方があり、沖縄では盆・七夕を混同している。八朔にも、端午にも、上巳にも、同様な意味を示す棚飾りと、異風を残した地方がある。正月の喰い積み、幸木系統の飾り物には、盆棚と共通の意味が見られる。大晦日を霊の来る夜とした兼好の記述から見ても、正月に来り臨む者の特別な霊物であったことが考えられる。

七　生きみ霊

生き御霊の方で言おう。中世、七夕の翌日から、盂蘭盆の前日までを、いきみたま、あるいは、おめでたごとなる行事のある期間としていた。おそらく武家に盛んであったのが、公家にも感染して行った風俗と思われるが、宗家の主人の息災を祝うために、鯖を手土産に訪問する風が行われた。家人が主人に対してすることもあり、農村では子方から親方の家に祝い出ることもあった。これは、一族の長者を拝する式だったのが、複雑になったものらしい。おめでたごとというのは、主公の齢のめでたからむことを祝福しに行くから出た語である。いきみたまと称えるわけは、主公の体内の霊を拝して、それに「めでたくあれ」と祈って来るからである。盂蘭盆に対して、今もこれを生き盆と称して行う地方もある。畢竟、元は生者死者にかかわらず、このころ、霊を拝したなごりに違いない。結局、鎮魂祭は生き御霊のために行われたのが、漸次、意義を分化して、たがいに交渉のない祭日となってしもうたものであろう。だから、節供に霊祭りの要素のあることも納得出来る。季節の替り目にいきみたまの邪気に触れることを避けようとしたのである。

おめでたごとから引いて説くべきは、正月の常用語「おめでとう」は、現状の讃美ではなく、祝福すべき未然を招致しようとする寿詞であるということである。生き盆のおめでたごとと同じことが、宮廷で行われていた。春秋の朝覲行幸がそれである。天子、その父母を拝する儀であって、上皇・皇太后が、天子の拝を受け給うのであった。単にそればかりでなく、群臣の拝賀もそれと同じ意味から出たものであった。

奈良朝以前は、各氏ノ上——おそらくは氏々の神の神主の資格において——が、天子に「賀正事」を奏上することになっていた。賀正事は意義から出た宛て字で、寿詞と同じである。古いほど、すべての氏々の賀正事を奏したのであろうが、後はようやく代表として一氏あるいは数氏から出るに止めたようである。これも家長に対する家人としての礼をもって、天子に対したのである。だから、寿詞を奏することが、服従の意を明らかに示すことになっていたとも見られる。

古代における呪言は、かならず、その対象たる神・精霊の存在を予定していたものである。賀正事に影響せられるものは、天子の身体というよりも、生き御霊であったと見るのが適当である。天子の生き御霊の威力を信じていたのは、敏達天皇紀十年閏二月蝦夷綾糟等の盟いの条に、

泊瀬の中流に下り、三諸ノ岳に面し、水に漱ぎ、盟ひて曰はく……若し盟に違はば、天地の諸神、及び天皇の霊、臣が種を絶滅さむ。

とあるのは、おそらく文飾ではあるまい。

正月、生き御霊を拝する時の呪言が「おめでとう」であったとすれば、正月と生き盆の関係は明らかである。生き盆と盂蘭盆との接近を思えば、正月に魂祭りを行ったものと見ることも、不都合とは言われない。柳田国男先生は、やはりこの点に早くから眼をつけておられる。

私は、みたまの飯の飯は供物というよりも、神霊およびその眷属の霊代だと見ようとするのである。この点において、みたまの飯と餅とは同じ意味のものである。白鳥がしばしば餅から化したと伝えられる点から推して、霊魂と関係あるものと考えている。なぜなら、白鳥が霊魂の象徴であることは、世界的の信仰であるから。餅はみたまを象徴するものだから、それが白鳥に変じるというのは、きわめて自然である。み

たまの飯と餅とは、おなじ意味の物である。我々は、餅を供物と考えて来ていたが、実はやはり霊代であったのだ。

鏡餅のごときも、神に供える形式をとってはいない。大黒柱の根本(ねもと)にこれを据えて、年神の本体とする風、また、名高い長崎の柱餅などの伝承を見ると、どうしても供物ではなく、神体に近いものである。盆棚の供物と似た「食いつみ」を設ける地方では、餅・飯をもって霊代とする必要がなかった。他の農作物あるいは山の樹木をもって表すことが出来た。それゆえ、固陋(ころう)に旧風を墨守(ぼくしゅ)した村または家では、正月餅を搗(つ)かぬ伝承を形づくったのである（民族第一巻）。

八　ことほぎとそしりと

ことほぐ神と、そしる神とについては、すでに述べた。そうして、芸術の芽生えがおとづれ人の手で培われたことを断篇的には述べておいた。これについて、今少し話を進める方が、霊とおとづれ人との関係を明らかにするであろう。

先島列島のあんがまあ（沖縄の村芝居）に似た風習が、沖縄本島にある。田畠のはじめの清明(せいめい)の節(せち)に行われることで「村おどり」というのが、これである。これは、若い衆多人数をもって組織せられた団体で、村の寄り場から、勢ぞろいをして、楽器を鳴らしながら練って来るのは、あんがまあ同様で、これは日中であるだけが違う。踊り衆もあり、唐手使い・棒踊りの連中もこめて、一組になって来る。順番によって、それぞれ芸を演ずるのであるが、その「村おどり」になくてはならぬ定式の演芸がある。それは、第一「長者の大主」の作法と、第二「狂言」とである。

長者の大主は、その村の祖先と考えられているもので、白髯の老翁に扮している。これが村おどりの先導に立つ一行の頭である。この頭が舞台に上ると、役名を親雲上と称する者が迎えてもてなすのである。これは、正統の子孫の族長たる有位の人という考えによっているのである。さすれば、長者の大主に随う人々は、あんがまあの眷属と同一の者でなければならぬ。そうして、その演ずる芸もまたあんがまあの場合と同様に見てよい。だから、琉球の演劇の萌芽なる村おどりは、遠方から来臨する祖霊および眷属の遊びに、その源を発しているのである（島袋源七氏の報告による）。

多くの土地では、親雲上が大主を迎えて後、扇をあげて招くと、儀来の大主が登場して、五穀の種を親雲上に授けて去る。その後、狂言が始まるのだが、村によって、みな、別々の筋を持っている。他の演芸はほとんど、同様であるが、狂言だけは、村固有のもので、共通なところはない。茶番狂言に類する喜劇で、軽口・口真似などを主としている（比嘉春潮氏報告）。

この解説は、同時によごとの起原にも触れて行く。我が国の演劇の中、長者の大主の形式と同じ形の残っているものは、能楽である。翁の「神歌」を見ても、翁は農作を祝福する神の、芸術化して行く途中にあるものだということはわかる。長者の大主は「翁の起原」を示しているし、そして儀来の大主は「翁の意味」を説いている。しかも後者は、単に翁が二重になっているだけでなく、三番叟の起原をも示しているのである。

三番叟は、おなじ老体を表しているが、黒尉と称えて黒いおもてを被っている。そうしてかならず、狂言師の役にきまっている。能楽における狂言あるいは「をかし」の役者は、田楽で言えばもどきに相当する者で、「悟き」という名義どおり、して方の言語動作をまぜかえし、口真似・身ぶりをして、じりじりさせながら、滑稽感を唆るものである。

これは疑いもなく、我が国の原始状態の演劇に欠くことの出来ない要素であった。して方とこのもどき狂言との問答が、古いほど重要で、これが軽んじられるに随って、わき役が独立するようになったのである。神楽で言えば、人長に対する「才の男」である。して方にこうしたもどきの対立するわけは、日本の演劇が、かけあいから出発しているからである。

このことは、すでに詳しく述べた。つまりは、して方は神、もどきは精霊であった宗教儀式から出たからであるのだ。精霊が神に逆らいながら、ついに屈従する過程を実演して、その効果をもって一年間を祝福したのである。黒尉が狂言方の持ち役ときまっているのは、翁と三番叟との関係が、神と精霊との対立から出て来たものなることを示しているのである。

能楽師は翁を神聖視しているが、どうしても神社に祀ってある神ではない。たとい、翁が「春日若宮祭り」の一の松の行事に出発したと見ても、春日の神でないことは説明が出来る。いわんや、これは春日の祭りとは関係のない古い宗教演劇だと言うことが出来るのだ。思うに、我が国の村々の宗教演劇において、皆こうした翁の出現して、土地の精霊を屈服させる筋を演出していたのが、神楽には「才の男の態」となり、春日神社の猿楽師が保存した翁となったのであろう。

翁一人でなく、高砂の尉と姥とのような、夫婦神の来臨を言うことも多い。近世は、たいてい、猿田彦・鈿女ノ命と説明するようであるが、これは、やはり大主前・祖母の対立をもって説明すべきものであり、翁は長者の大主とおなじ起こりを持ったものと見ることが出来る。そうすると、椎根津彦と乙猾の翁媼 姿の原意も、やはり遠くより来るおとづれ人を表すものであったことに思い当たるであろう。

沖縄の民間伝承から見ると、まれに農村を訪れ、その生活を祝福する者は、祖霊であった。そうしてある過程においては妖怪であった。さらに次の径路を見れば、海のあなたの楽土の神となっている。我が国においても、古今にわたり、東西を見渡して考えて見ると、かすかながら、祖霊であり、妖怪であり、そうして多く神となってしもうていることが見られるのである。こうした村の成年者によって、持ち伝えられ、成年者によって仮装せられて持続せられた信仰の当体、その来(きた)り臨むことのきわめて珍しく、しかも尊まれ、畏(おそ)れられ、待たれした感情をまれびとなる語をもって表したものと思う。私の考えるまれびとの原始的なものは、これであった。

祖先であったことが忘れられては、妖怪・鬼物と怖れられたこともある。一方に神として高い位置に昇せられたものもある。我が国のまれびとの雑多な内容を単純化して、人間の上に翻訳すると、驚くべく歓ぶべき光来をかたじけのうした貴人の上に移される。賓客をまれびとと言い、賓客のとり扱い方の、人としての待遇以上であるのも、久しい歴史あるところと頷(うなず)かれるであろう。

九　あるじの原義

主人をあるじと言うのは原義ではない。あるじする人なるがゆえに言うのである。あるじとは、饗応のことである。まれびとを迎えて、あるじするから転じて、主客を表す名詞の生じたのもおもしろい。ここにしばらく、あるじ側の説明をしておく必要を感じる。

　たまだれの小甕を中に据ゑて、あるじはもや。さかなまぎに、さかなとりに、小淘綾の磯のわかめ刈り上げに（風俗）

これらになると、あるじ云々は、主人はと物色する心持ちか、馳走は何と待つ心か、両様にはたらくようで、平安朝末までもあるじの用語例は動揺し、ようやくあるじぶりなどいう風の傾きを生じかけている。我が国の記録には、第一義のまれびとに関しては、叙述が乏しくして、痕跡のうかがわれるものがあるに過ぎないが、この方面からでなくては説けない史実が多くある。

藤原氏の氏ノ長者が持ち伝えたというので、皇室の三種の神器に次ぐような貴重な感情を起こさせた朱器・台盤という重器は、何のために尊いのか、何をする物であったか、私はまだその説明を聞いたことがない。しかし、朱器は朱の漆で塗った盃であったろうということは、他の用例を見れば知れる。台盤は食膳である。これが何のために、重器として伝えられる資格を持つのか。伝説では藤原冬嗣の時に新造した物という。氏ノ長者の重器とするには、歴史浅いかの観がある。私はおそらく使用に堪えなくなったために、あらためて新しく造ったことを言うのではないかと思う。それにしても、食器が氏ノ長者の標識となる理由は、私のこの考え方によるほかは、説明はつくまい。つまり氏ノ長者としては、ぜひ設けねばならぬあるじを執り行うに必要なる品で、由緒ある物なのであろう。

単純に説明すれば、氏ノ長者を継ぐと、その披露の饗宴を催さねばならぬ。その時に名誉の歴史ある伝来品を用いると考えて見ることが出来る。真に右から左へである。使うために譲られ、次に用いる時は、氏ノ長者は自分の手から、他に移っているというとになると見るのである。この見地からしても、饗宴がいかに大切であり、氏ノ長者披露のあるじが一世一代であるかが想像出来る。

しかも、私はなお一般の推論を立てている。氏ノ上・氏ノ長者の称は藤原氏のみのことではない。藤原氏の勢力の陰に隠れて、他氏の氏ノ上は問題にならなくなったが、氏ノ上披露の饗宴の器具なるゆえというところに力点をおいて見るならば、他氏の氏ノ上にも早くからこれと似よりのことが言われているはずである。それが一つも伝わらないのは、記録の湮滅(いんめつ)というよりも、藤原氏特有の重器ということに意味が生じたのではあるまいか。

藤原氏は宮廷神の最高級の神職であった中臣(なかとみ)から出て、政権にあずかるために、教権を大中臣氏に委(ゆだ)ねた家柄である。だから、その家の重器としては、宮廷神の祭祀(さいし)あるいは中臣の祖神のための祭祀に関連した器具を持ち伝えることはあるべきことである。教権は大中臣氏に継がせても、氏ノ長者の権威を保つためには、祖宗以来の重器としての祭器を伝えたことも想像出来る。私は宮廷の公祭、中臣の私祭に来り臨むまれびとのためのあるじもうけの器具であって、そのためにきわめて貴重な物として継承せられたことと思う。そうした朱器・台盤も、果たして平安朝に入って幾度使われたろうか。記録もそのことを伝えない。藤原氏にとって神聖な秘事であったに違いない。

この推論を強める一つの民間伝承がある。それは各地方に分布している椀(わん)貸し塚・椀貸し穴の伝説である。多数の客を招くのに、木具のない時、ある穴の前に行って、何人前の木具を貸し賜われと書き付けをして還(かえ)ると、翌日それだけの数が穴の前に出されていた。ところが、ある時、狡猾(こうかつ)な人間が一つをごまかしたために、二度と出さなかったという形式の話が、かなり広く拡がって行われている。こうした物語の分布は、そこに久しい年月のあることを考えさせる。私は、まれびとを迎うるあるじの苦労の幾代の印象が、こうした伝説となったので、椀貸し塚から出した木具がみな塗り物であった点が、とりわけ朱器・台盤との脈絡を思わせるものがある。

一〇 神来訪の時期

くり返して言う。我が国の古代には、人間の賓客の来ることを知らず、ただ、神としてのまれびとの来ることあるをのみ知っていた。だから、はなはだまれに賓客が来ることがあると、まれびとを遇する方法をもってした。これが近世になっても、賓客の待遇が、神に対するとおなじであった理由である。だが、こう言うては、真実とは大分距離のある言い方になる。まれびとが賓客化して来たため、賓客に対して神迎えの方式を用いるのだと言う方が正しいであろう。まれびととして村内の貴人を迎えることが、だんだん意識化して来たために、そんなことが行われたのだ。今までの叙述は、まれびとの輪廓ばかりであった。これからはその内容を細かに書いて見たい。

まれびとの来る時期はいつか。私は定期のおとづれを古く、臨時のおとなひを新しいと見ている。不時に来臨するのは、天神あるいは地物の精霊の神としての資格が十分固定した後に、それらの神々の間にあったことである。それがまれびとの方に反映したものと思われるから、まず春の初めに来ると考えたであろう。まれびとの来ることによって年が改まり、村の生産がはじまるのであった。

我が国では、年の暮れ・始めにおとずれ来る者のなごりは、前に述べたとおり数えきれないほどありながら、その形式は変わり過ぎるほどに変化した。抽象的な畏ればかりは妖怪となり、現実のまま若い衆自身々々をあらわにするような行事にもなり、それが職業化し、芸術化した。そうして、その神秘な分子は、神となって跡の辿られぬまでになっている。これは歳徳神と陰陽道風に言い表されている年神なのである。この神は、神道以外――むしろ、神道以前――の神であるため、記・紀その他にその名も見えない。大年神・御年神をこれだとする説はあるが、まだ定まらない。私はむしろ、出雲系統の創造神らしい形に見えるかぶろぎ・かぶろみの神々が、これに当たるのではないかと考えているくらいである。このことは後に述べる。

年神の前身である春のおとづれをするまれびとは、老人であって、簔笠を着た姿の、いわば椎根津彦・乙猾とおなじ風で来り臨んだろうという推定は出来る。これが社々の年頭の祭事にとりこまれて、猿田彦・鈿女ノ命の田植え神事となっている。老人を一体と見たのは、翁の系統であるが、二体とするのも、だんだんある。まやの神・ともまや・赤また・黒また・大主前・あつぱあのごときは、陰陽の観念があるようである。現今も考えている年神の中には、地方によっては一体のもあるが、老夫婦二体のものとしているのも多い。柳田先生はまた、盂蘭盆に「とも御聖霊」として聖霊以外の未完成のものを祀るという風習もあるから、みたまの飯として、月の数だけを握ってあげるのは、眷属たちにまで与えるものと解していられるらしい。先に言うたように、餅同様これは霊魂の象徴である。ことに、三河南設楽郡地方では、正月、寺から笹の葉に米をくるんでおたまさまと称えてくれる（早川孝太郎氏報告）例などを見ると、いよいよ、供物でなかったことが察せられる。

さすれば、にう木あるいは鬼打木と称する正月特有の立て物に、木炭で月の数だけの筋をつけるのが、全国的の風俗であることも、起原はこれと一つなのではあるまいか。これを古今集三木伝のをがたまの木の正体だとする説は、容易に肯定出来ないとしても、をがたまという名義を考えると、この木の用途が古今伝授の有名な木に結びつく理由だけはわかる。霊（たま）は言うまでもないが、をがは「招（を）ぎ」と関係あるものと見たに違いない。さすれば、にう木にまれびとを迎える意の含まれていることは推せられる。その上に、このにう木に飯・粥（かゆ）等を載せて供えるのも、供物ではなく、霊代だったと見れば納得出来る。

おめでたごとに、かならず、鯖（さば）を持参した例も、おそらくさばの同音連想から出た誤りではあるまいか。さばは「産飯」と宛て字はするが、やはり語原不明の古語で、お初穂と同義のものらしい。打ち撒（ま）きの米にのみもっぱら言うのは、後世のことらしい。さばは、地物の精霊の餌という考えで撒かれるのであるが、なお古くは、やはり霊代ではなかったであろうか。とにもかくにも、霊代としての米のさばが、進物と考えられるようになって、鯖と変じたものではあるまいか。元来、米をよねと言うのは稲と同根であろうが、神饌（しんせん）としての米をくまと称する（くましねのように）ことは、こめの原形であろうし、その上、霊魂との関係を思わせる用例がある。供物から溯源（そげん）して見た春のまれびとは、主体およびその余の群衆を考えていたこともあるのは明らかである。

これらの神は、おそらく沖縄のまれびとと同様、村を祝福し、家の堅固を祝福し、家人の健康を祝福し、生産を祝福し、今年行うべきさまざまの注意教訓を与えたものであろう。民間伝承を通じて見れば、ことごとくその要素を具えているが、書物の上で明らかに言うことの出来る個所は、家長の健康・建築物の堅固・生産の豊饒の祝福が主になっていたようであることは後に述べる。奈良朝の史書も、やはり村人の生活よりも村君・国造の生活を述べるのに急であったために、まれびとの為事の細目は伝えなかったのであろう。しかも、外来であることの証拠の到底あげられないところの、古くしてかつ、地方生活を固く結合した民間伝承の含む不明の原義を探ると、まれびとの行動の微細な点までも考えることが出来るのである。

一一　精霊の誓約

まれびとは、呪言をもってほかひをするとともに、土地の精霊に誓言を迫った。さらに家屋によって生ずる禍いを防ぐために、稜威に満ちた力足を踏んだ。それによって地霊を抑圧しようとしたのだ。平安朝において陰陽道の擡頭とともに興り、武家の時代に威力を信ぜられることの深かった「反閇」は、実は支那渡来の方式ではなかった。在来の伝承が、道教将来の方術の形式を取りこんだものに過ぎなかったのだ。一部の「反閇考」は、反閇の支那伝来説を述べようとして、結局、漢土に原由のないものなることを証明した結果に達している。字面すら支那の文献にないものであるとすれば、我が国固有の方術を言うところの、元来の日本語であったのであろう。字は「反拝」などと書くのを見ても、支那式に見えて、実は拠り所ない宛て字なることが知れる。まれびとの力強い歩みは、自ら土地の精霊を慴伏させるのであった。

天子出御の時、発する警蹕の声は、平安朝では「をしをし」と呼ぶ慣いであった。後に、将軍に「ほうほう」、諸侯に「下に下に」を使うようになったことも事実だ。「ほうほう」は鳥獣を追う声で、人払いをするのではなく、この語も古いのであるから、地霊を逐う意があったものであろう。「をしをし」は、天子のここに臨ませ給うことを示す語であるから、逐うつもりではあるまい。むしろ、天子を思い浮かべさせる歴史的内容を持った語なのであろう。神武天皇、倭に入られて、兄磯城・弟磯城に服従を漑めにやられるところに、

時に烏、其営に到りて鳴きて曰はく、「天つ神の子汝を召す。いざわ〳〵」と。兄磯城忿りて曰はく、天ノ圧神至ると聞きて、吾慨憤する時……。次に、弟磯城の宅に到り……。時に、弟磯城、僕然として容を改めて曰はく、臣天ノ圧神至ると聞き……。（神武紀戊午年）

とあるのは、をし・おし仮名遣いの違いはあるが、同系の語ではなかろうか。「をしをし」と警蹕を写したのは、かならずしも発音を糺したものとも思えないし、第一そのころ、すでにお・をの音韻の混同がはじまっているのである。圧はおそはく・うし

はくの義の「圧す」から出たものでなく、また「大(おほし)」に通ずる忍(おし)・押(おし)などで宛て字するおしとも違うようだ。来臨する神というほどの古語ではなかろうか。おしがみなるゆえに「をしをし」と警(いまし)めるのか、「をしをし」と警めて精霊を逐(お)うが常の神なるゆえにおしがみと言うのか、いずれとも説けるが、脈絡のない語ではあるまい。

三河北設楽(きたしたら)郡一般に行う、正月の「花祭り」と称する、まれびと来臨の状を演ずる神楽類似の扮装行列には、さかきさまと称する鬼形の者が家々を訪れて、家人をうつ俯(ぶ)しに臥(ふ)させて、その上を躍り越え、家の中で「へんべをふむ」と言う。へんべは言うまでもなく反閇(へんばい)である。これも春のまれびとの屋敷を踏み鎮める行儀である。陰陽(おんみょう)師(じ)配下の千秋万歳(せんずまんざい)はもとより、その流れなる万歳舞も反閇(へんばい)から胚胎(はいたい)せられているのである。千秋万歳と通じた点のある幸若舞(こうわかまい)の太夫(たゆう)も反閇(へんばい)を行う。三番叟(さんばそう)にも「舞う」と言うよりは、むしろ「ふむ」と言うているのは、その原意を明らかに見せているのである。

新室(にいむろ)を踏静子が手玉鳴らすも。玉の如(ごと)照りたる君を、内にとまをせ(万葉集巻十一旋頭歌)

最初の五字の訓はまだ決定していないが、踏んで鎮むる子の意には違いなかろう。さすれば、ふむしづめ子・ふみしづめ子など言うよりは、ふみしづむ(しづむるの意。古い連体形)子と訓じてよかろう。手玉を纏(ま)いた人が、新室の内の精霊を踏み鎮めている様(さま)である。

新室のほかひについて言うておかねばならぬことは、それが臨時のものか、定例として定期に行(おこの)うたものかということである。新室と言えば、新しく建築成った時を言うと思われるが、事実はそう簡単なことではなかった。

宮中の大殿祭(おほとのほかひ)は、一年に数回あって、神と天子とにへをともにし給う時の前提条件として、かならず、行われることになっていた。大殿祭によって浄(きよ)められた殿舎において、恒例の儀式が始まるわけである。だが、この祭り自体が「祓(はら)へ」ではなくて、ほかひであった。祓えはもちろん、ほかひから分化した作法なのは明らかであるが、大殿祭の場合、祓えを主体と見ることは出来ない。後世こそ「神人相嘗(じんにんあひむべ)」の儀が主となって、大殿祭は独立した祭りとは思われない姿をとっているが、以前は二者一続きの行事か、あるいはむしろ、殿ほかひの方が主部をなし、にへの方は附属部の方であったかも知れない。まれびとを迎えるための洒掃(さいそう)と考えるのは、まれびとの本義をとり違えている。ほかひの結果、祓えの効力を生じさせるのは、まれびとの威力である。後にはもっぱら、そう解釈して、神を迎える用意として執り行うことになったようだが、本来の姿は、おのずから分かたれねばならぬ。

奈良朝の文献をすかして見る古代の新室のほかひは、かならずしも厳格に、新築の建物を対象としてはいないようである。それが、旧室(ふるむろ)をほかふ場合もしばしばあるようである。旧室に対しても、新室と呼ぶことの出来た理由があるのだと思う。半永住的の建て物を造り出すようになった前に、毎年、新室をこしらえた時代があることが推せられる。屋は苫であり、壁は竪薦であった。我々の国の文献からさかのぼれる限りの祖先生活には、岩窟住居の痕は見えない。ただ一種――後世には形を止めなくなった――の神社建築形式に、岩窟を利用するものがあっただけである。が、むろという語は、少なくとも穴を意味するものである。底と周壁とに堅固な地盤を択んだことだけは証明が出来る。穴がだんだん浅くなって、屋外に比べては屋内が掘り凹められている冬期の作業場として、寒国の農村で毎年新しく作るむろ・あなぐらの形に進んでいたのが、我が国文献時代の地方になお存したむろであろう。牀をかいたものは、これと対立した形式でとのと言われた。だから、むろ・とのの混同はないはずである。新室と言いじょう、苫を編み替え、竪薦を吊りかえ、常は生きみ霊の止る所なる寝所を掃うくらいで新室になるのであろう。屋内各部の精霊がやや勢力を持ちかけるのを防ぐために、このように一新するのである。だから、新室づくりの日は生きみ霊を鎮める必要がある。しかもそれが、徹頭徹尾、建て物と関連しているところから、新室のほかひと言えば、かならず、家人ことに家長の生命健康を祝福することになったのである。同時に土地の精霊はもとより、屋内各部の精霊に動揺せぬことを、誓約的に承諾せしめておく必要があるのである。むろ式の住宅がだんだんとのに替わって来ると、新室という語のままに、あるいは大殿などいう語を冠したほかひとなる。真の意味の新室でなく、旧建物のままほかひを繰りかえす。だから、ほかひとは言え、祓えの要素が勝って来るわけである。

定期のものとして、次に生じたのは、おそらく「刈り上げ祭り」であろう。これは農村としての生活が目だって来てからのことと思う。春の初めにほかひせられた結果の現じたことに対する謝礼で、ねぎという用語例に入る行事である。ねぐという動詞の内容は、単に「労犒ふ」にあるとするのでは、半分である。残部は、新しい努力を願う点にある。新しいめぐみを依頼するためにねぐのであった。こふ・のむと違う所以である（語根ねについては、別に言うことがある）。

刈り上げのねぎには、新しく収めた作物を、まれびととともに喰う。すなわち、新嘗を行うのである。新嘗はこの秋のまつりの標準語であろう。そうして、宮廷では自家のまれびとを饗応することをこの語で呼び、地方に対しては「相嘗」と称した。相新嘗の義である。しかもこの式は、地方の新嘗のための予行の儀であって、同時に地方の村々に来るまれびとにとっては、宮廷と地方自体とから、ねぎらわれることになる。そのため、この重複をあひをもって表したと見るのが一番適当であろう。同じようにして、伊勢神宮に対しては「神嘗」と言う。神新嘗の義だ。これは神宮の最高巫女を神と見て、神どうしの新嘗だからという観念を含むのである。天照大神は最初の最高巫女だったと見るべきであるから、天照大神自ら、神に新嘗を進め給うと見るのである。

これらの宮廷並びに官国幣（かんこくへい）の神社の儀式は、いちじるしく神学成立後の神道の合理化を受けているから、矛盾・重複などをまぬがれない。御歳皇神（みとしすめがみ）以外に、官国幣社に豊饒（ほうじょう）を祈り、感謝するのは、神の観念が変化したためである。いずれの神にも農産のことにあずかる能力があると見ているのである。さらに御歳神をもって、純然たる田の神、あるいは野の精霊と見る方に向かって来たことを示す。野の精霊と国土の神々と相互の協力によって、生産が完成せられるものと考えているのである。

ところが、近世また現今にすら伝承する民間の信仰では、たいてい、田の行事のはじまるころから終わる時分まで、山の神が里におりて田の神となると考えている。これには誤信を交えてはいるが、生産の守護者をば、時あっては外から臨む者とし、常在する精霊と見ないところから出ている証拠である。田の精霊に祈るよりは、まずまれびとにねぐことをしたのである。

一二　まれびとの遠来と群行の思想

すでに話した奈良時代の文献に見えた三種の新嘗の夜の信仰は、田の神に対してでなく、遠来のまれびとに対してなることは、明らかである。しかも序に引いた武塔神の神話も、ふたたび、蘇民将来の家に御子神たちを連れて来られることになっている。その二度目のおとづれは、秋であった。春来たまれびとの秋ふたたびおとずれると考えられることになったのも、古いことである。まれびとの来るを機会に、新室のほかひをすることは、刈り上げ後にも行われたと見える。

> 白髪天皇の二年冬十一月、播磨の国司山部ノ連の先祖伊与ノ来目部ノ小楯、赤石郡に於て、自ら新嘗の供物を弁ず。適、縮見ノ屯倉ノ首、新室の縦賞して、夜を以て昼に継ぐに会ふ。（顕宗紀）

とあるのは、新嘗にも新室が附帯する証拠である。允恭紀の七年冬十二月朔日、「新室に讌す」とあるのも、時から見れば新嘗の新室である。「新嘗屋」というのも、別に新嘗の物忌みに室を建てるのではなく、新室のことを言うのである。この点誤解しやすいために、日本紀の旧訓も多少の間違いをしている。「当に新嘗すべき時を見て、則陰かに新宮に戻放る」（神代紀）は、にひみやあるいはにひみむろとでも訓むべきで、しいてにひなめやと言うに当たらないだろう。そうして秋冬のおとずれの時にも、やはり生命健康のほかひをするのである。さすれば、定期のまれびとは、春も刈り上げにも、おなじことを繰り返すことになる。ここにおのずから時代に前後の区別が見えるわけである。

臨時のおとづれは、さらに遅れて出来たものであろう。まれびとによって、ほかひせられたいと思う心の起こるべき時に、おとづれすることになるわけだ。建築は今日から見れば、臨時のことらしく見えるが、前に言うたとおりで、新造の時は定まっていたのである。私の考えるところでは、婚礼の時・酒を醸す時・病気の時の三つが挙げられると思う。なお一つ、不意の来臨を加えて考えることが出来よう。

婚礼にまれびとの来ることは、由来不明の祓え、ならびにそれから出た「水かけ祝い」で察せられたであろう。我々の国の文献はすでに、蕃風を先進国に知られるのを恥じることを知った時代に出来たのである。だから、ことに婚礼も性欲に関した伝承は見ることが出来ない。ただ我が国にも初夜権の行われたことは事実であるらしい。讃岐三豊郡の海上にある伊吹島では、近年までその事実があった。また、三河南北設楽の山中では、結婚の初夜は、夫婦まぐことを禁ぜられている。花嫁はともおかたと称する同伴のかいぞえ女と寝ね、「お初穂はえびす様にあげる」のだという。沖縄本島では、花婿は式後ただちに家を去って、その夜は帰らない。都会では、式に列した友人とともに遊廓に遊ぶというが、これには意味がない。花嫁を率寝ないことはわけがあるのである。

定例のまれびとの場合を見ると、家の巫女として残っている主婦・処女はまれびとの枕席に侍るのである。これが一夜づまという語の、正当な用語例である。沖縄で花婿が花嫁を率寝ぬ第一夜の風習は、私は第二次の成女式だと考えている。裳着と袴着とが、女と男と対立的に行われるのは、実は成年式の準備儀礼であった。男は成年の後、真の成年式によって、神人たる資格とともに、その重要な要素であったところの性欲行使の解放を意味する標識を、村固有の形でもって、からだの上にせられる。それが忘れられた後まで、若い衆入りには、性意識の訓練と、自在な発表とを与えられもし、行いもした。

女の方でも、裳着以後も、真の成女と認められるまでは、私にも公にも結婚は出来なかった。女の側の破戒は、多くは男の力によるのであるから、成女以前の女――後には月事のはじまり、または、はじひげの調いをもってする――を犯した者は、穢れに触れるのである。宗教的に見れば、重大な罪科である。我が国にもこの例はあって、今もなお信じている地方はある。村の神が巫女として、性生活に入ることを認め許した成女の資格をまだ持たない者が、未成女である。たとい身は成熟していても。女の側にかかったたぶうを犯すからというのではなく、男の方の資格に疵が出来るからである。神として（神人として）村の祭りにあずかる者は、成女すなわち巫女として神にあう資格ある者以外に触れてはならないのである。成女式は、村の宗教の権威者の試みを経ることであった。我が国古代では、地方の神主（最高の神職）たる国造らが、とり行うた痕が見える（これは別に述べる）。しかもそのほかにも、村の神人たる若者が、神としての資格で、この式を挙げることもあろう。

この第二次、あるいは本式の成女式が結婚の第一夜に行われることは、邑落生活の様式が固定したためであろう。成年式同様に、きまりの年齢に達した女の、神主からの認められようは、結婚以前に受けていたのを、原則とすることが出来よう。村の男の妻どいの形は、神の資格において、夜の闇の中に行われた。顔も見せないで家々の娘とあう形は、通う神の風が神話化した後までも、承け継がれた。だから、女の方の成年式は早く廃れて、痕跡を初夜権に残し、村の繁殖のための身体の試験・性教練としての合理的の意味を持つことになったのであろう。その以前に、祭りの夜のまれびとのひと夜づまの形で卒えられたのが、事実における成女式であった。

婚礼の夜は、新しい嬬屋が新夫婦のために開かれ、新しい床に魂が鎮められねばならぬのだから、神の来訪を待つことは考えられる。そのために、新夫婦に科する「水祝い」なる祓えは、飛鳥朝にもすでに行われていた。そのころからすでに幾分含んでいた村人のほうかいな嫉妬表示の固定したものではない。まれびとを迎える当の責任者を祓え、二人の常在所となるべき所を清めるのである。これも元は、水をかける若者が、神の資格においてしたことと思われる。

その上に家の巫女として、処女または主婦が対するというまれびと迎えの式がまじり合うて、新嬬屋の第一夜が、夫の「床避り」の風を生じたものであろう。床さる・

片さるなどいう語は、元こうして出来たものらしいが、用例は多く変じている。この風は、古くは、全国的に行われていたものであろう。ただ、地方的に固いしじまが守られて、その風が氓(ほろ)びてしまうたものと思う。

時としては、すでに巫女の生活をしている村の娘が「神」の手を離れて「人間」の男にゆくという考えから、神になごりを惜む形式を行い、神の怒りを避けようとすることもある。これも後に言おうが、やや、遅れた世の解釈である。村の娘全体巫女であった時代が過ぎてからのことであろう。

ことさらに迎える臨時のまれびとの他の例は「酒醸(さけか)み」の場合である。我が国の奈良朝までの文献で見ると、平時にも酒を娯(たの)しむ風は大陸文明によって解放せられた上流の、宗教生活を忘れかけて来た階級の消閑の飲料とする風から拡がったものと見ることが出来る。単に飲み嗜(たしな)むための「酒醸(さかか)み」行事は、民間にはなかったようである。これにも常例のものはないではない。村の祭りに先立って、神のために醸(かも)して、神人たちの恍惚(こうこつ)を誘うためにした。が多くの場合、人の生命に不安を感じる時、行う儀式がさかほかひであった。酒の出来ぐあいをもって、生死を占うのである。

この一転化したものが、粥占(かゆうら)である。旅行者の身の上を案ずる場合にも、この方法で問うたようである。病気には、その酒をくしのかみとして飲ませ、旅行者無事に帰った時はこれを酌んで賀した。そうした酒宴を酒ほかひと言うのだと考える人もあるようであるが、醸酒の初めに行われる式を言うことは疑われぬ。この式は占いの方に傾いたために、後には神の意志は、象徴として表され、本体は来臨せぬもののように見えるが、

　このみ酒は、わがみ酒ならず。酒の神、常世にいます、石立たす少名御神の、神寿ぎ寿ぎ狂ほし、豊寿ぎ寿ぎ廻し、献り来しみ酒ぞ。涸ず飲せ。ささ（仲哀記）

など言うところから見ると、常世の神が来て、ほかひするものと信じ、そのようすを学んで、若者が刀を振りまわし、またはある種の神人が酒甕のまわりを踊りまわりしたものと言えると思う。

霊液の神を常世の少彦名とするところから見ても、まれびとによって酒ほかひが行われると見たことが知れる。また、大物主をもって酒ほかひの神と見たことも、少彦名・大物主の性格の共通点から見れば、等しく常世のまれびとの来臨を考えていたのである。

一三　まつり

春のほかひに臨むのをまれびとのおとずれの第一次行事と見、秋の奉賽の献り事えが第二次に出来て、春のおとずれとあわせ行われるようになったものと見られる。そ

れは、秋の祭りすなわち新嘗の行事が、概して、春祭りよりは、新室ほかひを伴うこと多く、また、それが原形だと思われる点から言うことが出来る。新室ほかひは、吉事祓へとしての意味を完全に残している。来年のための予祝なのである。

春祭りにも新室、旅行にも新室を作るのは、神を迎えるための祓えに中心を移して行うたためで、後の形であろう。しかし、春祭りのように、今年から人となる村の男・女児のための成年式は行わない。まれびと優遇のために、家々の巫女なる処女・家刀自の侍ることはあるが、これは別である。一年間の農業、その他家の出来事に対する批判・解説などをしたのは、春のおとづれにするよりは、刈り上げ祭りの方が適切である。

私の考えを言うと、刈り上げ祭りと、新しい年のほかひとは、元は接続して行われていたのである。たとえば、大晦日と元日、十四日年越しと小正月、節分と立春といった関係で、前夜から翌朝までの間に、新嘗とほかひとが引き続いて行われた。まれびとは一度ぎりのおとづれで、一年の行事を果たしたものであろう。それが時期を異にして二度に行われるようになってからは、さらに限りなくわかれて、幾回となく繰り返されるようになり、さらにまれびとなることが忘れられて、村の行事の若い衆として、きぢのままに考えられ、とどのつまりは、職業者をさえ出すことになったのである。

おとづれの度数の殖えた理由は、常世神の内容の変化して来たためなのはもちろんだが、今一つ大きな原因は、村の行事を、家の上にも移すことになったからである。村全体のために来り臨み、村人すべての前に示現したまれびとが、個々の村舎をおとずれるようになった。初めは、やはり村に大家が出来たためである。村人の心を信仰で整理した人が、大家を作った。この大家すなわち村君の家に、神の来臨あることが家屋および家あるじの身の堅固のための言ほぎの風を、だんだんそれ以下の家々にもおし拡めて行った。しかし、凡下の家に到るまではたしてそうであったかどうかは疑問である。けれどもこの点に問題を据えて、だいたい、時代が降るほど、一般の風習となって行ったと見てよかろう。だから、ある広場、後には神地に村の人々を集めて、神意を宣った痕跡と見るべき歌垣風の春祭り――秋にもこの形を採るようになった地方がある――の方が、女の留守をする家々に、一人々々神および神の眷属の臨んで、ひと夜づまの形で婚う秋の祭りよりも、原始的だと言うことが出来る。

それに少なくとも今二つ、有力な原動力が考えられる。それは、祖先の一部分がかつて住みつき、あるいは経由して来た土地での農業暦である。それから、新古の来住漢人が固有していた季節観である。我々の祖先の有力な一部分は、南島から幾度となく渡って来たことは疑いがない。この種族が、わが中心民族の祖先と言わないまでも――これに対しては、私は肯定説を持っている。後に述べるであろう。――それらの南方種は、二度の秋の刈り上げをした。自然、種おろし・栽えつけには、暖いと暑いとの二度の春を持っていた。十一月の新嘗祭がありながら、六月の神今食の行われた理由は、まだ先達にも、仮説たり得るものすらない。私は、これをこう考える。陰陽道に習合せられて残って、それが江戸期まで行われたものと見られる「二度正月」の心理であろう。同時に、徳政や古代の商変しなどいう変態な社会政策の生み出される根柢になったものとも思われる。大祓えのごときも、単に上元・中元に先だつ季節祓えでなく、やはり一年を二年と見た伝習から出たものと見る方がよいようだ。一年に一度刈り上げる国土に来ても、固定した信仰行事の上では、二秋の旧郷土の俤を残したものらしい。

　支那およびその影響を受けた民族の将来していた伝承では、めぐり神の畏怖は、まだ具体的にはなっていない。が、守護神の眼の届かぬ季節交替期、いわゆるゆきあひのころを怖れる心持ちが、深く印象せられた。我が民族の中心種族の間にも、時の替わり目に魂の漂れやすいことを信じていた。それが合体して、五節供その他の形代を棄てる風が、だんだん成長して来た。日本における陰陽道は、その道の博士たちの学問が正道を進んでいた間さえ、実行方面は帰化種の下僚の伝説的方式——かならず、多くの誤伝と変改とを含んだはずの——をとり行わしめた。宮中あるいは豪家・官庁の在来の儀式に、方術を並べ行い、また時としては仏家の呪術をさえ併せて用いるようなことがあった。その間に、呪術の目的・方法・伝説さえ混乱するようになった。七夕の「乞巧奠」のごとき、「盂蘭盆会」のごとき、「節折り」のごとき、みな、鎮魂・魂祭り・祓除・川祭りの固有の儀礼に、開化した解説と、文明的な――と思われた――方式の衣を着せたものであった。

こうした変化法・吸収法をもって、外来の伝承に融合して行ったものである。だから、季節ごとの畏怖を鎮魂または祓除によって、散却していた。もちろん、上巳・端午には、支那本土でも、祓除の意味があったのだが、我が国では、節分にも、七夕にも、盂蘭盆にも、八朔にも、玄猪にも、さらにまた、放生会にすらも、この側から出た痕跡が明らかに見えている。

鎮花祭りには、多少外来種の色彩が出ているが、やはり魂ふりに努めた古風が、少分の外種を含んで出たのである。むしろ、帰化種の人々に及んだ影響が、ああして現れたと見るべきであろう。二度の大祓えに伴う鎮魂や、上巳・端午の雛神や、盆・七夕の精霊に対してする「別れ惜しみ」の式などは、芻霊や死霊の祭り以外に、生きみ魂の鎮魂の意味が十分に残っているのである。

名は同化せられて行って、上辺は変化しながら、実は固有種と違った意味に育たしめるのが、我が民族の外来文化に接触の為方であった。だから、常識化し、伝説をまぎらした道教の方式にたやすく結合して、伝承を伸して行った。それで上元のほかに、中元を考え、季節の祓除・鎮魂を行うことになった。はかりがたく古い道教伝来の昔から、徐々にそうして進んで来て、祓除の根本思想を穢れの排除にあるとさえ古代においても考えるまでになっていた。吉事祓えが、凶事祓えに先だってあったことが考えられなかったのは、まったく道教の影響である。

神に扮し、また、神を迎えるための人および家屋の斎戒や祓除をするのが元であった。神としての聖さを獲んがための人身離脱が、祓え・禊ぎの根本観念であることを考えぬ人が多い。凶事祓えを原とする考え方は、祓えの起原を神にあるとした、凶事祓えが主になった時代の古伝説に囚われているのである。吉事祓えは、畢竟たぶうの内的表現で、外的には、縵・忌み衣などをもって、しるしとした。

季節のゆきあひごとに祓除を行うとともに、その附帯条件たるまれびとのおとづれを忘れなかった。地方によって遅速はあっても、まれびとの信仰は、ともかくもだんだん変化して来ずにはいない。もともとまれびとを祖先とする考えすら夙く失うて、ある地方では至上の神と考え、またある地方では、恐るべく、しかし自分の村に対する好意は予期することの出来る魔物とし、あるいは無力・孤独な小人を神と思い、あるいは群行する神の一隊を連想したりして来た。しかも青虫の類をすら、この神の姿とするものもあった。行疫神をも、この神の中にこめて見る観察も行われて来た。

おとづれが頻繁になって、村の公事なる祭りでなく、一家の私の祝福にも、常世神が臨むようになる。ことに村君の大家の力が増せば、神たちはその祝福のために、たびたび神の扮装をせねばならぬ。それ以下の小家でも、神の来臨を請うこと頻りになって来る。

酒は旅行者の魂に対する占いのために醸されたものだが、享楽のために用いる時にも、ほかひはせねばならぬ。寿詞は昔ながらで、新嘗りの出来のよいように唱えるといった形をとって来るわけである。家々の婚礼にも神が臨み、新室開きにも神が迎えられる。醸酒にも、新室にも、神の意識は自他ともに失われてしもうた。とようかのめにことどう神は、夙く大刀うち振う壮夫と考えられ、家あるじの齢をほぐ神は、ただの人間としての長上の尊者としてあえしらわれた。

この通りまれびとは、かならずしも昔のように、常世の国から来ると考えられた者ばかりではなくなった。幾種類ものまれびとがあり、また、神話化し、過去のことになったのもあるとともに、知らず識らずの間に、やつした神の姿を忘れて、ただの人としてのまれびとが出来た。また、衣帯の知れぬ遠所新来の神をも、まれびとに対して懐いた考え方に容れることになった。一つは、新神の新にして、萎えくたびれない威力を信じ畏れたためもある。がしかし、いかなる邪神にでも、鄭重なあるじぶりと、纏綿たるなごり惜しみの情を表出して、他所へ送る風の、今も行われておって、それが盂蘭盆の聖霊送りなどに似ているのを見れば、おのずから納得の行くことがあろう。それは遠来神・新渡神に対するのと、精霊に対するのとは、形の上に区別がないことである。すなわち、常世の国から毎年新しく、まれにおとずれ来る神にした通りの礼式を、いろいろな意味のまれびとに及ぼしたのである。決して単純に、邪神に媚びつかえて、我が村に事なからしめようとするのだという側からばかりは、考えることが出来ないのである。

一四　とこよ

雁をとこよの鳥としたことは、海のあなたから時を定めて渡り来る鳥だからである。同じ意味において、さらに神聖な牲料なる鵠は、白鳥と呼ばれて常世の鳥と考えられたのはもとより、霊を持ちはこび、時としては、人間身をも表すことの出来るものとせられた。鵠がだんだん数少なくなるとともに、白い翼の鳥は、鶴でも、鷺でも、白鳥と称えられ、鵠の持った霊力を附与して考えられた。

我が国の古俗ばかりから推しても、世界的の白鳥処女伝説は、きわめて明快に説明が出来るのは、この国に民間伝承の学問が、大いに興る素地を持っているのだと言えようと思う。富と齢の国なる常世は、もと海岸の村々で、てんでに考えていた祖霊の駐屯所であった。だから、定期にまれびととして来り臨むほかに、常世浪に揺られつつ、思いがけない時に、その島から流れて、この岸に寄る小人神があるとせられたこと、のるまん人らの考えと一つ事である。さらに少彦名の漂着を言い、大国主のもとに海の彼方から波を照して奇魂・幸魂がより来ったというのは、常世を魂の国と見たからである。

常世の国は、飛鳥の都の末ごろにはすでに醇化して、多くの人々に考えられていたようであるが、これには原住帰化漢人種の支那伝来の、海中仙山の幻影が重なって来ている。藤原の都では、常世に蓬萊の要素を十分に持って来ていることが知れる。けれども、言語は時代の前後にかかわらず、用語例の新旧を検査して見る必要がある。新しい時代にも、土地と人格とによっては、古い意義を存しているのだ。

常夜往という古事記の用例は、まず一番古い姿であろう。「とこよにも我が往かなくに」とある大伴ノ坂上ノ郎女の用法は、本居宣長によれば、黄泉の意となる。これは少し確かさが足らない。が、とこよを楽土とは見ていないようで、旧用語例に近よっている。常夜・常暗などいうとこは、永久よりも、恒常・不変・絶対などが、元に近い内容である。ゆくは続行・不断絶などの用語例を持つ語だから、絶対の闇のありさまで日を経るということであろう。しかも、記・紀には、そのすぐ後に海の彼方の異郷の生物を意味するとこよの長鳴鳥を出しているから、一つづきの物語にすら、用語例の変化した二つの時代を含んでいることが見られる。古事記にはなお、常世の二つの違うた用例を見せている。海竜の国を常世として、楽土を考えていること、浦島子の行った常世と違わない。これは新しい意味である。たじまもりの橘を求めた国は、実在の色彩濃いながら、やはり常世の国となっている。その他異色のあるのは、常陸風土記の常陸自身を常世国だと称したことである。これは理想国の名を、いかにも地方の学者らしく、字面からこじつけ引きよせた一家言であったのだろう。

ほをりの命と浦島子との場合の常世は、目無筐に入ると言い、魚族のいる国と伝え（記・紀）、海中らしく見えるが、他の場合の常世の意は、すべて海の彼岸にあるらしく伝えている。つまりは、古代人の空想した国、あるいは島であったのだ。たじまもりの場合は、その出自が漢種であり、現実性が多い書き方のために、いかにも橘をもたらした国が南方支那のように見える。けれども、この出石人の物語も、一種のりっぷゔぁんいんくる式の要素を備えていて、常世特有の空想の衣がかかっている。

思うに、古代人の考えた常世は、古くは、海岸の村人の眼には望み見ることも出来ぬほど、海を隔てた遥かな国で、村の祖先以来の魂の、みな行き集まっている所としていたのであろう。そこへは船路あるいは海岸の洞穴から通うことになっていて、死者ばかりがそこへ行くものと考えたらしい。そうしてある時代、ある地方によっては、洞穴の底の風の元の国として、常闇の荒い国と考えもしたろう。風に関係のあるすさのをの命のいる夜見の国でもある。また、ある時代、ある地方には、洞穴で海の底を潜(くぐ)って出た、彼岸の国土というふうにも考えたらしい。地方によって違うか、時代によって異なるか、それは明らかに言うことは出来ない。なぜならば、海岸に住んだ古代の祖先らは、水葬を普通としていたようだから、かならずしも海底地下の国ばかりは考えなかったであろう。洞穴に投じたり、荒籠(あらこ)に身がらを斂(おさ)めて沈めたりした村のほかは、船に乗せて浪に任せて流すこと、後世の人形(ひとがた)船や聖霊(しょうりょう)船・虫払い船などのようにした村々では、海上はるかにその到着する死の島、あるいは国土を想像したことも考えられる。事実、こういう彼岸の常世を持った村々が多かったらしいのである。

　この二つの形が融合して、洞穴を彼岸へいたる海底の墜道(ずいどう)の入り口というふうに考え出したものと思う。琉球の八重山および小浜島のなびんづうから通うにいるすくも、にこらい・ねふすきい氏の注意によれば、底の国ではなく、垣・村・塁などを意味する「城」の字を宛てならわしたすくであることはすでに述べた。この辺にすくを称する離島はかなりにある。さすれば、にらい国はかならずしも海底の地ともきまらぬのである。事実、沖縄諸島では、他界を意味する島を海上にあるとする地方が多く、海底にあるという所はまだ聞かない。大東島(うふあがりじま)も明治以前は単なる空想上の神の島——あがるいの大主のいる——の名であったのを、偶然その方角に発見して、実際の名としたのであった。尖閣(せんかく)列島にも、旧王朝時代には神の島と眺められていたものがあった。とにもかくにも最初は、死の常闇の国として畏怖せられていたのが、その国の住者なる祖先および眷属の霊のみが、村のために好意を持って、時あって来臨するのだから、怖いがしかし、感謝すべきおにのいる国ということになって、親しみを加えて来る。一方には畏(おそろ)しさの方面にのみ傾いて、すさまじい形相を具(そな)えた魔物の来臨する元の国というふうに思うたところもある。にいるすくはそれだ。奥羽(おうう)地方のなもみの類の化け物、杵築(きづき)のばんない等をはじめとして、おにという説の内容推移に従うて、初春のまれびとを悪鬼・羅刹(らせつ)の姿で表している地方が多い。ところが、それらは年中の農作祝福に来るのであるから、仏説に導かれて変化した痕(あと)はありありと見える。節分の追儺(ついな)に逐(お)われる鬼すら、やはり春の鬼としてのまれびとの姿を残している地方がだんだんある。幸福は与えてくれるのだが、畏しいから早く去って貰(もら)いたいと古代人の考えたまれびと観が、語意の展開とともに、これを逐う方にもっぱらになって来たからである。

　代(よ)を経た祖先として、すでに畏怖の念よりも、尊敬の方に傾いて来ると、男性・女性の祖先一統を代表する霊の姿が考えられて来る。それが祖先であるという考えから、高年の翁(おきな)・媼(おうな)に想像せられたことが多い。だが、生殖力のさかんなことを望むところから、壮年のめをと神を思い浮かべた例も多い。この夫婦神の様式が神争い・神逢遭(ゆきあい)などの物語・行事の上にも影を落として、双方の神を男女あるいは夫婦として配する風が成長して来た。農作に関係のある神来臨が、初春といい、五月といい、多く夫婦神であることは、一面、婚合の儀式を行うて、作物を感染せしめようとする呪術を伴うていたものかも知れぬ。

その他の場合のまれびとには、主神一柱の外は眷属だけが随うて、女性の神の来ないのが多かったと思われる。

まれびとが人間化する最初は、おそらく新室のほかひなどであろう。まれびととして迎えられた神なる人が、待遇は神にする様式を改めなかったけれど、だんだん人としての意識を主客ともに持つようになった。顕宗紀の室寿詞に「いで、常世たち」と賓客たちに呼びかけているのは、齢の久しい人というようにもとれる。もちろん、そうした祝福をこめた詞ではあるが、古代からまれびとに対して呼びかけた「常世の神たちよ」といったふうの固定した常用句が、やはり残っていたものと見るべきである。

とこよが永久の齢・長寿などの用語例を持ったのは、語の方からも、祖先の霊という考えの上に、よに齢の連想がはたらいたからである。常闇の国から、だんだん不死の国というふうに転じて行ったのである。しかもよという語には、古代から近代まで、穀物あるいはその成熟の意味があった。とこよはさらに、豊饒あるいは富の国なる連想を伴うようになった。常世と一つに考えられやすいわたつみの国は、人間の富の支配者であった上に、時々潮に乗って、彼岸の沃肥を思わせるような異様な果実などの流れよることなどがあるため、空想はいよいよ、濃くなり、色どられて行く。

こうした展抒は、藤原朝以前からであった。漢種の人々の影響が具体的になって来ると、ますます、海中の三仙山の寿福の姿が、常世の国の上に重なって来て、常世・仙山を接近させるようにさえなった。平安朝の初期に、「標の山」の上に仙山を作って、夫婦神を据えるようになったのは、この信仰の混淆から来たのだ。

さらに常世の国について、日漢共通の、しかも独立発生の疑いのないものは、神婚譚がどちらにもついて廻わっていることである。漢・魏・晋・唐の間の民間説話の記録なる小説は、宮廷秘事でなければ、神仙と高貴の人との媾遇を主題とした物が多い。さらに「楚辞」にも屈原の物すら、やや、この傾向のあるものがあるが、その末流なる宋玉・登徒子等の作物は、張文成の艶話の前駆とも言うべき自叙伝体の、仙女または貴女との交渉を記したものが多い。文成の物になると、日本・三韓あたりの念書人の鑑賞に適切な、啓蒙的な筆致と構想とを備えていた。しかも、つとに歓び迎えられた「遊仙窟」は、仙女との間の情痴を描写したものである。書物よりの影響はもちろん、日本の文人を動かして、奈良朝に出入して、すでに浦島子伝・柘枝伝にたどたどしい模倣の筆つきで、我が国固有の神女・人間婚合の物語を書かしめた。しかも筆をもってせぬ漢種の人々の神仙譚が、人々の耳に触れた多くの機会を想像することが出来る。そうしたことが、いかに、常世と仙山とを分かちがたいものにしたことであろう。その上、国語では、男女の交情・関係をも「よ」という音で表した。常世が恋愛の無何有郷というふうにも考えられた。浦島子譚と同系と見えるほをりの命の物語も、常世の富と恋とを述べている。「齢」の方は、この方にはなくて、前者の方に説いている。その浦島子の幸福を逸した愚かさを、はがゆく感じた万葉人の詞は、すべての万葉人の仰望をこめての歎息だったのである。

覓国使の南島を求めに出た動機には、こうした楽土への憧れを含んでいたことであろう。ちょうど中世紀の欧洲人が、こぞって浄土西印度の空想をあめりかに実現したように、これは七島・奄美・沖縄諸島を探り得たのだ。しかもその島々の荒男も、おなじくそうした楽土に憧れていたこと、今の世の子孫がなおあるがごとくであったろう。平安朝に入っては、常世の夢醒めて、ただ、文学上の用語となり、雁がねに古風な情趣を添えようとする人が、時たま使うだけになってしもうた。まことに、海の彼方に憧れの国土を観じた祖先の夢は、ちぎれちぎれになってしもうたのである。海については、四天王寺の西門は、極楽浄土東門に向うがゆえに、浄土往生疑いなしと信じて、水に入った鎌倉時代の人々や、南海にあるという観世音の楽土を想うて、扁舟に死ぬまでの身を乗せて、漕ぎ出した「普陀落渡海」も、みな水葬の古風が仏家の新解説を得たまでで、目ざす浄土は、やはり常世の形を変えたものに過ぎなかったのである。

時勢から見ても、常世の国は忘られねばならなかった。常世神に仕えた村人らは海との縁が少なくなって行った。平野から山地にまではいってしもうては、まれびとの来る所は、おのずから変わって来る。

　現在あるいは近世の神社行事の溯源的な研究の結果と、古代信仰の記録とを並べて考えて行くと、一番単純になりきったのは、海浜の村の生活の印象である。ここまで行くと、我が国土の上にあったことか、それとも主要な民族の移住以前の故土でのことか、わからなくなる部分が出て来る。このことについては、別に論じたく思うが、これだけのことは言われる。

　ともかくも、信仰を通じて見たこの国土の上の生活が、かなり古くからであったらしいことである。少なくとも、そうした生活を始めた村が、きわめて古くあった。その上、自発したものか、他の村からとり込んだかは二の次にして、相似た生活様式の多くが、たくさんな村々の上にきわめて古代に見出される。平野に深く移って後も、なお、祭りには、海から神の来ることを信じた村もある。だが多くは、だんだん形を変えて、山からとし、天からと考えるようになる。元来、天上に楽土を考えた村々もあるにはあったらしいのである。

国文学の発生（第一稿）

呪言と叙事詩と

一

日本文学が、出発点からしてすでに、今あるままの本質と目的とを持っていたと考えるのは、単純な空想である。そればかりか、ごく微かな文学意識が含まれていたと見ることとさえ、真実を離れた考えと言わねばならぬ。古代生活の一様式として、きわめて縁遠い原因から出たものが、次第に目的を展開して、偶然、文学の規範に入って来たに過ぎないのである。

似たことは、文章の形式の上にもある。散文が、権威ある表現の力を持って来る時代は、はるかに遅れている。散文は、口の上の語としては、使い馴らされていても、対話以外に、文章として存在の理由がなかった。記憶の方便という、大事な要件に不足があったためである。記録に憑ることの出来ぬ古代の文章が、散文の形をとるのは、時間的持続を考えない、当座用の日常会話の場合だけである。繰り返しの必要のない文章に限られていた。ところが、古代生活に見えた文章の、繰り返しに憑って、成文と同じ効果を持ったものが多いのは、事実である。律文を保存し、発達させた力は、ここにある。けれども、それは単に要求だけであった。律文発生の原動力と言うことは出来ぬ。もっと自然な動機が、律文の発生を促したのである。私は、それを「かみごと」（神語）にあると信じている。

今一つ、似た問題がある。抒情詩・叙事詩成立の前後についてである。合理論者は抒情詩の前出を主張する。異性の注意を惹くためとする、きわめて自然らしい恋愛動機説である。この考えは、雌雄の色や声と同じように、詩歌を見ている。純生理的に、また、原始的に考える常識論である。その上、発生時においてすでに、ある文学としての目的があったらしく考えるからの間違いである。律文の形式が、そうした目的に適するように、ある進歩を経てから出来て来た目的を、あまり先天的のものに見たのだ。

わが国にくり返された口頭の文章の最初は、叙事詩であったのである。日本民族の間に、国家意識の明らかになりかけた飛鳥朝のころには、はや、万葉に表れただけの律文形式は、ある点までの固定を遂げていたように見える。

我々の祖先の生活が、この国土の上にはじまって以後に、なり立った生活様式のみが、記・紀その他の文献に登録せられているとする考えは、誰しも持ちやすいことであるが、これは非常に用心がいる。この国の上に集まって来たたくさんの種族の、移動前からの持ち伝えが、まじっていることは、もちろんであろう。

しかし、この点の推論は、まったくの蓋然(がいぜん)の上に立つのであるから、厳重にすればするほど、科学的な態度に似て、実はかえって、空想のわり込む虞(おそ)れがある。だから、ある点まで伝説を認めておいて、文献の溯(さかのぼ)れる限りの古い形と、それから飛躍する推理とを、まず定めて見よう。

そのうちで、ある様式は、今ある文献を超越して、何時・何処で、何種族がはじめて、そうしてそれを持ち伝えたのだというような第二の蓋然も立てられるのである。そうなった上で、古代生活の中に、真のこの国根生(ねお)いと、いわゆる高天原(たかまがはら)伝来との交錯状態が、はっきりして来るのである。

文章もまた、事情を一つにしている。叙事詩の発達について、焦点を据えねばならぬのは、人称の問題である。

土居光知(どいこうち)氏は、日本文学の人称問題の発達に、初めて注意を向けた方である。氏と立場は別にしているが、このことは、言い添えて置きたい。

日本紀の一部分と、古事記のうち、語部(かたりべ)の口うつしに近い箇所は、叙事として自然な描写法と思われる三人称に従うている。時々は、一人称であるべき抒情部分にすら、三人称の立場からの物言いをまじえている。「八千矛(やちほこ)ノ神と妻妾(さいしょう)との間の唱和」などがそれである。これは、叙事詩としてのある程度の進歩を経ると、起こり勝ちの錯乱である。ところがまま、文章の地層に、意義の無理解から、伝誦せられ、記録せられした時代々々の、人称翻訳に洩れた一人称描写の化石の、包含せられていることがある。

一人称式に発想する叙事詩は、神の独り言である。神、人に憑って、自身の来歴を述べ、種族の歴史・土地の由緒などを陳べる。みな、巫覡の恍惚時の空想には過ぎない。しかし、種族の意向の上に立っての空想である。しかも種族の記憶の下積みが、突然復活することもあったことは、もちろんである。

それらの「本縁」を語る文章は、もちろん、巫覡の口を衝いて出る口語文である。そうしてその口は十分な律文要素が加わっていた。全体、狂乱時・変態時の心理の表現は、左右相称を保ちながら進む、生活の根本拍子が急迫するからの、律動なのである。神憑りの際の動作を、正気でいても繰り返すところから、舞踊は生まれて来る。この際、神の物語る話は、日常の語とはようすの変わったものである。神自身から見た一元描写であるから、不自然でも不完全でもあるが、とにかくに発想は一人称によるようになる。

昂ぶった内律の現れとして、畳語・対句・文意転換などが盛んに行われる。こうして形をとって来る口語文は、一時的のものではある。しかし、律文であり、叙事詩であることは、疑うことが出来ない。この神の自叙伝は、臨時のものとして、過ぎ去る種類のものもあろう。が、種族生活に交渉深いものは、しばしばくり返されているうちに固定して来る。この叙事詩の主なものが、伝誦せられる間に、無意識の修辞が加わる。口拍子(くちびょうし)から来る記憶の錯乱もまじる。しかしながら、「神語」としては、だんだん完成して来るのである。

文章としての律要素よりも、声楽としての律要素の方が、実はこの「神語」の上に、深くはたらきかけていた。律語の体をなさぬ文も、語る上には曲節をつけることが出来る。この曲節に乗って、幾種類もあった「神語」が巫覡の口に伝わって、それ相当の祭り・儀式などに、常例として使われて来た。つまりは、団体生活が熟して来て、臨時よりも、習慣を重んずることになったからなのだ。

郡ほどの大きさの国、邑(むら)と言うてもよいくらいの国々が、国造(くにのみやつこ)・県主(あがたぬし)の祖先に保たれていた。上代の邑落(ゆうらく)生活には、邑の意識はあっても、国家を考えることがなかった。邑自身が国家で、邑の集団として国家を思うてもみなかった。隣りあう邑と邑とが利害相容(あいい)れぬ異族であった。それと同時に、同族ながら邑を異にする反撥心が、分岐前の歴史を忘れさせたこともあろう。

こういう邑々の併合の最初に現れた事実は、信仰の習合、宗教の合理的統一である。邑々の間に厳(おごそ)かに守られた秘密の信仰の上に、霊験あらたなる異族の神は、次第に、しかも自然に、邑落生活の根柢(こんてい)をかえて行ったのである。飛鳥朝以前すでに、太陽神を祀(まつ)る邑の信仰・祭儀などが、だんだん邑々を一色に整えて行ったであろう。邑落生活には、古くからの神を保つとともに、新たに出現する神を仰ぐ心が深かったのである。

単に太陽神を持っていた邑ばかりでなく、他の邑々でも、てんでに発生した事実もあろうが、多くはこうして授けられたろうと思われる一つの様式として、語部(かたりべ)という職業団体——かきべ——が、だんだん成立して行った。

神憑(がか)りの時々語られた神語の、種族生活に印象の深いものを語り伝えているうちに、その伝誦の職が、巫覡の間に分化して来た。そうして世襲職として、奉仕にはようやく遠ざかり、詞句の諳誦(あんしょう)と曲節の熟練との上に、それが深くなって行ったものと思われる。

語部の話は、私の研究の筋をたどって、雑誌「思想」（大正十三年一月）に公(おおやけ)にせられた横山重(しげる)氏の論文がある。私の持っている考え方は、緻密(ちみつ)に伝えられている。それを推挙して、私はただ概念を綴(つづ)る。

二

神語すなわち託宣は、人語をもってせられる場合もあるが、任意の神託を待たずに、答えを要望する場合に、神の意思は多く、譬喩あるいは象徴風に現れる。そこで「神語」を聞き知る審神者――さにわ――という者が出来るのである。

中には人間の問いに対して、一言をもって答える、一言主ノ神のような方法を採るのもあった。

神の意思表現に用いられた簡単な「神語」の様式が、神に対しての設問にも、利用せられるようになったかと思われる。

私は「片哥」という形が、これから進んだものと考える。旋頭歌の不具なるものゆえと思われている名の片哥は、古くはかならず、問答態を採る。「神武天皇・大久米命の問答」・「酒折ノ宮の唱和」などを見ると、旋頭歌発生の意義は知れる。片哥で問い、片哥で答える神事の言語が、一対で完成するものとの意識を深めて、一つ様式となったのである。しかし、問答態以前に、神意を宣るだけの片哥の時代があったことは、考えねばならぬ。

今日残っている片哥・旋頭歌は、形のすこぶる整頓したものである。我々の想像以前の時代の、この端的な「神言」は、片哥・旋頭歌には近いだろうが、もっと整わぬものであったろう。なぜなら、この二つの形は、叙事詩がある発達を遂げた後に、固定した音脚をとりこんだものらしく思われるからである。つまりは、自由な短い様式が、だんだん他の方面で発達して来たものに影響せられて来たのである。時代の音脚法によって、整理せられたと言うてもよかろう。片哥をもって、日本歌謡の原始的な様式と考えやすいが、こうした反省が大事である。

けれども、我々の立場からは、複雑の単純化せられ、雑多が統一せられて行く事実を忘れてはならない。旋頭歌が、一つの詩形――文学意識は少ないが――と考えられて来ると、形の上にこそ本句と末句との間に、かならず、休息点は置いても、思想の上では一貫したものになって来る。本末のある句を繰り返して、調を整えるのも、他の詩形の影響である。

私は叙事詩の発生と時を同じくして片哥が出来たと考え、神の自叙伝としての原始叙事詩と、神の意思表現手段としての片哥と対立させて、推論を進めて来たが、それにしても、この音脚の上に整理の積んだ形は、かなり叙事詩時代の進んだ後、その洗煉せられた様式をとり入れたものとしか思われない。

三

種族の歴史は、歴史として伝えられて来たのではない。ある過程を経た後、「神言」によって知ったのである。それすら、神の自ら、いかに信仰せられて然るべきかを説くための、自叙伝の分化したものであった。祭祀を主とせぬ語部が出来ても、神を離れては意味がなかった。単に、史籍の現れるまでの間を、口語に繋ぎ止めた古老の遺伝ではなかったのである。信仰をほかにしては、この大儀でまた空虚にも見える為事のための、部曲の存在をば、邑落生活の上の必須条件とするようになった筋道がわからない。それにまた、人間の考え通り自由に、その詞曲を作ることが許されていたのなら、子代部・名代部の民を立てるような方法は採らなかったであろう。

国と称する邑々が、国名を廃して郡で呼ばれるようになっても、邑の人々は、なお、国の音覚に執着した。私に国を名のり、または郡を忌避して、県を称していた。その領主なる国造らは、郡領と呼びかえることになっても、なお名義だけは、国造を称えていたのが、後世までもある。けれども、そうした国造家は、神主として残ったものに限っている。邑々の豪族は、神に事えることによって、民に臨む力を持っていた。その国造が、だんだん神に事えることから遠ざかっても、なお、神主として、邑の大事の神事に洩れることが出来なかった。そういう邑々を一統した邑が、我々の倭朝廷であったのである。

一つの邑の生活が、次第に成長して、一国となり、さらに、数国数十か国の上に、国家を形づくることになった。こんなにまで、いわゆる国造生活が拡がっても、やはり他の邑の国造とおなじく、神事を棄ててしまうわけにはいかなかった。今もそうであるようにある時期には、神主としての生活が、繰り返されねばならなかった。古い邑々の習慣が、祖先礼拝の観念に結びついて、現に、宮中には残っているのである。

そうした邑々の信仰が、一つの邑の宗教系統にはいって来るようになる。倭朝廷の下なる邑として、単なる、豪族となっても、邑々時代の生活はかえなかった。ことに経済組織に到っては、豪族として存在の意義がそこに繋がっているのだから、革まることはなくて続いていた。難波朝廷（孝徳帝）から半永久的に行われた政策の中心は、この生活をかえさせることであった。これがほぼ根本的に改まって来たのは、平安朝に入って後の話である。

邑と豪族とを放し、神と豪族との間を裂くという理想が実現せられて、豪族生活が官吏生活に変わってしもうても、元の邑の自給自足の生活は、容易に替わらなかったのである。

邑々における国造は、自分の家の生活を保つために、いろんな職業団体——かきべの民——を設けて、家職制度を定めていた。奈良朝になってからではあるが、才能の模様では、所属以外の部曲に移した例はある。朝妻ノ手人である工匠が、語部に替わることを認可せられた（続紀養老三年）のは、社会組織が変わったためばかりでなく、部曲制度が、わりに固定していなかったことを見せているのであろう。

朝妻ノ手人から語部に替わるというのは、声楽の才を採用したものであろう。そのほかになお、血統の上の関係があるかも知れぬ。ただ、諳記力の優れていたのだろうという想像は、語部の叙事詩をとり扱うた方法に、理解がないからである。稗田ノ阿礼が古事記の基礎になっている叙事詩を諳誦したというのも、驚くに当たらぬことである。

語部の諳誦した文章は、散文ではなかったのである。曲節を伴うた律文であったのだから、幾篇かの叙事詩も容易に諳誦することが出来たはずである。邑々の語部が、だんだん保護者たる豪族と離れねばならぬ時勢に向こうて来る。豪族が土地から別れるようになるまでは、邑々の語部は、なお、存在の意味があったのである。神と家と土地との関係が、語部の叙事詩を語る目的であった。家に離れ、神に離れた語部の中には、土地にも別れねばならぬ時に出くわした者もあるようである。自ら新様式の生活法を択んだ一部の者のほかは、平安朝に入っても、なお、旧時代の生活を続けていたことと思われる。

日本歌謡のおおざっぱな分類の目安は、うたひ物・語り物の二つの型である。叙事風で、旋律の単調な場合が「かたる」であり、抒情式に、変化に富んだ旋律を持った時が「うたふ」である。この分類は、長い歴史ある、用語例である。物語という語も、後には歴史・小説など、意義は岐れて来たが、単に会話の意味ではない。これまた古くからある語で、語部の「語りしろ」すなわち叙事詩のことなのである。

語部の曲節に、音楽として、さほどの価値があったろうとは考えられない。けれども、出発点から遠ざかって固定を遂げる間に、若干の芸術意識は出て来たことと思われる。文字や史書が出たために、語部が亡びたとは言えない。真の原因としては、保護者を失うた外的の原因のほかに、芸術的内容が、時代とそぐわないものになったということが考えられる。語部の物語がだんだん、神殿から世間へ出て来た時代が思われる。家庭に入って諷諭詩風な効果を得ようとしたことも、推論が出来る。一族の集会に、家の祖先の物語として、血族の間に伝わる神秘の記憶や、英邁な生活に対する惝怳を新たにした場合なども、考えることが出来る。神との関係が一部分だけ截り放されて、芸術としての第一歩が踏み出されるのであった。書物の記載を信じれば、藤原朝にすでに語部が、邑・家・土地から游離して、漂泊伶人としての職業が、分化していたように見える。

落伍した神人は、呪術・祝言その他の方便で、口を養うことは出来る。こうして、家職としての存在の価値を認めない、よその邑・国を流浪してゆくとなると、神に対しての叙事詩という敬虔な念は失われて、興味を惹くことばかりを考える。神事としての堕落は、同時に、芸術としての解放のはじめである。こういう人々が、奈良から平安になっても、幾度となく浮浪人の扱いは受けないで、田舎わたらいをしたことと思う。しかし、今一方、呪言系統の文芸の側にも、こうした職業の発達して来る種はあるのである。

「神言」に今一つの方面がある。神が時を定めて、邑々に降って、邑の一年の生産を祝福する語を述べ、家々を訪れてその家人の生命・住宅・生産の祝言を聞かせるのが常である。これは、神の降臨を学ぶ原始的な演劇に過ぎない。

以前、私の考えは、呪言と叙事詩とをまったく別な成立を持つものとしての組織を立てていた。それは生産その他を祝福しに来る神の託宣と、下の事実とを関連させないでいたためであった。

生命・生産を祝福する神の語が、生産物に影響を与えるという観念が、一転して人間の言語で、祝福しようとする形式をとって来るのである。

近世まであり、現にありもするほかひ・ものよし・万歳などは、神降臨の思想と、人のした祝言の変形である。

万歳の春の初めの祝言は、柱を褒め、庭を讚え、井戸を讚美する、その讚美の語に、屋敷内の神たちをあやからせ、かまけさせようという信仰から出ている。単に現状の讚美でない。ほむ・ほぐという語は予祝する意味の語で、未来に対する賞讚である。その語にかぶれて、精霊たちがよい結果を表すものという考えに立っている。言語によって、精霊を感染させようとする呪術である。その上に言語そのものにも精霊の存在しているものと信じていた。「言霊さきはふ」という語は、言語精霊が能動的に霊力を発揮することを言う。言語精霊は、意義どおりの結果をもたらすものではあるが、他の精霊を征服するのではない。伝来正しき「神言」の威力と、その詞句の精霊の活動とに信頼するという二様の考えが重なって来ているようである。

　呪言は古く、よごとと言うた。奈良朝の書物にも、「吉事・吉言」など書いているのはその本義を忘れて、縁起よい詞などというに近い内容を持って来たのであろう。寿詞と書いているのは、ほぐの義から宛てたのではなく、長寿を予祝する「齢言」の意味を見せているのだ。しかし、それよりもさらに古くは「穀言」の意に感じてもい、真の語原でもあったらしい。「世」が「農作の状態」を意味することは、近世にも例がある。古くは穀物をよと言うたのである。すなわち、農産を祝ぐ詞という考えから出たらしい。

国文学の発生（第二稿）

呪言の展開

一　神の嫁

国家意識の現れたころはすでに、日本の巫女道ではだいたいにおいて、神主は高級巫女の近親であった。しかし、それは我々の想像の領分のことで、しかも、歴史に見えるより新しい時代にも、なお、村々・国々の主権者と認められた巫女が多かった。神功皇后は、それである。上古に女帝の多いのも、この理由が力を持っているのであろう。男性の主権者と考えられて来た人々の中に、実は巫女の生活をした女性もあったのではなかろうか。この点についての、詳論は憚りが多い。神功皇后と一つに考えられやすい魏書の卑弥呼のごときも、その巫女としての呪術能力がこの女性を、北九州の一国主としての位置を保たしていたのであった。

村々の高級巫女たちは、独身を原則とした。それは神の嫁として、進められたものであったからだ。神祭りの際、群衆の男女が、恍惚の状態になって、雑婚に陥る根本の考えは、一人々々の男を通じて、神が出現しているのである。

奈良朝の都人の間に、踏歌化して行われた歌垣は、実は別物であるが、その遺風の後世まで伝わったと見える歌垣・嬥歌会（東国）のほかに、住吉の「小集会」と言うたのもこれだとするのが定論である。

だから、現神なる神主が、神の嫁なる下級の巫女を率寝ることが普通にあったらしい。平安朝に入っても、地方の旧い社には、その風があった。

出雲・宗像の国造――古く禁ぜられた国造の名を、なお、称してはいたが、神主としての由緒を示すに止まって、政権からは離れていた――が、采女を犯すことを禁じた（類聚三代格）のは、奈良朝以前の村々の神主の生活をうかがわせるものである。采女は、天子のための食饌を司るもの、とばかり考えられているが、実は、神および現神に事える下級巫女である。

国々の郡司の娘が、宮廷の采女に徴発せられ、宮仕え果てて国に還ることになっているのは、村々の国造（郡司の前身）の祀る神に事える娘を、倭人の神に事えさせ、信仰習合・祭儀統一の実を、その旧領土なる郡々に伝えさせようという目的があったものと推定することは出来る。現神が采女を率寝ることは、神としてで、人としてではなかった。日本の人身御供の伝説が、いくらかの種があったと見れば、この側から神に進められる女（喰われるものでなく）を考えることが出来る。

そのため、采女の嬪・夫人となった例は、存外文献に伝えが少ない。允恭紀の「うねめはや。みみはや」と三山を偲ぶ歌を作って采女を犯した疑いをうけた韓人の話（日本紀）も、この神の嫁を盗んだ者としての咎めと考えるべきものなのであろう。このことが、日本における初夜権の実在と、その理由とを示している。出雲・宗像への三代格の文は、宮廷にばかり古風は存していても、民間には、神と現神とをひき離そうとする合理政策でもあり、文化施設でもあったのだ。

地物の精霊の上に、大空あるいは海のあなたより来る神が考えられて来ると、高下の区別が、神々の上にもつけられる。遠くより来り臨む神は、多くの場合、村々の信仰の中心になって来る。「杖代」ともいう嫁の進められる神は、この側に多かったようである。時を定めて来る神は、まれまれにしか見えぬにしても、そうした巫女が定められていた。常例の神祭りに、神に扮して来る者のためにも、神の嫁としての為事は、変わりがなかった。これは、村の祭り・家の祭りに通じて行われたことと思われる。

二　まれびと

新築の室ほぎに招いた正客は、異常に尊びかしずかれたものである。

新室を踏静子が手玉鳴らすも。玉の如　照りたる君を　内にとまをせ（万葉集巻十一旋頭歌）

というのは、舞人の舞う間を表に立つ正客のあることを示しているのであろう。家々を訪れた神の俤が見えるではないか。

新室の壁草刈りに、いまし給はね。草の如　よりあふ処女は、君がまにまに（万葉集巻十一旋頭歌）

は、ただの酒宴の座興ではない。室ほぎの正客に、舞媛の身を任せた旧慣の、やや崩れ出したところに出来たものなることが思われる。

允恭天皇が、皇后の室ほぎに臨まれた際、舞人であったその妹衣通媛を、進め渋っていた姉君に強制せられた伝え（日本紀）がある。嫉み深い皇后すら、それを拒めなかったというふうな伝えは、根強い民間伝承を根としているのである。来目部ノ小楯が、縮見の細目の新室に招かれた時、舞人として舞うことを、億計王の尻ごみしたのも、この側から見るべきであろう。神とも尊ばれた室ほぎの正客が弘計王の歌詞を聞いて、急に座をすべるという点も、このおかしみを加えて考えねばなるまい。

まれびとなる語が、実は深い内容を持っているのである。室ほぎに来る正客はまれに訪う神の身替わりと考えられていたのである。おそらくは、正客が、呪言を唱えて後、迎えられて宴の座に直ったものであろう。今も、沖縄の田舎では、建築は、昼は人つくり、夜は神造ると信じている。棟あげの当日は、神、家の中に降って鉦を鳴らし、柱牀などを叩き立てる。その音が、屋敷外に平伏している家人の耳には、聞えるという。もちろん、巫女たちのすることなのである。

八重山諸島では、村の祭りや、家々の祭りに臨む神人・神事役は、顔その他を芭蕉や、蒲葵の葉で包んで、目ばかり出し、神の声色や身ぶりを使うて、神の叙事詩につれて躍る。村の祭場での行事なのである。また、家の戸口に立っては、呪言を唱えてこれから後の祝福をする。大地の底の底から、年に一度の成年式に臨む巨人の神、海のあなたの浄土まやの地から、農作を祝福に来る穀物の神、盂蘭盆の家々に数人・十数人の眷属を連れて教訓を垂れ、謡い踊る先祖の霊と称する一団など、みな、時を定めて降臨する神と、呪言・演劇との、交渉の古い俤を見せている。

沖縄本島の半分には、まだ行われている夏の海神祭りに、海のあなたの浄土にらいかないから神が渡って来る。それを国の神なる山の神が迎えに出る。村の祭場で、古い叙事詩の断篇を謡いながら、海漁、山猟のようすを演じるのが、毎年の例である。万葉人の生活の俤を、ある点まで留めていると信ぜられる沖縄の島々の神祭りは、このとおりである。一年の生産の祝福・時節の移りかわり、などを教えに来る神わざを、だんだん忘却して人間が行うことになった例は、内地にもたくさんある。

　明治以前になくなっていた節季候は、顔を包む布の上に、羊歯の葉をつけた編笠を被り、四つ竹を鳴らして、歳暮の家々の門で踊った。「節季に候」と言うた文句は、時の推移と農作の注意とを与えた神の声であろう。万歳・ものよしの祝言にも、神としても、神人としても繰り返して来た久しい伝承がうかがわれる。

「斎の木の下の御方は（いかに今年を思い給うなどの略か）」「さればその事（に候よの略）。めでたく候」（郷土研究）という屋敷神との問答の変化と見える武家の祝言から、今も行われる民間の「なるか、ならぬか。ならねば伐るぞ」「なります。なります」と、果物の樹をおどしてあるく晦日・節分の夜の行事などを見ると、呪言というよりは、人と精霊との直談判である。見方によっては、神が精霊にかけあうもののようにも見える。しかし、これは見当違いである。それは万歳・才蔵との例でも知れることだ。

万歳について来る才蔵は、多分「才の男」から出たものだろう。また、せいのうとも発音したらしく、青農と書いていることもある。ただし、この場合は、人形のことのようである。才の男は、人であることもある。内侍所の御神楽に「人長の舞」の後、酒一巡して「才の男の態」がある（江家次第）。これは一種の猿楽で、滑稽な物まねであった。ところが、人形の青農を祭りの中心とする社もちょくちょくある。ことに、八幡系統の社では、人形を用いることが多かった。一体、今日伝わる神楽歌は、石清水系統の物らしい。この派の神楽では才の男同時に青農で、人形に猿楽を演ぜしめたのではないかと思われる。

才の男は最初、神に扮し、神を代表したものであろうが、信仰の対象が向上すると、神の性格を抜かれて置き去られてしまうようになった。そこで、神の託宣を人語に翻訳し、人の動作にうつして、神の語の通辞役に廻わることになったのであろう。神の暗示を具体化するところから、猿楽風の滑稽な物まねが演出せられるようになり、神がして、才の男がわきというふうに、対立人物が現れることになったのであろう。狂言の元なる能楽の「脇狂言」なども、今日では誠に無意味な、見物を低能者扱いにした、古風と言うよりほかに、せんもない物になったが、以前は語りを主にするものではなく、今の狂言が岐れ出るだけの、滑稽な、むしろ、能楽の昔の本質「猿楽」の本領を発揮したものであったはずである。神事能の語りは、武家の要求につれて、おもしろい「修羅物」などにかたよって行ったのである。

内容はだんだん向上して、形式は以前のままに残っているところから、上が上にと新しい姿を重ねて行く。狂言やをかしなどが、わきの下につくようになったのもこのためである。

「俄」「茶番」「大神楽」などにも、こうした道化役がいて、鸚鵡返し風なおどけを繰り返す。前に言うた旋頭歌が形式において、この反役をしているが、さらに以前は、内容までが鸚鵡返しであったものと思われる。問いかけの文句を繰り返して、詞尻の「？」を「！」にとり替えるぐらいの努力で答えるのが、神託の常の形だったのである。

三　ほかひ

寿詞を唱えることをほぐと言う。ほむというのも、同じ語原で、用語例を一つにする語である。ほむは今日、ただの讃美の意にとれるが、あらかじめ祝福して、出来るだけよい状態を述べるところから転じて、讃美の義を分化するようになったのである。同じ用語例にはいるたたふは、だいぶん遅れて出た語であるらしい。満ち溢れようとする円満なようすを、期待する祈願の意である。たたはしという形容詞の出来てから、この用語例は固定して来たものと思われる。讃美したくなるから、讃はしと言うのではないらしい。

再活用してほかふ、熟語となって、こと（言）ほぐと言うたりするほぐの方が、ほむよりは、原義を多く留めていた。単に予祝するというだけではなかった。「はだ薄ほに出し我や……」（神功紀）などいう「ほ」は、後にはもっぱら恋歌に使われるようになって「表面に現れる」・「顔色に出る」など言うことになっている。しかし、神慮の暗示の、捉（とら）えられぬ影として、たとえば占象（うらかた）のように、象徴式に現れることを言うようだ。末（うら）と、秀（ほ）とを対照して見れば、だいたい、見当がつく。「赭土（あかに）のほに」などいう文句も、赭土の示す「ほ」ということで、神意の象徴をさす語である。この「ほ」を随伴させるための詞（ことば）を唱えることを、ほぐと言うていたのであろうが、今一つ前の過程として、神が「ほ」を示すという義を経て来たことと思う。文献に現れた限りのほぐには、うけひ・うらなひの義が含まれているようである。

ある注意を惹（ひ）くようなことが起こったとする。古人は、これを神の「ほ」として、その暗示を知ろうとした。茨田（まむだ）の堤（または媛島（ひめしま））に、雁（かり）が卵（こ）を産んだ事件があって、建内宿禰（たけしうちのすくね）が謡（うと）うた（記・紀）という「汝がみ子や・完（つひ）に領（し）らむと、雁は子産（こむ）らし」を、本岐（ほぎ）歌の片哥（かたうた）としている。常世の雁の産卵をもって、天皇の不死の寿の「ほ」と見て、ことほぎをしたのである。寿詞が、生命のことほぎをする口頭文章の名となって、祝詞（のりと）という語が出て来たものと思われる。原義は、その一に書いたとおりの変遷を経て来るのである。ただほぐ対象が生命であったことは、事実らしい。

くしの神　常世にいます　いはたゝす　少名御神（すくなみかみ）の神（かむ）ほき、ほきくるほし、豊ほ

き、ほきもとほし、まつり来しみ酒ぞ（記）

という酒ほかひの歌は、やはり生命の占いと祝言とを兼ねていることを見せている。敦賀から上る御子品陀和気の身の上を占うために、待ち酒を醸して置かれたのである。一夜酒や、粥占をもって、成否を判断することがある。これも、酒の出来・不出来によって、旅人の健康を占問うのである。そうして帰れば、その酒を飲んで感謝したのであろう。

　酒ほかひというのは、ただの酒もりではない。酒を醸す最初の言ほぎの儀式を言うのだ。どうかすれば、酒をつくるための祝い、上出来の祈願のように見えるが、それは当たらない。「……ますら雄のほぐ豊御酒に、我ゑひにけり」（応神紀）は、ほぎしの時間省略の形である。これは、待ち酒の恒例化したもので、酒づくりの始めを利用して、長寿の言ほぎして占うたものなのである。この部分がだんだん閑却せられて来ると、よく醱酵するように祈るという方面が、ことほぎの一つの姿となって来る。酒ほかひなる語が、酒宴の義に近づく理由である。こうした変化は、どの方面のほかひにもあったことなのである。ただ、酒は元もと神事から出たものだから、出発点における占いの用途を考えないわけにはいかない。

　室ほぎの側になると、この因果関係は交錯している。弘計王の室ほぎの寿詞は、おそらく世間一般に行われていた文句なのであろう。建て物の部分々々に詞を寄せて、家長の生命を寿している。柱は心の鎮り、梁は心の栄し、椽は心の整り、蘆萑は心の平ぎ、葛根は命の堅め、葺き茅は富の過剰を示すというふうの文句の後が、今、用いている酒の来歴を述べる讃歌風のもので、酒ほかひの変形である。そうしてその後が「掌やらゝに、拍ちあげ給はね。わが長寿者（常齢）たち」（顕宗紀）の囃し詞めいた文で結んでいる。ここにも、室ほぎと生命の寿との関係が見える。

新築によって、生活の改まろうとする際に、家長の運命を定めておこうとするのである。こちらは、生命とその対照に置かれる物質とはあるが、占いの考えは、含まれていないようだ。ただあるのは、譬喩から来るまじなひである。

新築の家でなくとも、言ほぎによって、新室とおなじようにとりなすことの出来るものと考えたこともあるらしい。毎年の新嘗に、特に新嘗屋その他の新室を建てることは出来ないから、祓えと室ほぎとを兼ねた大殿祭の祝詞のようなものも出来た。例年の新嘗・神今食ならびに大嘗祭には、式に先だって、忌部が、天子平常の生活にかならず、出入せられる殿舎を廻わって、四隅にみほぎの玉を懸けて祝詞を唱えて歩いた。みほぎというのは、神が表すべき運命の暗示を、あらかじめ人が用意しておいて祝福するので、この場合、玉は神璽として用いたのではない。出雲国造神賀詞の「白玉の大御白髪まし、赤玉のみあからびまし、青玉のみづえの玉のゆきあひに、明つ御神と大八島国しろしめす……」などいう譬喩を含んだものなのである。

四　よごと

寿詞が、完全に齢言の用語例に入って来たのは、宮廷の行事が、機会ごとに天子の寿をなす傾きを持っていたからであろう。民間の呪言が、ことごとく家長の健康・幸福を祈ることを、目的としてばかりいたとは言えない。単純に、農作・建築・労働などに効果を招来しようとする呪言が、多くあったに違いない。

　毎年年頭、群臣拝賀のおり、長臣が代表して寿詞を奏した例は、奈良朝までも続いたものと見ることが出来る。文字は「賀正事」と宛てているが、やはりよごとである。家持の「今日ふる雪のいや頻け。よごと」（万葉集巻二十）は、この寿詞の効果によって、永久に寿詞の奏を受けさせ給うほどに、長寿あらせ給えと言うのである。また、「千年をかねて、たぬしき完へめ」（古今集巻二十）なども、新年宴の歓楽を思うばかりでなく、寿詞によって天子の寿の久しさを信じ得た人の、君を寿しながら持つ豊かな期待である。古くは各豪族・各部曲から代表者が出て、それぞれ伝来の寿詞を申したこと、誄詞と同様であったことと思われる。その文言は、中臣天神寿詞・神賀詞などに幾分、似通うたものであろう。真直に延命の希望ばかりを述べることは、少なかったろうと考える。

最も、古い呪言は、神託のまま伝襲せられたという信仰の下に、神の断案であり、約束であり、強要でもあったのである。神の呪言の威力は永久に亡びぬものとして大切に秘密に伝誦せられていた。「天つのりとの太のりと言」と称せられるものが、それなのである。文章の一部分に、この神授の古い呪言を含んだものが、忌部氏の祝詞並びに伊勢神宮祝詞・中臣氏の天神寿詞の中にある。

ことにその古い姿を思わせているのは、鎮火祭の祝詞である。

天降りよさしまつりし時に、言よさしまつりし天つのりとの太のりと言を以ちて申さく

と前置きし、

……と、言教へ給ひき。此によりてたゝへ言完へまつらば、皇御孫の尊の朝廷に御心暴（いちはや）び給はじとして……天つのりとの太のりと言をもちて、たゝへ言完へまつらくと申す。

と結んでいる。その中の部分が、天つ祝詞なのである。火の神の来歴から、その暴力を逞くした場合には、それを防ぐ方便を神から授かっている。火の神の弱点も知っている。その敵として、水・瓢・埴・川菜のあることまで、母神の配慮によって判っていると説く文句である。神言のゆえをもって、精霊の弱点をおびやかすのである。この祝詞は、今ある祝詞の中、まず一等古いもので、齢言以外の寿詞の俤を示すもので

はなかろうかと思う。ただし、天つ祝詞以外の文句は、時代ははるかに遅れている。

　最愛季子（まなおとご）に火産霊神（ほむすびの）生み給ひて、みほと焼かえて岩隠りまして、夜は七夜、日は七日、我をな見給ひそ。我が夫（せ）の命（みこと）と申し給ひき。此七日には足らずて、隠ります事あやしと見そなはす時、火を生み給ひてみほと焼かえましき。

などいう文は、古風であるが、表現がいかにも不熟である。これほど、古拙なものは他には見当たらない。呼応法の古い形式を、充分に残している。

　他の天つのりと云々（うんぬん）を称する祝詞は、みな、別に天つ祝詞があって、その部分を示さなかったのかと思われるほど、それらしい匂いを留（とど）めぬものである。大祓祝詞に見えた天つ祝詞などは、おそらく文中には省いてあるのであろうが、中には、精霊を嚇（おど）すために、その伝来を誇示したものもあるようだし、あるいはもっと不純な動機から、我が家の祝詞の伝襲に、時代をつけようとしたのかと思われるものさえある。

　天つ祝詞の類の呪言が一等古いもので、これは多く、伝承を失うてしもうた。いわゆる三種祝詞と称するとほかみゑみためという呪言が、天つのりとだとするのは、鈴木重胤（しげたね）である。

五　天つ祝詞

天つ祝詞にもいろいろあったらしく思われる。鎮火祭の祝詞などでも、挿入の部分は、とほかみゑみためなどとは、かなりようすが変わっている。天つ祝詞を含んで唱える人の考えのはいっているこの祝詞は、第二期のものである。今一つ前の形が天つ祝詞の名で一括せられている古い寿言なのである。第三期以下の形は、神の寿詞の姿をうつすことによって、呪言としての威力が生ずるという考えに基づいている。その製作者は、現神すなわち神主なる権力者であったであろう。第四期としては、最も大きな現神の宮廷に、呪言の代表者を置くことになった時代で、天武天皇のころである。

「亀卜祭文（釈紀引用亀兆伝の）」には、太詔戸ノ命の名が見え、亀兆伝註には、亀津比女ノ命のまたの名を天津詔戸太詔戸ノ命としている。ひととおり見れば、占いの神らしく見える。今一歩進めて見れば、三種祝詞に属した神ということになる。思うに、亀津比女ノ命はもとより亀卜の神であろう。太詔戸ノ命は一般の天つ祝詞の神であり、亀津比女ノ命はその一部の「とほかみゑみため」の呪言の神なのではなかろうか。この神は祝詞屋の神で、一柱とも二柱とも考えることが出来たのであろう。もし、この考えがなり立つとすれば、太詔戸ノ命は、寿詞・祝詞に対して、どういう位置を持つことになるであろう。

呪言の最初の口授者は、祝詞の内容から考えると、かぶろき・かぶろみの命らしく見える。しかし、これはただの伝説で、こんなに帰一せない以前には、口授をはじめた神がたくさんあったに違いない。ところが、伝来の古さを尊ぶところから、勢力ある神の方へ傾いて行ったのであろう。天津詔戸太詔戸ノ命は、古い呪言一切に関して、ある職能を持った神と考えられたものとしても、いつからのことかは知れない。

神語を伝誦する精神から、呪言自身の神が考えられ、呪言の威力を擁護し、忘却を防ぐ神の存在も必要になって来る。この意味において、太詔戸ノ命という不思議な名の神も祀られ出したのではなかろうか。そのほかに、今二つの考え方がある。呪言口授の最初の神か、呪言の上にしばしば現れて来る神、すなわち、ある呪言の威力の神格化、こうしたことも思われる。

亀卜の神にして、壱岐の海部の卜部の祀った亀津比女が何故祝詞と関係をもつかという問いは、祝詞と占いとの交渉の説明を求めることになる。三種祝詞ばかりでなく、寿詞・祝詞には、占いと関連することが多いようである。酒ほかひのごときも、占いに属する側が多かった。神の示す「ほ」の譬喩表現である。ある物の現状をもって、他の物の運命をこのとおりと保証することがほぐの原義であってみれば、人は「ほ」

の出来る限り好ましい現れを希う。祈願にはかならず、どうなるかという問いを伴う。祝師（のりとし）の職掌が、奇術めいた呪師（のろんじ）を生んだという推定を、私は持っている。奇術は、占いの芸道化したものなのである。

この玉串をさし立て、、夕日より朝日照るに至るまで、天つのりとの太のりと言をもて宣れ。かくのらば、占象は、わかひるに、ゆつ篁出でむ。其下より天の八井出でむ。……（中臣寿詞）

こうして見ると、呪言にはただちに結果を生じるものと、そして唱える中に結果の予約なる「ほ」の現れるものとの二つあることが知れる。その次に起こる心持ちは、期待する結果の譬喩をもって、神意を牽きつけようとする考えである。

内容の上から発生の順序を言えば、天つのりとの類は、結果に対して直接表現をとる。ほぐことを要件にするようになるのは、寿詞の第二期である。神の「ほ」から占いに傾く一方、言語の上に人為の「ほ」を連ねて、逆に幸福な結果をもたらそうとするのが、第三期である。我が国の呪言なる寿詞には、この類のものが多く、そのまま祝詞へ持ちこしたものと見える。外側の時代別けで言えば、現神なる神主が、神の申し口として寿詞を製作するころには、この範囲に入るものが多くなるのである。第四期の呪言作者の創作物は、著しく功利的になる。現神思想が薄らぐとともに、人間としての考えから割り出した祈願を、単に神に対してすることとなる。

六　まじない

呪言が譬喩表現をとり、神意を牽引するところからまじなひが出て来る。大殿祭・神賀詞のみほぎの玉はすでに、この範囲に入っている。ことに言語の上のまじなひの多いのは、神賀詞である。御ほぎの神宝が、一々意味を持っている。白玉・赤玉・青玉・横刀・白馬・白鵠・倭文・若水沼間・鏡が譬喩になって、縁起のよい詞が続いている。これらは名称の上の譬喩から、さらに抽象的に敷衍しているのである。古くから伝えている譬喩ほど、具象性と近似性が多くなっている。常磐・堅磐は実は古代の室ほぎから出たもので、床岩・壁岩と、生命の堅固との間に類似を見たのである。

天の八十蔭（天の御蔭・日の御蔭）葛根など言うのは、みな、屋の棟から結び垂れた葛の縄である。やはり、室ほぎに胚胎した。その長いところから、生命の長久のほかひに使われている。桑の木の活力の強さから「いかし八桑枝」という常套語が出来ている。これらは近代の人の考えるような単純な譬喩ではなく、それらの物の魅力によって、呪術を行うた時代があったためであろう。それらの物質の、他を感染させる力によって、対象物をかぶれさせようとするのである。

おなじく感染力を利用するが、結果はすこぶる、交錯して現れるところの、今一つ別の原因がある。言語精霊の考えである。従来、無制限に称えられて来た、人語にひそむ精霊の存在を言う説は、ある点まで条件をつけねばなるまい。散文風に現れる日常対話にはないことで、神託・神語にばかりあるものと信じていたのである。太詔戸ノ命が、あるいはこの意味の神ではなかろうかという想像は、前に述べた。ことだまは言語精霊というよりはむしろ、神託の文章にひそむ精霊である。

さて、言霊（ことだま）のさきはふというのは、その活動が対象物に向けて、不思議な力を発揮することである。辻占（つじうら）の古い形に「言霊のさきはふ道の八衢（やちまた）」などと言うているのは、道行く人の無意識に言い捨てる語に神慮を感じ、その暗示をもって神文の精霊の力とするのである。要するに、神語の呪力と予告力とを言う語であるらしい。その信仰から、人の作った呪言にも、神の承認を経たものとして、霊力の伴うものと考えられたのである。この夕占（ゆうけ）の側から見ても、亀津比女との交渉は、説明が出来るのである。

私の話は、寿詞（よごと）を語りながら、まだ何の説明もしない祝詞の範囲まで入り込んで行った。しかし、この二つほど、限界の入り乱れているものはない。一つを説くためには、今一つを註釈（ちゅうしゃく）とせぬわけには行かない。寿詞の範囲が狭まり、祝詞がだんだん新しい方面まで拡がって行ったため、だいたいには、二様の名で区別を立てるようになった。新作の祝詞と言うべき分までも、寿詞と言ったのが飛鳥朝の末・藤原の都ごろであった。祝詞の名は、奈良に入って出来たもので、ただ、これまでもあった「告（の）り所」なる神事の座で唱える「のりと言」に限っての名が、ようやくすべての呪言の上におし拡められて来たのである。

巡遊伶人の生活

一　祝言職

人の厭う業病をかつたいと言うことは、傍居の意味なる乞食から出たとするのがまず定論である。さすれば、三百年以来、おなじ病人を、ものよしと言い来たった理由も、わかることである。ものよしなる賤業の者に、そうした患者が多かったか、または、単に乞食病いと言うぐらいの卑しめを含ませたものとも思われる。ものよしが、近代風の乞食者となるまでには古い意味の乞食者、すなわち、浮浪祝言師――巡遊伶人――の過程を履んで来ていることが思われる。千秋万歳と言えば、しかつめらしいが、民間のものよしと替わるところがなく、のちのちはものよしの一部の新称呼とまでなってしもうた。

奈良の地まわりに多い非人部落の一つなるものよしは、明らかにほかひを為事にした文献を持っている。

倭訓栞に引いた「千句付合」では、屋敷をゆるぎなくするものよしの祝言の功徳から、岩も揺がぬと言い、付け句には「景」に転じている。

あづまより夜ふけてのぼる駒迎へ、夢に見るだに、ものはよく候

とある狂歌「堀川百首」の歌は、ものよしの原義を見せている。ものは物成などのものと同様、農産の義と見えるが、あるいは漠然とした表し方で、王朝以来の慣用発想なる某――「物」なる観念に入れて、運勢をものと言うたのかも知れない。江家次第には、物吉の字の一等古い文献を留めている。ものとよしという観念の結びつきは確かだが、語尾の訓み方に疑いがある。賀正事の非公式になったもので、兼ねて「斎の木の祝言」の元とも言うべき宮廷の新年行事である。ものの意義は、内容がかなり広く用いられている。年中の運勢などいうふうにも感じられる。

大小名の家で家人たちのした祝言は、千秋万歳類似のこと以外にもいろいろあったであろう。暮れから春へかけて目につくのでは、そのほかにも二つのことがある。一つは「夢流し(初夢の原形)」、他は前に書いた「斎の木の祝言」である。これらの為事は、思うに、古くから一部さむらひ人の附帯事務であったらしい。

家人と言っても、奴隷の一種に過ぎないやつこが、家の子と時代に応じて言い換えられても、後世の武家が「御家人」なる名に感じたほど、名誉の称号ではなかった。

門跡に事えた候人は、音読してこうにんとも言うたが、元はやはりさむらひびとで、舎人を模した私設の随身である。それが寺奴の出であろうということは、半僧半俗というよりは、形だけは同朋じたてであるが、生活はまったくの在家以上で、殺生を物ともせなかった。山法師や南都大衆は、この候人の示威団体だったのである。室町御所になって出来た同朋が、荒事を捨てても、多く、社奴・寺奴の方面から出ていたのは、一つの註釈になる。

侍の唱える「斎の木の下の御方は」に対して、「さればその事。めでたく候」と答える主公は、自身の精霊の代理である。すなわち、返し祝詞と言われるものの類である。寿詞を受けた者の内部から発するはずの声を、てっとり早く外側から言う形であろう。いわば、天子の受けられる賀正事に、天子の内側の声が答えるという形式があったものとすれば、よくわかることだ。自分の内部にひそむ精霊の、祝言に応じて言う返事の、代役ということになるのであろう。賀正事もただの廟堂の権臣としての資格からするのではなかろう。それぞれの氏ノ上たり、村の君たる者として、当然、持った神主の祭祀能力から出たものと見える。

返し祝詞は、宮内省掌典部の星野輝興氏が、多くを採集していられる。

千秋万歳の、宮中初春の祝言に出るのは、室町ころから見えている。これは北畠・桜町の唱門師の為事であった。忌部の事務の、卜部の手に移ったものは多い。それがさらに陰陽道の方に転じて、その配下の奴隷部落の専務という姿になったものであろう。社寺の奴隷は、ある点では、一つのものと誤解せられる傾きがあった。それをまた、利用して口過ぎのたつきとした。社寺の保護が完全に及ばぬようになると、世の十把一とからげの考え方にすがって、だいたい、同じ方向の職業に進むことになった。手工類の内職で、伝習に基礎をおくものは別として、本業は事実、混乱しやすく、これを併合しても目に立たなかった。唱門師なども、たいてい、寺奴であり、社奴であるという資格から入り乱れて、複雑な内容を持った職業を作り上げたが、唱門なる語の輪廓がむやみに拡がって、すべてを容れるようになったという側からも考えられる。

寺の奴隷から出たものは、三井寺の説経師・叡山の導師の唱導を口まねをした、本縁・利生・応報の実例を、章句としては律要素の少ない、口頭の節まわしに重きをおくような説経を語って、口過ぎのたつきとしたらしい。そうして後から出た田楽や、猿楽能の影響を受けながら、室町に入って、曲目も一変したらしい。一方、神人と言われる社奴の方には、卜部の部下が、忌部以来の寿詞風の「屋敷ぼめ」や、この徒唯一の財源でもあり、神人の唯一財源とも見えた、民間さまざまの時期の祓えに頼まれて、暮らしを立てていた。それが、王朝の末から、だんだん融合して、今昔物語にも見えるような、房主頭で、紙冠をつけた祓神主さえ出現することになって来た。神職・神人が神のほかに仏に事えることを憎しまなかった時代だから、こういう異形の祭官をも、不思議とせぬ時が続いて来た。しかも、なお一つ唱門の本職と結びつかねばならぬ暗示が、古くからあった。それはほかひびとの一等古い形式が、前型になっているのである。

土御門家の禁制によって、配下の唱門師が説経節を捨てなければならなくなったのは、江戸の初めのことである。それまでの間は、新形の説経として、謡曲類似の詞曲と「曲舞」とを持ち、祓えや、屋敷ぼめをしていたのである。ただ、わりあいに戦国の世には、歴史家の空想を超越した安らかな生活が、下々の民の上にはあった。彼らは、土地を離れない生活を営むようになっていた。副業も活計を支えることの出来るほど、世間から認められて来た。この点がやや違うのであるが、田楽・猿楽の役者たちが、しばしば、檀那なる豪族の辺土の領地を巡遊したことから見ても、まったくの土着の農民と一つに見るわけにはいかぬ。

ものよしは、早く社との関係を失い、宮廷の千秋万歳も、唱門師と手をとりあうようになると、地方の大小名の家の子のする年頭の祝言は、ある家筋の侍には限らなくなったであろう。祝言にも、いよいよ、職業化したものと、職業意識を失うたものとが出来たわけだ。

ものよしと万歳とは、民間と宮廷との違うた呼び名から、二つに見えるようになったが、実は元一つである。地方のものよしがすべて宮廷式・都会風の名に改まって行って、明治大正の国語の辞典には、「癩病の異名。方言」として載せられるぐらいに忘れられた。

語から見ても、ものよしの方が「千秋万歳」を文句の尻に繰り返したらしい後者よりは、古い称えであったであろう。このものよしがただちに、意義分化以前のほかひびとの続きだとは、速断しかねるが、だいたい、時代は、ほぼ、接しているものと言えるようである。日なみ月なみ数へ・勧農・祝言、さまざまの神人がかった為事(しごと)が、順ぐりに形を変えて、次の姿になったと見るよりは、一つの種が、時代と地方とで、いろいろな形と、いろいろな色彩とを持って、後から後から出たものと見ることも出来よう。でも、それはかえって論理を複雑にするものであるから、直系・傍系という点の考えに重きを置くことをやめて、事実を見るほかはあるまい。

二 「乞食者詠」の一つの註釈

万葉巻十六は、叙事詩のくずれと見えるものを多く蒐(あつ)めている。そのうち、ことに異風なのは、「乞食者詠」とある二首の長歌である。これを、かならずしもほかひびとのうたと訓(よ)まなくとも、当時の乞食者の概念と、その生活とはうかがわれる。土地についた生業を営まず、旅に口もらうという点から、人に養われる者という侮蔑(ぶべつ)を含んでいる。決して、近世の無産の浮浪人をさすのではない。しかも、巡遊伶人（れいじん）であることは、確かである。

平安の中ごろには、ほかひが乞食と離れぬようになっているのだから、仮りにここを足場として、推論を進めて行って見ることも出来よう。ほかひびとは、寿詞（よごと）を唱えて、室（むろ）や殿のほかひなどした神事の職業化し、内容が分化し、芸道化したものを持って廻わった。最も古い旅芸人、門づけ芸者であるということは、語原から推して、誤りない想像と思う。

そうすれば、ほかひびとの持って歩いた詞曲は、創作物であるかという疑いが起こる。寿詞が次第に壊れて、ほかの要素をとり込み、だんだん叙事詩化して行って、人の目や耳を娯（たのし）ませる真意義の工夫が、自然の間に変化を急にしたであろう。これまでの学者の信じなかったことで、演劇史の上にぜひ加えなければならぬのは、人形のあったことである。それに、叙事詩にあわせて舞う舞踊のあったことである。このことは後に言う機会がある。

この歌は、その内容から見ても、身ぶりが伴うていてこそ、意義があると思われる部分が多い。「鹿の歌」は、鹿がお辞儀するような頸（くび）の上げ下げ、跳ね廻わる軽々しい動作を演じるように出来ている。「蟹の歌」も、その横這（ば）いする姿や、泡を吐き、目を動かすといった挙動が、目に浮かぶように出来ている。その身ぶりを人がしたか、人形で示したかはわからない。舞踊の古代の人に喜ばれた点は、身ぶりが主なものである。事実、その痕(あと)は十分見えている。これが神事の演劇と複雑に結びついて、物まねで人を笑わせようという方へ、ますます傾いて行った。猿楽も、歌舞伎芝居も、その名自身、人間の醜態や、見馴れた動物の異様な動作の物まね・身ぶりであることを見せている。

想像が許されれば、私はこの歌にこう註釈したい。鹿は山地、蟹は水辺の農村にとって、恐ろしい敵である。鹿はもちろん、蟹に喰われ、爪きられて、稲の荒らされることは、祖先以来、経て来た苦い経験である。農作予祝の穀言(よごと)が、風や水に関係した文句を持っていたろうと思われることは、後に出来た祝詞から想像がつく。しかし、動物の害事を言うてはいない。けれども、宮廷から国々の社に伝達せられた祝詞のほかに、社に伝来した土地の事情に適切な呪言があったことは疑いもない。鳥獣や虫類を脅かして、退散させようとする呪言もあったことと思う。

ほかひの様式が分化して芸道化しかけた時、それらの動物を苦しめる風の文句が強く表され、動作にもそれを演じて見せるようになり、さらにそれが降服して、人間のために身を捧げることを光栄とするといった表現を、詞(ことば)にも、身ぶりにも出して来るとすると、この歌の出来た元の意義は納得出来る。この歌の形式側の話は、後にしたい。

三　当てぶりの舞

呪言の効果を強めるために、呪言を唱える間に、精霊をかぶれさせ、あるいはおどすような動作をする。田楽・猿楽にすら、とつぎの様を実演した俤は残っている。これは精霊がかまけて、生産の豊かになることを思うのである。精霊をいじめ懲らす様も行われたに違いない。これが身ぶりの、神事に深い関係を持つようになる一つの理由である。しかも、神事の傾向として、祭式を舞踊化し、演劇化するところから、身ぶり舞をつくり上げたのである。

隼人のわざをぎは、叙事詩の起原説明には、単に説明に過ぎなかろうが、舞踊化の程度の少ないものと察せられる、水に溺れる人の身ぶり・物まねである。

殊舞（たつつまひ）は起ちつ居つして舞うからの名だ、ということになっているが、王朝以後、しばしば民間に行われた「侏儒舞」の古いものを、字格を書き違えて伝え、たつつなる古語を名としていたために、わからなくなったのであろう。この舞を舞うたのは弘計ノ王で、たびたび言うて来た縮見の室ほぎの時であったのも、家の精霊を小人と考えていた平安朝ころの観念を、溯らして見ることが出来れば、説明はうまくつく。

鳥名子舞（となごまひ）は、伊勢神宮で久しい伝統を称しているものである。普通ひよひよ舞と言うた上に、鶏の雛（ひな）の姿を模する舞だというから、やはりあの跛（びっこ）の走るようなからだつきの身ぶりなのだ。

鹿や蟹のおこめいた動作をまねる人か、人形かの身ぶりが、寿詞（よごと）系統のほかひびとの謡（うた）についていなかったとは言われないのである。

四　ほかひびとの遺物

ほかひびとの後世に残したものは、由緒ある名称と、門づけ芸道とのほかに、その名を負うた道具であった。延喜式などに見える外居（ほかゐ）・外居案（ほかゐづくゑ）などいう器は、行器（ほかひ）と一つ物だと言われている。その脚が外様に向いて猫足風になって四本ある所から出たものと思われて来た。かなり大きなもので、唐櫃（からびつ）めいた風らしく考えられる。そのやや小さくて、縁（ふち）があって、盛り物でもするらしい机代わりの品を、「外居案（ほかゐづくゑ）」と言うらしい。「ひ」と「ゐ」とは、音韻に相違はあっても、この時代はまだこの二音の音価が定まらないで、転化の自由であった時なのだから、仮字（かな）の違いは、物の相違を意味せないのである。

だが、やや遅れた時代の民間のほかひは、それほど大きな物ではない。形もだいぶん変わって来ているようである。絵巻物によく出て来るこの器は、形はずっと小さくて、旅行や遠出に、一人で持ち搬(はこ)びの出来る物である。

私は、ほかひびとの常用したこの器を便利がって、大小にかかわらずその形を似せて、一般に用い出したのだと思う。今一歩推論してもよければ、頭上・頸(くび)・肩に載せたり、掛けたり、担いだりして、出来る限りの物を持って出かけるのが、昔の人の旅行であったであろう。それが、ともかく担ぎなり、提(さ)げなりして、二人分も三人分もの荷物を搬ぶ道具を国産するようになったのが、旅行生活に慣れたほかひの徒の手からであったものらしい。そうなら、ほかひびとの略称なるほかひが、発明者の記念として、器の名となるのも、順当な筋道である。

行器を、清音でほかひと発音するだろうということは、外居の宛て字からも考えられる。古泉千樫(こいずみちかし)さんも、その郷里房州安房(ぼうしゅうあわ)郡辺では、濁らないで言うことと、山の神祭りの供物を、家々から持って登る時に使うためばかりに保存せられていることとを、教えて下さった。

宮廷に用いられた外居が、行器とおなじ出自を持っているものとすれば、いつのころどういう手順で入り込んだか、すべては未詳である。ただ、神事に関係のある器であることだけは確からしい。

巡遊伶人(れいじん)として、芸道の方面に足を踏み込むようになっても、本業呪言を唱える為事は、続けていたということは考えられる。彼らの職業はどう分化しても、一種の神の信仰は相承せられていった。寿詞を誦し、門芸を演じながら廻わる旅の間に、神霊の容れ物・神体をおさめた箱を持って歩かなかったとは考えられない。漂泊布教者が箱入りの神霊を持ち搬んだことは、しばしば、例がある。ほかひは元、実はその用途に宛てられていたのだが、利用の方面を拡げてきたものと言うことが出来よう。柳田国男先生は、かつて「うつぼと水の神」という論文（史学一巻四号）を公けにせられた。箱が元、単なる容れ物でなく、神霊をおさめるもので、その筋をたどると、ひさご・うつぼの信仰上の意味も知れることをお説きになっている。あれを見ていただけば、私の議論はてっとり早く納得して貰えよう。

ほかひと言われる道具の元は、巡遊伶人が同時に漂泊布教者であったことを見せており、長旅を続ける神事芸人の団体が、藤原の都にはすでにあったことを思わせるのは、微妙な因縁と言わねばならぬ。

五　ほかひの論落

「乞食者詠」の出来たのは、どう新しく見ても、民衆に創作意識のまだ生じていなかった時代である。創作詩の初めて現れたのは、人をもって代表させれば、柿本ノ人麻呂の後半生の時代である。蟹や鹿の抒情詩らしく見える呪言叙事詩の変態の出来たのは、前半期と時を同じくしているか、少し古いかと思われるころである。

形は寿詞じたてで、中身は叙事詩の抒情部分風の発想を採（と）っている。これは寿詞申しと語部（かたりべ）との融合しかけたことを見せているのである。そうしてそのほかひたちが、どういうわけで流離生活を始めることになったか。

叙事詩を伝承する部曲（かきべ）として、語部はあったのだが、寿詞を申す職業団体が認められていたかどうかは疑問である。ほかひなるかきべの独立した痕は見えないばかりか、反証さえある。祝詞になってはもちろんだが、寿詞さえ、上級神人に口誦（こうしょう）せられていた例は幾らもあるし、氏々の神主――国造＝村の君――といった意味から出たことであろうが、氏ノ上（うじのかみ）なる豪族の主人であった大官が、奏上するような例もある。さすれば、これが職業としての専門化、家職意識を持った神事とはなっていなかったとも言えるようである。しかも一方、平安朝にはすでに祝師（のりとし）などという、わりあいに下の階級の神人が見え出してきた。それに元々、呪言を唱えることが、村の君の専業ではなく、むしろ、伝来ある村の大切な行事のほかは、寿詞に関係せなくなる。そうなると、この為事（しごと）にあずかる神人の資格は、だんだん下の方に向いて行くであろう。その上、当時まだ、村の君などいう頭分（かしらぶん）を考えなかった時代の記憶を止（とど）めていた地方では、成年式を経た若者たちが「一時（いっとき）神主」として、神にも扮し、呪言をも唱えた。それが沖縄ばかりか、大正の今日の内地にすら残っているのである。そういうふうに若者中、神人・神主と、いろいろに呪言を誦する人々がある上に、突如として宗教的自覚を発する徒などがあって、呪言を取り扱う人々は、かならず、多様であったに違いない。

村々の家々とその生産とを予祝する寿詞は、若者か、下級の神人の為事になってゆく傾きのあることは考えられる。村々の宗教が、だんだん神社制度に翻訳せられてゆくと、社に関係の薄い者から落伍しはじめて来る。ほかひは元、神社制度以前のもので、以後も、神社との交渉は少なかった。それにあずかる神人も、正しい神職でなかったりするために、ようやく軽く見られる傾きが出てきた。宮廷では、中臣・忌部の神主がともに呪言を奏するのに、中臣は神社制度に伴う側に進み、忌部は旧慣どおりほかひを主とした点からも、前者にけおとされねばならぬことになったのである。

社々にだって、ほかひ側の為事はないわけではない。しかも祓え・占い・まじなひなどのほかは、よごとの語義に関係の深い「祈年呪言（穀言）」・「長寿呪言（齢言）」すら、ほかひの範囲から逸れてしまうことになった。

神社の有無が、神の資格定めの唯一の条件になって来ると、ほかひの対象なる精霊は、位づけが明らかに下って来る。そうなると、寿詞の価値もおのずから低くなって、高い意味の寿詞、並びに醇化した神のための新しい呪言が、のりとの名をもって、それにとって替わることになったのである。

すでに地位の下りかけていた祝言が、さらに分化して、一種の職業となったほかひの徒のはじまりは、どういう種類の人々であったであろう。「一時神主(いっときかんぬし)」として、ほかひに習熟した村の若者出の人々や、後楯(うしろだて)なる豪族に離れた村々の神人の、亡命あるいは零落した者が、占い・祓え・まじないとともに、祝言をのべて廻わったのが、これが職業化した古い姿と思われる。

村と村との睨(にら)みあう心持ちは、まだ抜け切らぬ世の中でも、この旅人はわりに安心であったであろう。異郷の神は畏(おそ)れられも、尊ばれもした。霊威やや鈍った在来の神の上に、潑溂(はつらつ)たる新来(いまき)の神が、福か禍(わざわい)かの二つどりを、迫って来る場合が多かった。異郷から新来の客神を持って来る神人は、呪(のろ)いの力をも示した。よごとを唱えると同時に、齢（よ）と穀（よ）とを荒らす疫病・稲虫を使うことも出来た。駿河(するが)で、はやった常世神(とこよ)（継体紀）、九州から東漸(とうぜん)した八幡の信仰の模様は、新神の威力が、いかに人々の心を動かしたかを見せている。ほかひびとの、異郷を経(へ)めぐって、生計を立ててゆくことの出来たのも、この点を考えに入れないでは、納得がいかない。

村々を巡遊している間に、彼らは言語伝承を撒(ま)いて歩いた。右に述べたような威力を背負っていたことを思えば、その為事が、案外、大きな成績をあげたことが察せられるのである。

そのほかに、神奴も、この第一歩の運動には、あずかっていそうに思われる。しかし、奴隷階級の者がどうして自由に巡遊することが出来たか、この点の説明が出来そうもない。だから、これは今しばらく預かって、考えてみたいと思う。

六　叙事詩の撒布

ほかひが部曲として、語部のように独立していなかったことは、巡遊伶人としての為事に、雑多な方面を含むようになった原因と見ることが出来る。「乞食者詠」を見ても知れるように、寿詞の様式の上に、劇的な構造や、抒情的な発想の加わってきたのは、語部の物語の影響にほかならぬのである。私は保護者を失うた神人の中に村々の語部をも含めて考えている。その上、ほかひ（呪言）が神人としての専門的な為事でないとすれば、語部にしてほかひ、ほかひにして「物語」をある程度まで諳じているといった事情の者もあったであろう。元々、神に対してまるまるの素人でない者のことである。語部の叙事詩を唱え言の中にとり入れて、変わった形を生み出すようになったのも、いわれのないことではない。

単にとり込んだばかりでなく、本義どおりにはほかひとは縁遠い叙事詩を、そのままに語るようなことも、語部がほかひの徒の中にまじったとすれば、あるべきことである。事実また、その痕跡はだんだん述べて行くが、確かに残っている。

わりに完全な物語と、物語の断篇とが、ある村から離れて他の村へ持ち廻わられる。するると、そこに起こるのは、物語の交換と、撒布とである。さらに見逃されないのは、文学的な衝動を一度も起こさなかった人々の心の上に、新しい刺激が生じたことである。記・紀・万葉・風土記の上に、一つの伝説の分岐したものや、数種の説話の上に類型の見つかることが、たくさんにある。これを単純に解決して、同じ民間伝承を翻訳した神話・伝説が、似よりを見せるのは当然だとばかりは、考えられなくなった。少なくとも、奈良朝以前からすでに、巡遊伶人があった事情から見ても、いっそう強い原動力をここに考えないのは、嘘である。

叙事詩の撒布

一　うかれびと

語部の生活を話す前に寿詞の末、語部の物語との交渉の深まって来た時代のほかひのようすを述べなければならなくなった。これについては、すでに書いた概説とも言うべきものによって、一つの予備をつくっていただけていることと思うから、後前御免を願うて、ほかひが叙事詩化して行った径路をたどり続けることとする。日本の遊女の発生と、その固定にいたる筋道は、柳田国男先生の意見が、先達の考案の蔑にしてよいものの多い、我が学界にとっては、後にも先にもない卓論であり、鉄案でもある。先生は微細な点までもじぷしいとほとんど同一の生活をしていた我が古代の浮浪民（うかれびと）なる傀儡子（くぐつ）と、その女性なる遊行女婦（うかれめ）との実在を証拠だてられた（「イタカ」及び「サンカ」）。先住民の落ちこぼれで、生活の基調を異神の信仰においたその団体が、週期をもって、各地を訪れ渡っているうちに、駅・津の発達とともに、陸路・海路の喉頸の地に定住することになった。女性の為事なる芸能（歌舞と偶人劇）と売色を表商売とするようになって、宿々の長、または長者ということになったと言われている。私は、この同化せなかった民族の後なるうかれびとのほかに、自ら跳ね出して、無籍者になった亡命の民がまじっていそうに考える。つまりそれがほかひびとであることは、前に述べたつもりである。

神人が大檀那なる豪族の保護を失う理由には、内容がこみ入っている。神を守った村君が亡びたこと、そして村君の信仰の内容がかわったこと。これにも、内わけが三つほどに考えられる。倭本村の神をとり入れるか、翻訳して垂跡風にした類（一）。弱い村・亡びた村の出であっても、新来神として畏敬せられた類（二）。同じ類にあげることも出来るところの、道教の色あいを多分に持った仏教（三）。この信仰の替わり目に順応することの出来なかった地方では、だんだん「神々の死」がはじまって来た。そうした神々のむくろを護りながら、他郷に対しては、一つの新神があるという威力を利用して、本貫を脱け出す者が、後から後からと出た。したごうてその信仰様式は、古くもあり、また、本意を失うた固定をすることにもなった。うかれ人の祀った神が、平安中期以後の人々の目には、不思議な姿に映ったのも、一つはこのためである。人形のことは、今までに発言の機会を逸して来たが、倭本村に深い関係を交錯している村々の中で、古くから神の形代なる人形を持ったものが、だんだんある。倭の村にだってなかったとはきめられぬ。臨時に出来る神の形代が、だんだん意義を失うて、人の形代が多くなって来る時代には、常住もっぱら偶人を斎く団体の信仰が、異端視せられるに不思議はない。

　倭本村から一目置かれていた大村の神と神人とは、次第に倭化はしながらも、幸福な推移をして行ったであろう。が、村君と血統上の関係を結びつけて考えるに到らなかった神を祀った村では、村君は郡領としてなお、勢力を失わずにいても、神と神人とは不遇な目を見た。政教をひき裂く大化の政の実効のまず挙がったのは、この種の村々であろう。しかも何かの理由で、国造と関係のない者がとって替わって郡領となったり、そうでなくても中央から来た国司が、地方の事情を顧みないで事をする場合には、本貫にいることが、積極的に苦しみの元であった。日向（ひゅうが）の都野（つぬ）神社の神奴（かみやっこ）は、国守の私から、国司の奴隷とせられた。神の憤りは、国司に禍を降（くだ）す代わりに、神奴の種を絶やされるに到った（日向風土記逸文）。これは国造の神が、郡領に力はあっても、倭から置かれた官吏には無力であったことの、悲しい証拠である。と同時に、おそらく下級神人の二重奴隷という浮かむ瀬のない境涯に落ちたことを見せているのであろう。村々の神人にして、新しくはいって来た倭の神の神奴にせられた者、神々の階級が下ったところから、神人の神奴のようにとり扱われた者もあろう。本貫を離れないことの苦しみは、まだこればかりではなかった。

村々の部曲（かきべ）の中で、保護者を失っても、自活の出来るのは、主として手職をうけ襲（つ）いだ家である。それ以外の者のみじめさは、察しるに十分だ。時勢と保護とから、第一にふり落とされるのは、神事階級の部曲である。

亡命を、一、二人または一家の上にばかりあることと考えるのは、近世の事情に馴れ過ぎたのだ。戦国以前までは、少なくとも新知を開発するために、という名で、たくさんの家族団体を引き連れて数百里離れた地へ、本貫を棄てて移った家々は数えきれない。信仰の代わりに、武力を携えて歩いたうかれびとに過ぎないのである。この新うかれびとは傭兵軍（ようへいぐん）として、道々の豪族に手を貸しもした。運よく行ったのは大名となり、あまり伸びなかった者は、豪族の下に客人格の御家人（ごけにん）となり、また、非御家人・郷士と窄まってしもうたりした。我が国の戸籍の歴史の上で、今一度考え直さねばならぬのは、団体亡命に関する件である。住みよい所を求める旅から、ついには旅そのことに生活の方便が開けて来て、巡遊が一つの生活様式となってしまう。彼らの持っている信仰が力を失うても、さらに芸能が時代の興味から逸れない間、彼らの職業が一分化を遂げきるまでの間は、流民として漂れ歩いたのである。

近世芸術は、ほとんど柄傘の下から発達したと言うてもよいくらい、音曲・演劇・舞踊に大事の役目をしている。売女に翳しかけた物も、僭上して貴人や、支那の風俗をまねたものではあるまい。足柄山で上総前司の一行に芸能を見せたうかれ女は、大傘を立てた下に座を構えた（更級日記）。大鏡に見えた「田舞」も、田の中にたてた傘を中心にしたようである。この二つは、平安朝末のやや古いところである。それ以後は、田楽を著しいものとして、民衆芸能に傘の出て来ないものは少なかったと言うことも出来よう。傘の下は、神事にあずかる主な者のいる場所である。大陸風渡来以前から倭宮廷にあった風で、神聖感を表現もし、保護もしたものなのである。うかれ女系統の楽器らしい簓という物も、形は後世、かなり変化したであろうが、実は万葉人の時代からあったものという推測がついている。これらのことは、力強い証拠とは出来ぬかも知れぬが、異風と見られる点も、実は定住人とさしたる違いのなかったことを見せているのではなかろうか。

ただ一点、人形については、近世の神道学者の注意が向いていないばかりか、古代日本の純粋な生産と考えない癖がついているようだから、話頭を触れておかねばならぬ気がする。

二 くぐつ以前の偶人劇

浮浪民なるくぐつの民の女が、人形を舞わしたことは、平安朝中期に文献がある。その盛んに見えたのは、真に突如として、室町のころからである。この時代を史家は、戦争と武人跋扈(ばっこ)との暗黒時代ときわめをつけているが、書き物だけでは、実際、江戸の平民の文明を暗示する豊かな力の充(み)ち満ちた時代である。上層・中層の文明のおどみに倦(う)んで、地下(じげ)の一番下積みになっていたものの、顧みかけられた世間であった。この以前にも、偶人劇が所々方々に下級神人や、くぐつの手で行われていたことが察せられる。新式であったため、都人士(みやこじんし)に歓(よろこ)ばれた偶人劇の団体が、摂津広田の西の宮を中心とするものであったろう。が、おそらく、これを人形芝居の元祖と見ることは出来ぬ。この側の伝えでは、淡路人形を重く見ている。しかし、西の宮が海に関係深い点から観るべきで、この神の勢力の下にあった対岸の淡路の島人から、優れた上手が出たのも、もっともである。室町になると、だんだん、男の人形を使う者の勢力が出て来るが、西の宮系統の偶人劇は元、女ことに遊女の手に習練を積まれたものであろう。淀川とその支流の舟着きに、定居生活をし始めていた遊女は西の宮と関係が深かった。西の宮信仰が関西に弘(ひろ)まったのは、うかれ人の唱導が元らしい。うかれ人が、ほかひの古風な神訪問の形式を行うたのだろう。えびすかきと言うた人形舞わしは、この古い単純な形を後世に残したのであった。

大正の初年までも、面を被(かぶ)って「西の宮からえびす様がお礼に来ました」と唱えて門ごとに踊った乞食(ほかひびと)も、この流れである。「大黒舞」もまた、えびすかきの偶人に対する、神に扮した人の身ぶり芝居の一つであったことが知れる。遅れて出た「大黒舞」が、元禄以前すでに、ほかひ以外に領分を拡げて、舞いぶりの単純なわりには、歌詞がやや複雑な叙事に傾いていたのは、幾度でもほかひが同じ方角に壊れる上に、落ちつくところは劇的な構想を持った詞曲であることを示している。

西の宮一社について見れば、祭りごとに、海のあなたから来(きた)り臨む神の形代(かたしろ)としての人形に、神の身ぶりを演じさせていたのが、うかれ人の祝言に使われたために、門芸として演芸の方に第一歩を、踏み入れることになったのであろう。

人形を祭礼の中心にするのは、八幡系統の神社に著しいけれども、離宮八幡以外にも、山城の古社で、人形を用いる松尾の社のようなのがあり、春日(かすが)も人形を神の正体(むざね)とする場合があるようだ。地方の社では、現在、偶人を中心に渡御を行うのがなかなかある。この人形のことを「青農」と言う。

宇佐八幡の側になると、「青農」の為事がことに目に立つ。八幡に関係の深い筑前志賀ノ島の祭りには、人形に神霊を憑らせるために沖に漕ぎ出て、船の上から海を莅かせる式をする。

平安朝の文献に、宮廷では、この人形と、一つ名前と思われる「才の男」というのが見える。御神楽の時に出る者である。これまで、才の男はもっぱら、人であって、神楽の座に滑稽を演じる者というふうに考えられていることは、呪言の展開のところで述べた。江家次第・西宮記などにも「人長の舞」の後、酒一巡して「才の男の態」があると次第書きしている。これは、後には、才の男を人と考えることになったが、元は偶人であったことを見せているのである。「態」の字は、わざ・しぐさを身ぶりで演じたことを示している。神楽の間に偶人が動いてした動作を、翻訳風に繰り返して、神の意思を明らかに納得しようとするのかと思われる。また、人形なるさいのをを使わぬ時代に、やはり古風に人形の物真似だけをしたのかも知れぬ。今のところ、前の考えの方がよいと思う。相手の一挙一動をまねて、じりじりさせる道化役を、もどき（悟）と言うて、神事劇の滑稽な部分とせられている。「才の男の態」というのは、もどき役の出発点を見せているのではあるまいか。いったい、宮中の御神楽は、八幡系統の影響を受けているものだということが、いろいろの側から説明出来る。だから、才の男を「青農」と同じく、偶人と見る考えはなり立つ。

昔は疫病流行すれば、巨大な神の姿を造って道に据えて、それを祀った（続記）。今も稲虫払いには、草人形を担ぎ廻わって、遠方に棄てる。稲虫がみな附いて行ってしまうと考えるのである。これは穢・罪・禍の精霊の偶像である。その将来した害物をことごとくみな携えて、本の国へ帰るようにとの考えである。

人間の形代なる祓えの撫で物は、少々意味が変わっている。別の物に代理させるという考えで、道教の影響がはいっているのである。

ともかくも、昔の人の常に馴れていたのは、自分の形代か、あるいは獅子・狗犬から転じて、常々身近く据えて、穢禍を吸いとって貯めておく獣形の偶像かであった。だが、人形の起原を単に、この穢れ移しの形代・天児・這子の類にばかりは、かずけられない。人形を弄ぶ風の出来た原因は、この座右・床頭の偶像から、まず糸口がついたとだけは言われよう。穢や禍や罪の固まりのような人形ながら、馴れれば玩ぶようになる。五節供はみな、季節の替わり目に乗じて人を犯す悪気を避けるための、支那の民間伝承である。これにいっそう固有の祓えの思想の輪をかけて、節供祓えを厳重にした。三月・五月の人形は、流して神送りをする神の形代をしばらく祀ったのが、人形の考えと入り替わって来たのである。七夕・重陽に人形を祀る所は今もある。盂蘭盆の精霊棚にも、精霊の乗り物以外に、精霊の憑る偶像のあったことが想像出来る。

盆もまた「夏越の祓え」の姿を多分に習合しているのである。

蜻蛉日記の著者が祈ったをみな神、宮廷の宮咩祭りに笹の葉につるした人形、北九州に今も行われる八朔の姫御前（ひめごじょ）、これらは穢移しの品でない。しかも神の正体なる人形は、原則としては、臨時に作る物である。常住安置する仏像とは、根柢から違うのである。神の木像などが、今日残っているのは、神仏の境目の明らかでなかった神、または人のである。祭礼の時に限って、神の資格を持つ人形は、新しく作られることが多いが、常は日のめも見せず、永く保存せられる物はすくなかった。そして、神の正体としての人形は、人間を迷惑させる神には限らないようである。この点が明らかでないと、人形は、触穢の観念から出たものとばかり考えられそうである。

人形を恐れる地方は、今もある。畏敬と触穢と両方から来る感情が、まだ辺鄙には残っているのである。文楽座などの、人形を舞わす芸人が、人形に対して生き物のような感触のあるものと感じているのは事実である。沖縄本島に念仏者という、平民以下に見られている人々がいる。春は胸に懸けた小さな箱――てらと言う。社殿・寺院・辻堂の類を籠めて言う語。人形の舞台を神聖な神事の場と見るのである――の中で、人形を舞わしながら、京太郎という日本人に関した物語を謡うて、島中を廻わったものである。その人形は久しく使わぬために、四肢のわかれも知れぬほどになったが、非常にとり扱いに怖じていた。この人形に不思議なことがたびたびあったという。

人形が古代になかったというような、漠とした気分を起こさせる原因は、その最初の製作と演技が、聖徳太子・秦ノ河勝に附会せられているためである。仮面はことに、外国伝来以後の物のような感じが深いが、これとて日本民族の移動した道筋を考えれば、かならずしも舞楽の面や、練供養の仏・菩薩の仮面以前になかったものだと言われまい。ただ、こちらの技術家なる面作りは、寺々に属していて、神人の臨時に製作したようなものは、彼らの技巧の影響を受けたり、保存の出来る木面の彫刻を依頼したりなどしたため、固有の仮面の様式などは知れなくなってしまい、仮面の神道儀式に使われたことまで、忘れきったものと見る方が適当であろう。

仮面は、人間の扮している神だということを考えさせないためだから、非常な秘密でもあったろうし、使うた後で、人の目に触れることを案じて、それ相応の処分をしたことであろうから、普通の人には、仮面という考えが明らかでなかったであろう。その上、土地によっては、村人某が扮したのだということがわからねばよいという考えから、植物類の広葉で顔を掩うというふうな物もあったことは、近世にも見える。だから、仮面もあり、仮面劇も行われたのに違いないが、今のところまだ、想像を離れることが出来ない。

柳亭種彦の読み本「浅間ヶ嶽俤草紙」の挿絵の中に、親のない処女の家へ、村の悪者たちが、年越しの夜、社(やしろ)に掛けたいろいろの面をつけておし込んで、家財を持ち出すところが描いてある。年越しの夜に、仮面をつけた人が訪問するという形は、かならず、民間伝承から得たものに違いない。

面には、かづくあるいはかぶるという語が、用語例になっているのは、古代の面が頭上から顔を掩うていたことを示している。

能楽で見ても、面をつけるのは、神・精霊のほかは女である。女はたいていの場合、神憑(つ)きと一つのものと思われる狂女である。能役者が、直面(ひたおもて)では女がつとめられないという理由のほかに、神のよりましなるために同格に扱うたと考えることが出来るかも知れぬ。太子と能楽との伝説を離れて、静かに考えてみると、翁(おきな)などの原型として、簡単な仮面に頭を包んだ田遊びの舞いぶりが、空想せられるのである。当麻寺(たいまでら)の菩薩練道(れんどう)のごときも、在来の神祭りに降臨する神々の仮面姿が、裏打ちになっているのではあるまいか。

古事記に残っている文章のなかで、叙事詩の姿を留(とど)めたものを択(え)りわけて見ると、抒情部分のうたばかりでなく、その中に叙事部分のかたりに属するものも見出(みいだ)される。叙事部は地の文である。地の文の発生は、第一歩にはないはずだ。かならず、形は一人称で、しかも内容は三人称風のものである。それが、明らかに地の文の意義を展(ひら)いて来るのは、下地(したじ)に劇的発表の要求があるのである。このことは様式論として、詳しく書く機会があろう。

かくて、偶人劇の存在したことは信じてよい。しかし、どの程度まで、身体表出をうつし出したか。どのくらいの広さにわたって、村々の祭りに使われたか。すべては疑問である。はるかな国から来る神と、地物の精霊と二つながら、偶人をもって現したか。それも知れない。後世の材料から見れば、才の男は地物の精霊らしく見える。しかし、このことについては、「呪言の展開」に書いておいた。その上、人と人形との混合演技もなかったとは言えぬようである。

偶人の神事演劇には単純な舞ばかりのものもあっただろう。叙事詩に現れた神の来歴を、毎年くり返しもしたであろう。要するに神事演劇は、人・人形にかかわらず、演技者はすべて身体（からだ）の表出ばかりで、抒情部分・叙事部分のことごとくが、脇から人の附けたものである。

後世の祭礼の人形の、ただじっとして、動かないようなものではなかったであろう。「才の男の態」を行う者の様子から推すと、人形そのものも、かなり身軽くおどけふるもうたと見えるのである。

祭礼のだし人形の類は、決して近世の案出ではない。すべて祭り屋台の類はほこ・やま・だし・だんじりなど、みな平安朝までであった「標（へう）の山（やま）」と、元一つの考えから出ている。平安朝初期に、すでに「標の山」の上に蓬莱山を作り、仙人の形を据えた。「標の山」は神の天降(あも)る所であって、それを曳(ひ)いて祭場に神を迎えるという考えなのだ。この作り山は、神物のしるしなるたぶうの物を結ぶとともに、神の形代(かたしろ)を据えるという考えもあったのである。「標の山」はおそらく木の葉で装うた作り山で、神を迎えるためにした古代からの儀礼の一つである（出雲風土記）。その作り山の意義はもとより、上に据えた人形の存在理由は早く忘れられてしもうた。

道教出と思われる仙人形が、字面のとおり、人形と見られるなら、奈良朝の盛時にはすでにあって、おそらく、これも玩具ではなく、方士(ほうし)の祀(まつ)ったものであろうと思う。藤原・奈良、および平安の初期にわたって行われた仙人の内容は、艶美(えんび)であって、人間の男との邂逅(かいこう)を待っている仙女などもはいっていたのである。後世のぼろをさげたような仙人ばかりではなかった。「標の山」は本義を忘れられて、装飾に仙山を作り、天子の寿を賀する意を含めたものであろう。平安朝にはじまった意匠でないと思われるところの、人形をこれに据えるということは、原義の明らかだった時代には、神の形代であったろうと思われるのである。

三　新しいほかひの詞

石ノ上布留(ふる)の大人(みこと)は、嫋女(たわやめ)の眩惑(まどい)によりて、馬じもの縄とりつけ、畜(しし)じもの弓矢囲みて、大君の御令畏み、天離る鄙辺に罷る。ふるころも真土の山ゆ還り来ぬかも（石上乙麻呂卿配土佐国之時、歌三首並短歌の中、万葉集巻六）

土佐に配せられた時の歌とあるばかりで、誰の歌ともない。普通の書き方の例から見ると、これは「時人之歌」とでもあるべきはずである。でなければ、古義などのように、前二首を「乙麻呂の妻（また、相手方久米ノ若売とも見てよかろう）の歌」、後二首を「乙麻呂の歌」というふうに、註があるべきである。まず巻一の「麻続王流於伊勢国伊良虞島之時人哀傷作歌」と同様に扱うのが正しかろう。そうすると、言い出しの文句のよそよそしさも納得がつく。布留・石上は、ごく、近所だから、また、石上氏・布留氏ともに物部の複姓で、同族でもあるから、こう言うたものとも考えられるが、しかし、布留氏は別にれっきとして存しているのだから、こうした表現をとるわけがない。やはり枕詞を利用して、石上氏をきかし、連想の近いために、かえって暗示がただちに受けとれそうな布留を出して、名高い事件の主人公を匂わしたのは、偶然に出来たのであろうが、賢い為方である。これが、身の近い者の作でない最初の証拠だ。「嫋女のまどひ」も、物語の形を継いだ叙事脈の物でなくては、言う必要のない興味である。次には、地名の配置が変な点である。この歌で見ると、真土山を越えて行くことを見せている。ところが、三番目の歌では、河内境の懼の阪というのを越すようにある。そうして、住吉の神に参るのが順路だから第二の歌に出て来る住吉の社も、ただ、遥拝することを示すのではないと思われる。そうすると、矛盾が考えられる。四番目の短歌には、どこの国にもあるところの大崎という地名を出している。これも紀伊だと限って説くのは、横車を押す態度である。ちぐはぐな点が、この歌の当事者の贈答でないことを露しているのだ。

土佐へ渡るのに、紀伊へ出るのは、順路ではない。紀の川口からまっすぐに阿波の方へ寄せて、浜伝い磯伝いに土佐へ向かうこともないとは言われぬが、当時の路筋は、やはり難波か住吉へ出たものである。どちらにしても、順路にくい違いのあることは事実である。

巡遊伶人があり来りの叙事詩をほかひしているうちに、だんだん出て来た自然の変形が、人の噂になお、身に沁む話として語られて、しかも歴史の領分に入りかけた時分になると、記憶の混乱が、由緒の忘れられた古い叙事詩の一部を、近世の悲恋を謡うたものと感じるようになり、無意識の修正が、いよいよその事実に対する妥当性を加えて来ることになる。言い出しの文句などは、この事件との交渉のなかった前は、他の人名であったことが考えられる。叙事詩・伝説の主人公の名ほど、変わりやすいものはないからである。

古事記の倭建の臨終の思邦歌が、日本紀では、景行天皇の筑紫巡幸中の作となっており、豊後風土記（なお少し疑いのある書物だが）にも同様にある。これはほんの一例に過ぎない。

時と所とにつれて、妥当性を自由に拡げてゆくのが、民間伝承のうち、ことに言語伝承の上に多く見える事がらである。これなども、木梨ノ軽皇子型の叙事詩の一変形と見てさし支えないものなのである。いったい、軽皇子物語が、一種の貴種流離譚なので、その前の形がまだあったのだ。神の鎮座に到るまでの、漂泊を物語る形に、恋の彩どりを豊かに加え、原因に想到し、人間としての結末をつけて、歴史上の真実のような姿をとるに到った。だから、叙事詩の拗れが、無限に歴史を複雑にする。さらに考えを進めると、続日本紀以後の国史に記されている史実と考えられていることも、史官の日次記や、若干の根本史料ばかりで、伝説の記録や、支那稗史をまねた当時の民間説話の漢文書きなどを用いなかったとは言われない。

最も、大きな一例を挙げると、楚辞や、晋唐時代の稗史類には、民間説話をそのまま記録した、神仙と人間との性欲的交渉を一人称や三人称で記したものが数多くある。それが人間界の仙宮と言うてよい宮廷方面にまで拡がって来て、帝王と神女の間を靡爛した筆で叙べるばかりか、帝王と後宮の人々との上にまで及ぼして、愛欲の無何有郷を細やかに、誘惑的に描写している。

もともと空想の所産でなく、民間説話の記録なのであるから、小説という名も出来たのだ。「小」は庶民・市井などの意に冠する語で、官を「大」とする対照である。

説は説話・伝説の意である。

小説・稗史（はいし）は、だから一つ物で、民間に伝わる誤謬（ごびゅう）のあることとの予期出来る歴史的伝承ということになる。史官の編纂（へんさん）した物を重んじ過ぎるからそうなったのだが、だんだん史実の叙述以外に空想のまじることを無意識ながら、筆者自身も意識することになった。そこで伝奇という名が、ようろっぱの羅馬（ろうま）治下の国のいわゆるろうまんすを持って、地方々々の伝説を記したろうまんすなる小説と、成立から内容までが、似よりを持って来るようになった次第である。

すでに遊仙窟（ゆうせんくつ）だけは確かに奈良朝に渡って来ていて、それを模倣した文章さえ万葉（巻五）には見えているが、そのほかにもなかったとは言えない。高麗（こま）・日本の人々が入唐（にっとう）すると、かならず、張文成（ちょうぶんせい）の門に行って、書き物を請い受けて帰った（唐書）ということは、宋玉一派の爛熟した楚辞類は元より、神仙秘伝・宮廷隠事の伝説を記録した稗史類を顧みなかったということにはならぬ。むしろ、その方面の書籍が、たくさん輸入せられたことを裏書きするものと言えると思う。その上に帰化人が生きたままの伝承を将来している。しかも、世界の民族は、民間伝承の上に、ある点までの一致を持たないものがない。日本と支那との間にも、驚くばかりの類似が、そのころ、だんだん発見せられてきた。飛鳥の末・藤原の宮時代の人々の心に、先進国の伝承と一致するということが、どんなに晴れやかな気持ちをさせたことであろう。

国文学の発生（第四稿）

唱導的方面を中心として

呪言から寿詞へ

一　呪言の神

ただ今、文学の信仰起原説を最も、頑なに把っているのは、おそらくは私であろう。性の牽引や、咄嗟の感激から出発したとする学説などとは、当分折りあえないそれらの仮説の欠点を見ている。そうした常識の範囲を脱しない合理論は、一等大切なただの一点をすら考え洩らしているのである。音声一途に憑るほかない不文の発想が、どういうわけで、当座に消滅しないで、永く保存せられ、文学意識を分化するに到ったのであろう。恋愛や悲喜の激情は、感動詞を構成することはあっても、文章の定型を形づくることはない。また、第一、伝承記憶の値打ちがどこから考えられよう。口頭の詞章が、文学意識を発生するまでも保存せられてゆくのは、信仰に関連していたからである。信仰をほかにして、長い不文の古代に存続の力を持ったものは、一つとして考えられないのである。

信仰に根ざしある事物だけが、長い生命を持って来た。ゆくりなく発した言語詞章は、即座に影を消したのである。

私は、日本文学の発生点を、神授（と信ぜられた）の呪言に据えている。しかもその古い形は、今日さかのぼれる限りでは、こう言ってよいようである。やや長篇の叙事脈の詞章で対話よりは拍子が細くて、諷誦の速さが音数よりも先にきまった傾向の見えるものであった。左右相称・重畳の感を満足させるとともに、印象の効果を考え、文の首尾の照応に力を入れたものである。そうした神憑りの精神状態から来る詞章が、たびたびくり返された結果、きまった形を採るようになった。邑落の生活が年代の重なるに従って、幾種類かの詞章は、村の神人から神人へ伝承せられるようになってゆく。

春の初めに来る神が、自らその種姓を陳べ、この国土を造り、山川草木を成し、日月闇風を生んで、餓えを覚えて初めて食物を化成した（日本紀一書）本縁を語り、さらに人間の死の起原から、神に接する資格を得るための禊ぎの由来を説明して、蘇生の方法を教える。また、農作物は神物であって、害う者の罪の贖いがたいことを言うて、祓えの事始めを述べ、それに関連して、鎮魂法の霊験を説いている。

こうした本縁を語る呪言が、最初から全体としてあったのではあるまい。土地家屋の安泰、家長の健康、家族家財の増殖の呪言としての国生みの詞章、農業に障碍する土地の精霊および敵人をあらかじめ威嚇しておく天つ罪の詞章、季節の替わり目ごとに、青春の水を摂取し、神に接する資格を得る旧事を説く国つ罪——いろいろな罪の種目が、時代々々に加わって来たらしい——の詞章、生人のためには外在の威霊を、死人・惚け人のためには游離魂を身中にとり込めて、甦生する鎮魂の本縁なる天ノ窟戸の詞章、家屋の精霊なる火の来歴とその弱点とを指摘して、その災いせぬことを誓わせる火生みの詞章、——これらが、一つの体系をなさぬまでも、だんだん結合していったことは察せられる。

本縁を説いて、精霊に過去の誓約を思い出させる叙事脈の呪言が、国家以前の邑落生活の間にも、自由に発生したものと見てよい。もっとも、信仰状態の全然別殊な村のあったことも考えられる。が、後に大和に入って民族祖先の主流になった邑落はもとより、そのほかにも、同じ条件を具えた村々があり、後々次第に、この形式を模していった所のあることも、疑うことはできない。私は倭の村の祖先のほかにも、多くの邑落が山地定住以前、海に親しい生活をしていた時代を考えている。

延喜式祝詞で見ると、宮廷の呪言は、かむろぎ・かむろみの発言、天照大神宣布に由るものだから——呪言、叙事詩以来の古代詞章式の論理によって——中臣および、一部分は斎部の祖先以来代宣して、今に到っているという信仰を含めて説き起こすのが通有形式である。呪言の神を、高天原の父神・母神としているのである。しかもその呪力の根源力を抽象して、興台産霊神――日本紀・姓氏録ともにことと訓註しているのは、古い誤りであろう――という神を考えている。そうして同じく、祝詞の神であったために、中臣氏の祖先と考えられたらしい天児屋ノ命は、この神の子ということになっている。むすびというのは、すべて物に化寓らねば、活力を顕すことのできぬ外来魂なので、呪言の形式で唱えられる時に、それに憑り来てその力を完うするものであった。興台――正式には、興言台と書いたのであろう――産霊は、後代はいわゆる詞霊と称せられて一般化したが、正しくはある方式すなわちとを具えて行う詞章の憑霊と言うことが出来る。

こやねは、興言台の方式を伝え、詞章を永遠に維持し、諷唱法を保有する呪言の守護神だったらしい。この中臣の祖神と一つ神だと証明せられて来た思兼ノ神は、たかみむすびの子と伝えるが、ことどむすびの人格神化した名である。この神は、呪言の創製者と考えられていたものであろう。もっとも、この神以前にも、呪言の存在したような形で、記・紀その他に伝承せられているが、こうした矛盾はあるべきはずのことである。おそらく開き直って呪言の事始めを説くものとしておもひかねによって深く思われてできたのが、神の呪言の最初だとしたのであろう。すなわち、天ノ窟戸を本縁とした鎮魂の呪言――この詞章は夙く呪言としては行われなくなり、叙事詩としてもっぱら物語られることになったらしい。そうしてその代わりに物部氏伝来の方式の用いられて来たことは明らかである――を、最も尊く最も完全な詞章の始まりとしたものらしい。

　時に、日神聞きて曰はく、「頃者、人雖二多請一未レ有下若二此言之麗義一者上也。」（紀、一書）

　請は申請の義で、まをすと訓むのは古くからのことである。申請の呪言に、まをす・まをしと言うから、その諷誦の動作までも込めて言うたのだ。前々にも呪言を奏上したように言うてあるが、これは本縁説明神話の常なる手落ちである。

　善言・美辞を陳ねて、荘重な呪言の外形を整え、遺漏なく言い誤りのないものとなったのは、この神の力だとする。この神を一に八意思金ノ神と言うのも、そうした行き届いた発想を讃美しての名である。

　こやねは、神あるいは、神子の唱えるはずの呪言を、代理者の資格で宣する風習および伝統の発端を示す神名であり、諷誦法や、副演せられる呪術・態様の規定者とせられたのであろう。斎部の祖神といわれる天ノ太玉ノ命は、その呪術・態様を精霊に印象させるために副演する役であった。そうして、呼び出した正邪の魂のはいる浄化した所を用意して、週期的に来る次の機会まで、そこに封じ籠めておく。この籠める側の記憶が薄れて、浄化する方面が強く出て、いむ・ゆむ・ゆまふ・ゆまはるなどいう語の意義は変わって行った。斎部氏は、ふとだま以来という信念のもとに、呪言に伴う神自身の身ぶりや、呪言のうち、とりわけ対話風になった部分を唱えるようになったと見ればよい。呪言の一番神秘な部分は、斎部氏が口誦するようになっていった。天(あま)つ祝詞(のりと)・天つ奇護言(くすしいはひごと)と称するもの――かなり変改を経たものがある――で、斎部祝詞に俤(おもかげ)をとどめているのは、そのためである。

中臣祝詞の中でも、天つ祝詞または、中臣の太詔戸(ふとのりと)と言われている部分である。これは祓(はら)えを課する時の呪言であって、そうした場合にも古代論理から、呪言の副演を行う斎部は、呪言神の群行(ぐんぎょう)の下員であって、みこともち（御言持者）であった、主神役なる中臣がこれを口誦し、自ら威(いつ)の手で――これまた、神の代理だが、万葉集巻六の「すめら我がいつのみ手もち……」という歌の、天子の御手、同時に神の威力のある手ともなるという考えと同じく――祓えの大事の中心行事を執(と)り行うた――大祓方式の中の、中臣神主自ら行う部分――のである。斎部宿禰(すくね)の為事(しごと)が、だんだん卜部(うらべ)その他の手に移って行って、その伝承の呪言も軽く視(み)られるようになってから、天神授与の由緒は称(とな)えながら、斎部祝詞は、神秘を守ることができなくなった。

中臣祝詞の間や末に、斎部の唱える部分があった習慣から、斎部祝詞が分離したものか。斎部祝詞が、祝詞の精髄なる天つ祝詞と唱えて祓除(はらへ)・鎮斎(いはひ)に関した物ばかりであること――この部分だけ独立したのだろう――、辞別(ことわき)の部分が斎部関係の事項であるものが多いこと――幣帛や、大宮売ノ神や斎部関係のことが、それだ。辞別は、かならずしも文の末ばかりでないところを見ると、ここだけ辞の変わるところであったのだ。「また申さく」「殊更に申さく」などの意に考えられて、宣命にも、祝詞にも、そうした用例が出て来た――などがこれを示している。延喜式祝詞の前後、あるいは中に介在して、宣命と同じ形式の伝宣者の詞があるように、今一つ古い形の中臣祝詞にも、中臣の言う部分と、斎部の誦する部分とがあったのであろう。

こう考えて来ると、呪言には古くから「地」の部分と「詞」の部分とが分かれる傾向が見えていたのである。これが祝詞の抜きさし自由な形になって、一部分を唱えることもでき、伝来の詞を中に、附加文が添わって来たりもした理由である。そうして、この呪言の神聖な来歴を語る呪言以外に附加せられた部分が、第一義ののりとであったらしく、その心になっているものが、古くはよごとをもって総称せられていたのだ。よごとがだんだん一定の目的を持ったものに限られるようになってから、元の意義のままのよごとに近いものばかりを掌り、よごとに関連した為事を表にする斎部の地位が降って来るようになったのも、時勢である。それは一方、呪言の神の原義が忘れられたためである。

かむろぎ・かむろみという語には、高天原の神のいずれをも、随意に入れ替えて考えることができた。父母であり、また、考位・妣位の祖先でもある神なのだ。だから、かむろぎすなわちたかみむすびの神に、天照大神を並べてかむろみと考えていたこともある。この両位の神に発生した呪言が、円満具足し、その存続が保障せられ、さらに発言者の権威以外に、外在の威霊が飛来するというように展開して行った。私の考えでは、詞霊信仰の元なることどむすびは、外来魂信仰が多くの物の上に推し拡げられるようになった時代、すなわち、わりあいに遅れたころに出た神名だと思う。

二　常世国と呪言との関係

おもひかねの命を古事記には、また常世ノ思金ノ神とも伝えている。呪言の創始者は古代人の信仰では、高天原の父神・母神とするよりも、古い形があったようである。とこよは他界で、飛鳥・藤原の都のころには、帰化人将来の信仰なる道教の楽土海中の仙山と次第に歩みよって、夙くから理想化を重ねていた他界観念が非常に育って行った。

とこよは、元、絶対永久（とこ）の「闇の国」であった。それにとこと音通した退く・底などの連想もあったものらしく、地下あるいは海底の「死の国」と考えられていた。「夜見の国」とも称える。そこに転生して、その土地の人と共食すると、異形身に化してしもうて、その国の主の免しがなければ、人間身に戻ることはできない。

蓑笠を着た巨人――すさのをの命・隼人（竹笠を作る公役を持つ）・斉明紀の鬼――の姿である。ときどき人間界と交通があって、岩窟の中の阪路を上り下りするような所であった。その常闇の国が、だんだん光明化して行った。海浜邑落にありうちの水葬――出雲人とその分派の間には、中世までも著しく痕跡が残っていた――の風習が、とこよの国は、村の祖先以来の魂の集注っている他界と考えさせるようになった。海岸の洞穴――恐ろしい風の通い路――から通う海底、あるいは、海上はるかな彼岸に、そうした祖先以来の霊は、死なずに生きている。絶対の齢の国の連想にふり替わって来た。そこにいる人を、常世人とも、また、単にとこよ・常世神とも言うた。でも、やはり、常夜・夜見としての怖れは失せなかった。だんだん純化してはいったが、いつまでも畏しい姿の常世人を考えていた地方も多い。

冬と春との交替する期間は、生魂・死霊すべて解放せられ、游離する時であった。その際に常世人は、かつて村に生活した人々の魂を引き連れて、群行（斎宮群行はこの形式の一つである）の形で帰って来る。この訪問は年に稀なるがゆえに、まれびとと称えて、饗応を尽くして、快く海のあなたへ還らせようとする。邑落生活のために土地や生産、建て物や家長の生命を、祝福する詞を陳べるのが、常例であった。

もっとも、これは、邑落の神人の仮装して出て来る初春の神事である。常世のまれびとたちの威力が、土地・庶物の精霊を圧服した次第を語る、その昔の神授のままと信じられている詞章を唱え、精霊の記憶を喚び起こすために、常世神とそれに対抗する精霊とに扮した神人が出て、呪言の通りを副演する。結局、精霊は屈従して、邑落生活を脅かさないことを誓う。

呪言と劇的舞踊は、だんだん、発達して行った。常世の神の呪言に対して、精霊が返奏しの誓詞を述べるような整うた姿になって来る。精霊は自身の生命の根源なる土地・山川の威霊を献じて、叛かぬことを誓約する。精霊のうちの守護霊を常世神の形で受けとった邑落、あるいはその主長は、精霊の服従と同時にその持つ限りの力と寿と富とを、享けることになるのである。こうした常世のまれびとと精霊(代表者として多くは山の神)との主従関係の本縁を説くのが古い呪言である。

呪言系統の詞章の宮廷に行われたものが一転化して、詔旨(宣命)を発達させた。庶物の精霊だけでなく、身中に内在する霊魂にまでも、威力は及ぼすものと信ぜられていた。年頭の朝賀の式は、だんだん、氏々の代表者の賀正事(天子の寿を賀する詞)奏上を重く見るようになったが、恒例の大事の詔旨は、この受朝の際に行われた。賀正事は、詔旨に対する覆奏なのであった。この詔旨が、だんだん、臨時の用を多く生じて宣命が独立するようになったのだ。延喜式祝詞の多くが、宮廷の人々および公民を呼びかけて聴かせる形になっているのは、この風から出て、さらに他の方便をも含んで来たのである。宮廷の尊崇する神を信じさせ、また、呪言の効果にあずからせようとするようになったのだ。だから、延喜式祝詞は、大部分、宣命だと言うてもよいような姿を備えている。宣命に属する部分が、旧来の呪言を包みこんで、その境界のはっきりせぬようになったものが多いのである。

詔旨は、人を対象とした一つの祝詞であり、やがて祝詞に転化する途中にあるものである上に、神授の呪言を宣り降す形式を保存していたものである。法令の古い形は、こうした方法で、宣り施されたものなることが知れる。

呪言は、一度あって過ぎたる歴史ではなく、常に現実感を起こしやすい形をとって見たので、まれびと神の一人称――三人称風の見方だが、形式だけは神の自叙伝体――現在時法（むしろ、無時法）の詞章であったものと思われる。完了や過去の形は、接続辞や、休息辞の慣用から来る語感の強弱が規定したものらしい。神亀元年二月四日（聖武即位の日）の詔を例に見ていただきたい。父帝なる文武天皇は曾祖父、元明帝は祖母、元正帝は母という形に表され、しかもみな一つの天皇であって、天神の顕界における応身（御憑身）であり、当時の理会では、御孫であった。日のみ子であるとともに、みまの命であるというのは、子孫の意ではなく、ににぎの命と同体に考えたのだ。おしほみみの命が、大神と皇孫との間に介在せられるのは、みまを御孫と感じた時代からのことであろう。聖武帝の御心も、元正帝の御心も、同一人のような感情や待遇で示されている。長い時間の推移も、助動詞、助辞の表しきっていないところがある。

そうした呪言の文体が、三人称風になり、時法を表すようになって来たのは――(宣命のように固定した方面もあったが)――かなり古代からのことであったらしい。これが呪言の叙事詩化し、物語を分化する第一歩であった。

わたつみの国も常世の国と考えられて行った。わたつみの神は富の神であり、歓楽の主であり、またほをりの命に、その兄を征服するさまざまの呪言と呪術とを授けたように、呪言の神でもあった。また、一方よみの国は、呪言とそれに附随している占ひとの本貫のような姿になっていた。

すさのをの命は、興言の神であり、誓約の神である。祓除・鎮魂の起原も、この神に絡んでいるのは、理由がある。鎮火祭の祝詞は、よみの国のいざなみの命の伝授であったらしく、いざなぎの命の檍原の禊ぎも呪言から出た行事に相違ないが、これもよみの国を背景にしている。

ことどという語は、よもつひら阪の条では、絶縁の誓約のように説かれているが、用例が一つしか残っていないための誤解であろう。興台産霊の字面がよくことどの義を示している。ことどふは、かけあひの詞を挑みかける義で、嬥歌会の場などに言うのは、覆奏を促す呪言の形式を見せている。ことあげはことどあげの音脱らしく、対抗者の種姓を暴露して、屈服させる呪言の発言法であった。紀に泉津守道・菊理媛などいうよみの精霊が現れるところに「言ふことあり」「白す言あり」など書いたのは、呪言となった詞章のあったことを示しているのであろう。また、唾を吐いた時に化成した泉津事解之男は、呪言に関係した運命定めの神である。呪詛をとこふと言うたことも、とこよと連想があったのではないかと思われる。

年の替わり目に来た常世神も、邑落生活上の必要から、望まれる時には来るようになった。家の新築や、田植え、酒占や、醸酒、刈り上げの新嘗などの場合である。

くしの神　常世にいます　いはたゝす　少御神の　神ほぎ　祝ぎ狂ほし、豊ほぎ、
ほぎ廻し　まつり来しみ酒ぞ……（仲哀記）

掌やらゝに、拍ち上げ給はね。わがとこよたち（顕宗紀、室寿詞の末）

妙呪者は、常のもあれど、まらひとの新のくすりし……（仏足石の歌）

など歌われた常世神も、全然純化した神とならぬうちに、性格が分化して来た。その善い尊い部分が、高天原の神となり、怖ろしく醜い方面が、週期的に村を言ほぎに来る鬼となった。だから、常世ノ思金ノ神という名も、呪言の神が常世から来るとした信仰の痕跡だと言えよう。田植え時に、考・妣二体、あるいは群行の神が海から来た話は、播磨風土記に多く見えている。椎根津彦は蓑笠着て老爺、弟猾は箕をかずいて老嫗となって、誓約の呪言をして敵地に入り、天ノ香山の土を持って帰り、祭器を作って呪詛をした（神武紀）。これも常世神の俤であった。

とこよのまれ人の行うた呪言がだんだん向上し、天上将来の呪言、すなわち、天つ祝詞などいうものが行われて来、呪言の神が四段にも考えられるようになったことは前に言うたとおりである。ところが、邑落どうしの間に争いが起こったり、異族の処女に求婚するような場合には、呪言が闘わされる。相手の呪言が有勢だったら、その力に圧えられて呪詛を身に受けねばならぬ。自分の方の呪言に威力ある時は、相手の呪言の威霊を屈服させて、禍事を与えることができる。この反対に、そうした詞の災いを却けて、善い状態に戻す呪力や、我が方へ襲いかかって来た呪詛を撥ね返す能力が考えられて来た。人に「まがれ」と呪う側と、善い状態に還す方面とが、一つの呪言にも兼ね備わっているものと考えだされる。禍津日ノ神・直日ノ神の対照は、実際は時代的に解釈が変わって来たところから出た呪言の神であったのだ。「檍原の禊ぎ」に、この二位の神が化生したと説くのは、禊ぎの呪言に攻守二霊の作用の本縁を物語っていたものであろう。

　風土記などにも夙く、出雲意宇郡に詔門ノ社の名が見えている。その機能は知れぬが、速魂社と並んでいるところを見ると、呪言の闘争判断方面の力を崇めたのではなかろうか。それとは別に、延喜式にも、すでに「左京二条ニ座ス神二座。太詔戸命神、櫛真智命神」と載せている。

……自リ二夕日一至ル二朝日照ル一ニ万氐天都詔戸乃太詔刀言遠以氐告礼、如此告波麻知波弱蒜仁由

都五百篁生出牟、……（中臣寿詞）

とある文によると、太祝詞（ふとのりと）とまちとは一続きの現象なのである。

まちは卜象（うらかた）のことである。亀卜（きぼく）・鹿卜（ろくぼく）では、灼（や）き出されて罅（ひび）入った町形（まちかた）のことだ。町形を請い出す手順として、中臣太詔詞を唱えて祓え浄（きよ）める。それにつれて卜象も正（まさ）しく顕（あらわ）れて来る。卜部らが亀卜を灼くにも、中臣太詔詞を言い祓え反覆して、町形の出現を待つのであった。そのため、祓えの太祝詞の詞霊を、卜象の出るのを護（まも）る神と見たのであろう。櫛真智（くしまち）は奇兆で、卜象そのもの、あるいは卜象を出す神であろう。「亀卜祭文」というは、亀卜の亀のした覆奏（かへりまをし）の形式の変形と見るべきもので、これに対しての呪言を求めれば、中臣太詔詞のほかはない。亀卜の亀の精霊が、太詔戸ノ命ではわからぬことである。「亀卜祭文」なども、神祇官（じんぎかん）の卜部らの唱え出したものであろう。

三　奏詞の発達

呪言は元、神が精霊に命ずる詞（ことば）として発生した。自分は優れた神だということを示して、その権威を感銘させるものであった。緘黙（しじま）を守る岩・木・草などに開口（かいこう）させようとしても、物言わぬ時期があった。その間は、その意志の象徴としてほ（または、うら）を出さしめる。呪言に伴うて精霊が表す神秘な標兆として、秀すなわち末端に露れるものの意である。

答へて曰はく「はたすゝきほに出しわれや、尾田吾田節の淡の郡に居る神なり」と。（神功紀）

こうした用語例が転じて、恋い心のそぶり顔に露れることを「ほにいでて……」と言う。うらもまた、

武蔵野に　占へ、象灼き、まさでにも　告らぬ君が名、うらに出にけり（万葉集巻十四）

など、恋愛の表情に転じた。うらはまた「……ほに出にけり」と言うても同じだ。これらのほ・うらの第一義は、精霊の意志標兆であるが、呪言に伴うところから、意義は転じやすかった。うらがうらふ（卜）・うらなふの語根になった理由は、呪言の希望が容れられ、または容れられない場合のうらの出方が違うところから出る。

これが一転すると誓約という形になる。呪言を発する者に対して、標兆を示す者は幽界の者であった。両方で諷誦と副演出とを分担しているわけである。たって物言うまいとする精霊を表したのが「癋の面」である。この時が過ぎて精霊が開口しかけると、盛んに人の反対に出る。あまのじゃくと称する伝説上の怪物が、それから出ている。気に逆らうことばかりする。口返答はする、からかいかける、横着はする。これ

が田楽以来あった役目で、今も「里神楽」の面にあるもどき――ひょっとこのことで、もどくは、まぜかえし邪魔をし、逆に出るを言う――に扮する人の滑稽所作を生んだ。

能楽の方では、古くもどきの名もあるが、もっぱら狂言として飛躍した。事実は脇役なども、もどきの変態なのであった。狂言方の勤める「間語り」なども、もどきの口まねから出て、神などに扮した人の調子の低いはずの詞を、大きな声でとりつぐような役が分化していた。それが、あひ語りまで伸びていったのだ。宮廷神楽の「才の男」の「人長」との関係も、神と精霊とから転化して来たのだ。この系統が千秋万歳を経て、後世の万歳太夫に対する才蔵にまで、たいした変化なく続いた。

またもどきは大人を悩ます鋭い子役に変化してもいる。延年舞以後ある大・少の対立で、田楽・能楽にもこの要素は含まれていた。ことに幸若舞系統から出た江戸歌舞妓では大・少の舞以外にも、とりわけ「少」の勢力が増して来た。猿若のごときは「少」から出たものである。若衆歌舞妓もその変態であった。日本の演劇史に、もどき役の考えを落としたものがあったら、無意味な記録になってしまうであろう。

天狗・山男あるいは、四国の山中にいるというさとりなどいう怪物は、相手の胸に浮かぶ考えは、いちいち知ってしまう。思いがけなく、はね返した竹の輪や、炉火のために敗亡してしまうたという伝説が数えきれぬほどある。精霊に呪言を悟られぬようにせねばならない。これをあべこべに唱えかけられると、精霊に征服せられるものと考えたらしい。神武天皇が、道臣ノ命にこっそり策を授けて、諷歌倒語で、国中の妖気を掃蕩せしめられたと日本紀にある。悪霊・凶賊がいかに速やかに呪言を唱え返しても、詞どおりの効果しかなかった。意想外に発言者の予期した暗示のままに相手に働きかけて、亡ぼしてしもうたのである。舌縺り、早口文句などが発達したのも、呪言の効果を精霊に奪われまいためであった。

山彦すなわち木霊は、人の声をまねるところから、怖じられた。山の鳥や狸などにも、根負けしてかけあひを止めると、災いを受けるという伝えが多い。呪言の効果が相殺している場合、一つ先に止めると、相手の呪言の禍を蒙らねばならないのだ。

精霊と実際呪言争いをする時はなかったとしても、この畏れの印象する場合が多かった。祭りの中心行事は、神・精霊の両方に扮した人々の呪言争いが繰り返されるのであった。国家時代に入って、呪言から分化した叙事詩から、抒情脈の叙事詩なる短詩形の民謡が行われるようになると、群行の神を迎える夜遊びが、邑落によっては、斎庭において行われた。神々に扮した村の神人と、村の巫女たる資格を持った女たちとが相向き立って、歌垣の唱和を挑んだ。最初はきまった呪言や、呪言の断篇のかけあひをしたのに過ぎなかったのであろうが、類型ながらだんだん創作気分が動いてきた。この場の唱和に特別の才人でなければ、たいてい苦い目を見ている。これが呪言争いの体験である。また、ほかの村人どうし数人ずつ草刈り・山猟などで逢えば（播磨風土記などに例がある）呪言のかけあひが始まる。今も地方によっては、節分の夕方・十四日年越しの宵などに、隣村どうし、子どもなどが地境に出て、型どおり悪たいのかけあひをする所もある。民間伝承には、この通り、呪言唱和の注意せられた印象が残っている。文学史と民俗学との交渉するところは大きいと言わねばならぬ。

四　奉仕の本縁を説く寿詞

ほくはほかふとも再活し、語尾が替わってほむともなっている。またほさくという形もあった。うらふは、夙く一方に意義が傾き過ぎたが、ほくは長く原義に近く留まっていたように見える。ただ、おそらくは、ほの現出するまで祝言を陳べることかと思うのに、記・紀・祝詞などの用例は、象徴となる物を手に持ち、あるいは机に据えて、そのものの属性を、対象なる人の性質・外形に準えて言うか、まったく内的には関係なくとも、声音の連想で、祝言を結びつけてゆくかが、普通になっていた。

そのうち、常例として捧げられた物は御富岐ノ玉である。聖寿を護る誓約のほとして、宮殿の精霊が出す――実は、斎部の官人が、天子常在の仁寿殿および浴殿・厠殿の四方に一つ宛懸けるのである――ことになっていたらしい。大殿祭を行う日の夜明けに、中臣・斎部の、官人・御巫ら行列を作って常用門と言うべき延政門におとずれて、そこから入って斎部が祝詞を唱えて廻わる。宮殿の精霊に供物を散供して歩くのが、御巫の役だ。これは、呪言の神が宮殿を祝福し、それと同時に聖寿を賀した古風を残しているのである。玉は、呪言の神の呪言に対して、宮殿の精霊の示したほなのである。だから大殿祭祝詞の御吹支乃玉（みふきのたま）の説明は、後代の合理と言うてよい。斎部の扮する呪言の神は、元、別に時々来臨する者のあったのが、絶えてからの代役で、それすら長い歴史を持つようになったのではないかと思う。

中臣氏のはそれと違って、水取りの本縁を述べた「中臣ノ天ッ神ノ寿詞（よごと）」を伝えていた。これは氏々の寿詞の起原とも称すべきもので、尊者から卑者に誓（うけ）は――信諾を約せ――しめるための呪言が、卑位から高位に向けて発する第二義の呪言（寿詞）を分化し、――今一つ別の考えも立つ――繁栄させる風を導いた。きわめて古い時代には、朝賀の賀正事（よごと）にはもっぱらこれを奏上して、神界に君臣の分限が明らかだった事始めを説いて、その時のごとく今も忠勤を抽（ぬき）んでて天子に仕え、その健康を保障しようとすることを誓（ちこ）うた。だから、氏々の人々も、これを家々の聖職の本縁を代表するものと信じ、等しく拝跪（はいき）して、その誓約の今も、家々にも現実の効果あるべきを示した。

中臣寿詞（なかとみのよごと）以外、氏々の賀正事（よごと）――誄詞（しぬびごと）も同じもので、その用途によって別名をつけたまでである。氏々の 誄（しぬびごと）・百官の誄など奏したのも、ある期間、魂の生死に弁別がなかったためだ――にも共通の慣用句であったらしい「現御神止大八洲国所知食須大倭根子天皇云々」という讃詞は、天子の神聖な資格を示す語として、賀正事から、これに対して発達したと思われる詔旨（公式令）の上にも、転用せられていった。氏々の聖職の起原――転じては、臣従の由来――を説く寿詞（賀正事としてが最初の用途）が、朝賀の折に、数氏の長上者らによって奏上せられるようになってからは、その根元たる中臣寿詞は、即位式――古くは二回、大嘗祭にも――に奏上せられることに定まって来たのである。

　中臣氏の神のほは、水であった。初春の聖水は、復活の威霊の寓りとして、変若水信仰の起因となったものである。天子のみ代替わりをもって、日の御子の断えざる復活の現象と考え、それを促す力を水にあるものと見たのである。ほの原始に近い意義として、古典から推定出来るものは、邑落時代に持っていた、邑落々々の守護霊――外来威力――の寓りとみなされた形あるものおよび現象であった。ほを提出することが、守護の威霊を譲り渡して、相手の威力・生活力を増させるわけである。ほを示す、すなわちほく動作が臣従を誓う形式になる所以である。

　ほくが元、尊者から卑者にすることであったのは、一方、親近者のために威霊を分かつ義のあったことからも知れる。天照大神が、おしほみみの命――み子であるが、すめみまの命ということは、語原およびその起原なる古信仰から見てさしつかえはな

い――のために、手に宝鏡を持って授けて、祝之曰く、

この宝鏡を視ること我を視るごとくなるべし。床を同にし、殿を共にして斎鏡とすべし。（紀一書）

と言われたとも、「鏡剣を捧げ持ち賜ひて、言寿宣たまひしく」（大殿祭祝詞）というような伝えもある。これは、「己が命の和魂を八咫鏡に取り託けて」（国造神賀詞）などいう信仰に近づいているのだ。威霊を与えるという点では一つである。身替わりの者のために威霊の寓りを授ける呪言を唱えることも、ほくと言うようになったことを示している。古代から近代に伝承せられた「衣配り」の風習もこれである。外来魂を内在魂と同視したところから「とりつける」というような考え方になって来る。

とにかく、ほくは外来魂の寓りなるほを呼び出す動作で、呪言神が精霊の誓約の象徴を徴発する詞および副演の義であった。それが転じてほを出す側から――精霊の開口を考え出した時代に――ほに附随した説明の詞を陳べる義になって、ほを受ける者の生命・威力を祝福することと考えられ、さらに転じてほが献上の方物となり、それに辞託せて祝福を言い立てる――あるいは、場合や地方によって、副演も保存せられた――ことを示すようになった（イ）。

この以前から、ほき詞は、生活力増進の祝福詞であるために、齢詞の名を持っていたらしく、よごとかならずしも奏詞にも限らなかったようである。それがだんだんの

りとの宣下せられるのに対して、奏上するものと考えられるようになって来たのは、宮廷の大事なる受朝朝賀の初春の宣命と奏寿——元日受朝の最大行事であったことは、後の令の規定にまで現れている——の印象が、これを区別する習慣を作って行ったものと思われる。なおよごとは縁起のよい詞を物によそえて言うところから、善言・美詞・吉事などの連想が、奈良の都以前からもあった。その前から、霊代としてのほの思想もあったところから転じて、兆象となる物を進めて、かくのごとくあらしめ給えと、呪言者の意思を代表する意義のほと、それに関連したほく動作も出てきた（ロ）。（イ）のほくは寿詞であり、（ロ）のほくは、宮廷では、のりと——斎部祝詞の類——に含めてよごとと区別していた。詔旨と寿詞との間に、天神に仮託した他の神——とこよ神の変形。呪言神の資格が低下した時代の信仰——の、精霊を鎮めるために寄せた護詞が考えられていた。これは、家屋の精霊のほを、建築の各部に見立てて言う形式の詞章で、これを「言い立て」また「読み詞」と言い、そうした諷誦法をほむと言うて、ほくから分化させて来た。「言い立て」は、方式の由来を説くよりも、詞章の魅力を発揮させるための手段が尽くされていたので、特別に「言寿」とも称していた。

　そうして、他の寿詞に比べて、神の動作や、やや複雑な副演を伴うことが特徴になっていた。この言寿に伴う副演の所作が発達して来たため、ほくことをするという意がほかふという語が出来た。ほかひは、ことほきの副演なる身ぶりを含むのが用語例である。斎部祝詞の中心なる大殿祭をおほとのほかひと言い馴れたのもこのためである。そうした異神群行し来たって、鎮祭をつかさどる遺風を伝えたものは、大殿祭や室寿ばかりではなかった。宮廷の大祓えに伴う主上の御贖いの節折りの式にも、これがあった。上元の行事たる踏歌節会の夜に、ことほきびとの高巾子などにやつした異風行列の練り歩くのも、この群行のなごりである。

叙事詩の成立とその展開と

一　呪言から叙事詩・宮廷詩へ

祭文・歌祭文などの出発点たる唱門師祭文・山伏祭文などは、明らかに、卜部や陰陽師の祭文から出ている。祝詞・寿詞に対する護詞の出で、寺の講式の祭文とは別であったようだ。だがこれには、練道・群行の守護神に扮装した来臨者の諷誦するものという条件がついていたようである。

詔旨と奏詞との間に「護詞」というものがあって、古詞章の一つとして行われていた。奈良以前からの用例に拠れば、これはよごとと言う方が適当らしいのに、その中の一部、伝承の古いものには、のりととも称したのが、平安朝の用語例である。斎部祝詞は多くそれだ。この三種類の詞章の所属を弁別するには、だいたい、その慣用動詞をめどにして見るとよい。のりとはのる、よごとにはたたふ、氏々の寿詞ではまをす、ことほぎのよごとにはほく・ほむ、いはひ詞にはいはふ・しづむ・さだむ・ことほぐなど、用語例が定まっていたことは察せられる。その正しい使用と、実感とが失われた時代の、合理観から来る混乱が、全体の上に改造の力を振うた後の整頓した形が、平安初期以後の祝詞の詞章である。

こうした事実の根柢には、古代信仰の推移してきた種々相が横たわっている。代宣者の感情や、呪言伝承・製作者らの理会や、向上し、また沈淪した神々に対する社会的見解——呪言神の零落・国社神の昇格から来る——や、天子現神思想の退転に伴う諸神礼遇の加重などが、それである。延喜式祝詞は、そうした紛糾から解いてかからねば、実は隈ない理会は出来ないのである。

とという語が、神事の座あるいは、神事執行の中心様式を示すものであったろうということは、すでに述べた。おそらくは神座・机・発言者などの位置のとり方について言うものらしいのである。ことど・とこひど（詛戸）・千座置戸（くらとととは同義語）・祓戸・くみどなどのとは、同時にまたのりとのとでもあった。宣る時の神事様式を示す語で、詔旨を宣べる人の座を斥して言ったものらしい。すなわち、平安朝以後始中終、見えた祝詞座・祝詞屋の原始的なものであろう。そののりとにおいて発する詞章であるところからのりと詞なのであった。天つのりととは天上の――あるいはその式を伝えた神秘の――祝詞座、すなわち、高御座である。そこで始めて発せられ、その様式を襲いでくり返すところの伝来の古詞が「天つのりとの太のりと詞」なのである。のりとごとのことを修飾上の重言のように解してきたこれまでの考えは、逆に略語としての発生に思い直さねばならぬのである。

前に述べたとおり、よごとの意義が低くなってゆくのはやむを得なかった。それとともに、上から下へ向けての詞章は別の名を得るようになった。それがのりと詞である。卑者が尊者に奏する詞がよごとと呼ばれるものという受け持ちが定まってくると、人以外の精霊を対象とする詞章もまた、よごとのほかにいはひ詞という名に分類せられるようになった。この類までものりとにこめた延喜式祝詞の部類分けは、はなはだ、杜撰なものであった。

いはひ詞を諷誦し、それに伴う副演を行うことが、ほかふの用語例であることは、前章に述べた。宮廷祝詞の中では、斎部氏が担当していた方面の為事が、呪言の古意を存していた。民間の呪言においても、いはひ詞およびそのほかふが、全体として原始的な呪言に最も近いものであったのである。呪言の中にすでに、地と詞との区別が出来てきて、その詞の部分が最も神秘的に考えられるようになって行った。すべては、神が発言したと考えられた呪言の中に、副演者の身ぶりがさらに、科白を発生させたのである。そうすると、呪言のうち、真に重要な部分として、劇的舞踊者の発することの短い詞が考えられるようになる。この部分は抒情的の色彩が濃くなってゆく。それにつれて呪言の本来の部分は、次第に「地の文」化して、叙事気分はいよいよ深くなり、三人称発想はますます加わってゆく。こうして出来たことばの部分は、多く神の真言と信じられるところから、呪言中の重要個所・秘密文句と考えられる。だから、呪言が記録せられるようになっても、この部分はほとんどすべて、口伝として省略せられたのである。延喜式祝詞に、天つのりとの部分が、抜きとられているのは、このためである。

呪言のうち、宗教儀礼・行事の本縁を語るとともに、その詞章どおりの作法を伴うものと、すでに作法・行事を失うて、ただ、呪言のみを伝えるものとが出来てきた。鎮魂法の起原を説く天ノ窟戸の詞章は、物部氏伝来の鎮魂法を行うようになっては、儀礼と無関係な神聖な本縁詞に過ぎなくなっていた。大祓詞をもって祓えを修する時代になっては、すさのをの命を始めと説く天つ罪の祓えの呪言――天上悪行から追放に到る物語を含む――も、国つ罪の起原・禊ぎの事始めを説明した呪言――いざなぎの命の黄泉訪問から「檍原の禊ぎ」までをこめた――も、単なる説明詞章に過ぎなくなってしもうた。

神事の背景たる歴史を説くものと、神事のつど、現実の事件としてくり返す劇詩的効果を持つものとの間には、どうしても意義分化が起こらないではすまなくなる。これが呪言から叙事詩の発生する主要な原因である。だから、呪言は、過去を説くものでなく、過去を常に現実化して説くものであった。それが後に、過去と現在との関係を説くものばかりになったのは、大きな変化である。叙事詩の本義は、現実の歴史的基礎を説く点にある。しかもなお、まったくは、呪言以来の呪力を失うた、単なる説話詩とは見られてはいなかった。やはり神秘の力は、これを唱えると目醒めてくるものとせられていたのである。叙事詩において、ことばの部分が、威力の源と考えられたのは、呪言以来とはいえ、地の文の宗教的価値減退に対して、その短い抒情部分に、精粋の集まるものと見られたのは、もっともなことである。

呪言の中のことばは叙事詩の抒情部分を発生させたが、それ自身は後に固定して短い呪文、あるいは諺となったものが多かったようである。叙事詩の中の抒情部分は、その威力の信仰から、その成立事情の似た事件に対して呪力を発揮するものとして、地の文から分離して謳われるようになって行った。これが、物語から歌の独立する径路であるとともに、はるかに創作詩の時代を促す原動力となったのである。これを宮廷生活で言えば、何振・何歌などいう大歌(宮廷詩)を游離するようになったのである。宮廷詩の起原が、呪文式効果を願うところにあって、その舞踊を伴うた理由も知れるであろう。

呪言の総名が古くは、よごとであったのに対して、ものがたりと言うのが叙事詩の古名であった。そうして、それから脱落した抒情部分がうたと言われたことを、この章の終わりに書き添えておかねばならぬ。

二　物語と祝言と

日本の歌謡史に一貫して、その声楽方面の二つの術語が、久しくだいたい、同じ用語例を保ちながら行われている。かたるとうたふとが、それだ。旋律の乏しくて、中身から言えば叙事風な、比較的に言えば長篇の詞章を謡うのをかたると言う。その反対に、心理律動の激しさから来る旋律豊かな抒情傾向の、だいたいに短篇な謡い物を唱えることをうたふと称して来た。この二つの術語は、どちらが先に出来たかは知れぬが、詞章としてはかたり物の方が前に生まれている。そのうちからだんだんうたひ物の要素が意識せられるようになって来て、游離の出来るような形になり、果ては対立の地位を占めるようになって行った。

うたふはうったふと同根の語である。訴ふに、訴訟の義よりも、やや広い哀願・愁訴などいう用語例がある。始め終わりを縷述(るじゅつ)して、それに伴う感情を加えて、理会を求めることに使う。この義の分化する前には、神意によって判断した古代の裁判に、附随して行われる行事を示していた。もちろんうたふと言う形でそれを示した。神の了解と同情とに縋(すが)る方法で、うけひ（誓約）という方式の一部分であったらしい。うたふという語の第一義と、うたふ行為の意識とが明らかになったのは、神判制度から発生したのである。うけひの形から男女の誓約法が分化して、ちかひと称せられた。

　このちかひの歌が、うけひの際のうたへの形式を襲(つ)いで、抒情詩発生の一つの動機を作り、うたへの声楽的な方面を多くとりこんだために、うたふが、声楽の抒情的表出全部を言う語となったものと思う。だんだんうたふの語尾変化によって、うたへとうたひとを区別するようになった。したがってうけひの場(にわ)で当人の誦(しょう)する詞(ことば)が、うたという語の出発点ということになる。もっとも、うたふことの行為は前からあったもので、それがうけひにうたをうたふのが、その代表的に発達した形だったからであろう。全体うたと語根を一つにしているらしい語には、悲愁・冤屈(えんくつ)・纏綿(てんめん)などの義を含んでいるのが多い。

　後世のくどきという曲節はこれに当たるもので、曲舞(くせまい)・謡曲時代から抒情脈で縷述する部分の術語になっていた。それが、近世では固定して、抒情的叙事詩の名称になって、くどきと言えば、愁訴を含んだ卑俗な叙事的恋愛詞曲というふうになった。発生的には逆行している次第である。一人称で発想せられているが、態度は、三人称に傾いた地の文に対して、やはり叙事式の発想をしながら、くどき式に抒情気分を豊かに持ったものがうたと見ればよかろう。そうした古代の歌には、聴きてを予想していたろうと思われるような、対話式の態度が濃く現れている。

私は、叙事詩よりも呪言系統のものから、歌の発生の径路を見た方が、本義を捉(とら)えやすいと考えるから、一例として、万葉巻十六の「乞食者詠」について説明を試みたい。乞食者(こつじき)は祝言職人である。土地を生業(なりわい)の基礎とせぬすぎはひ人の中、諸国を流離して、行く先々でくちもらふ生活を続けていた者は、ただ、この一種類あったばかりである。行基(ぎょうき)門流の乞食者が認められたのは、奈良の盛時に入ってのことである。だから、乞食者とは言いじょう、仏門の乞士(こつし)以後の者とは内容が違っている。ほかひによって口すぎをして、旅行して歩く団体の民を称したのである。

詠は、うたと訓(よ)みなれてきたけれど、正確な用字例は、舞人の自ら諷誦(ふうしょう)する詞章である。だから、いわひ詞(ごと)をもってほかひして歩いた祝言職人の芸能に、地(じ)に謳(うた)う部分と、科白(せりふ)として謳う歌の部分とのあったことが推定出来る。言い換えれば、この歌は劇的舞踊の詞章であって、別に地謡(じうた)とも言うべき呪言のあったことが、表題の四字から察せられる。

さらに本文に入って説いて行くと、呪言とほかひびとと、叙事詩と歌との関係が明らかになる。「いとこ汝兄の君」という歌い出しは「もののふの我がせこが。……」(清寧記)と言った新室の宴の「詠」と一つ様である。また二首とも結句に、

……我が身一つに、七重花さく　八重花栄ゆ(?)と、白賞尼。白賞尼

……我が目らに、塩塗り給ぶと、時(?)賞毛。時賞毛

とあるのは、寿詞の口癖の文句らしい。「鹿」の方の歌の「耆矣奴吾身一爾……」を橋本進吉氏の訓のように、おいやっこと訓むのが正しいとすれば、顕宗帝の歌の結句の

おしはのみこのやつこみするゑ(記)

おとひやつこらまぞ。これ(紀)

というのに当たるもの、これまた呪言の型の一つと言われ、寿詞系統の、忠勤を誓う固定した言い方と見ることも出来る。

対句のきわめて多いのも、調度・食物類の名の畳みかけて述べられていることも、地名の多く出てくるのも、新室の寿詞系統の常用手法である。建築物の内部に満ちた富を数え立て、その出所・産地を述べ、またその一つ一つに寄せて祝言を述べる方法は、後の千秋万歳に到るまでも続いた言ひ立てである。しかも二首ながら「あしびきのこの傍山の……」と言って木のことを言うのは、大殿祭や山口祭の祝詞と一筋で、新室祝言の型なることを明らかに見せている。

室寿詞は、いわひ詞の代表形式で、すべての呪言がその型にはいって発想せられた事実は証明することが出来る。この二首なども元、農業の害物駆除の呪言から出たのであるが、やはり、室寿詞の定型を履んではいる。農村の煩いとなる生き物のうち、夜な夜な里に出て成熟した田畑を根こそげ荒してゆく鹿、年によってはむやみに孵って、苗代田を螫みつくす蟹、こうした苦い経験が、このほかひ歌を生み出したのである。元は、鹿や蟹（その効果は他のものにも及ぶ）に誓わす形であった呪言が、早く芸能化して、鹿・蟹の述懐歌らしいものに変化して行ったのである。すなわち、鹿・蟹に対する呪言およびその副演の間に、当の田畑を荒す精霊（鹿・蟹を代表に）に扮した者の誓う身ぶりや、覆奏詞があったに違いない。その部分が発達して、滑稽な詠、おこな身ぶりに人を絶倒させるような演芸が成立していたものと思う。二首ながら、それぞれの生き物のからだの癖を述べたり、愁訴するさまを謳うたりしている。また、道行きぶりの所作——王朝末から明らかに見えて、江戸まで続いた、劇的舞踊の一要素たる海道下り・景事の類の古い型——にかかりそうな箇所もある。

古代の舞踊に多かった禽獣の物まねや、人間の醜態を誇張した身ぶり狂言は、おおよそ、精霊の呪言神に反抗して、屈服に到るまでの動作である。もどきの劇的舞踊なのである。後世ひよひよ舞と言われる鳥名子舞・侏儒の物まね（殊舞と書くのは誤り）なるたつつまひ、水に溺れるさまを演じる隼人のわざをぎ——海から来る水を司る神、作物を荒す精霊との争いの記憶が大部分にはいっている――そうしたふりごととしての効果は、この二首にも、十分に現れている。

鹿・蟹が甘んじて奉仕しようとするといった表現は、実は臣従を誓う形式から発してきたものと解するがよい。私はこの二首をもって、飛鳥朝の末、あるいは藤原朝――飛鳥の地名を広くとって――のころに、ほかひびとの祝言がすでに、演劇化していた証拠の貴重な例と見る。なお、これに関連して言いたいことは、呪言の副演の本体は人間であるが、もどき役に廻わる者は、地方によって違っていたことを言いたい。それが人間であったこともちろんあるが、ある国・ある家の神事に出る精霊役は、人形であることもあり、また鏡・瓢(ひさご)などを顔とした仮りの偶人(ぐうじん)であったことも考えてよい根拠が十分にある。

このほかひの歌のごときは、時代の古いにかかわらず、その先になお古い形のあって、現存の呪言に絶対の古さを持つもののないことを示している。だが同時に、この詠から呪言の中に科白(せりふ)が生じ、それが転じて叙事詩中の抒情部分が成立し、また、その独立游離するようになることの論理を、心に得ることは出来るのである。

私はことほぎを行う者と、物語を伝誦する語部(かたりべ)との間に、かならずしも絶対的な区劃(くかく)があったものとは考えない。けれどもだいたいにおいて、これだけは言ってもよいようである。叙事詩および若干のまだ呪力の信ぜられた呪言を綜合して、かなりの体系をなした物の伝承諷誦を主とする職業団体を語部と呼んでよいこと、特殊な呪言と呪力とを相承し、それに関連した副演出を次第に劇化していった団体で、そうした動作が清浄な結果を作るものと信頼せられていたが、宮廷では斎部――および後々の卜部――国々村々では、ほかひびと・ことほき（ことほきびとの略語）あるいはまた斎部とも卜部とも言ったことである。倭宮廷および社会状態のそれと似通うた国々村々の多くでは、この語部・ほかひびとの職掌範囲が分かれていたことは実際である。

三　語部とほかひびとと

私の考え得たところでは、語部の伝統や職掌は、宮廷のものすら一定不変ではなかった。時代によって、目的・伝統が変化している。家筋の側から言えば、さらに幾筋の系統を考えることも出来そうだが、おおよそ三つの部曲は明らかに認めてもよい。第一猿女・第二中臣女・第三天語部、この三つの系統の語部である。猿女・中臣女のごときは、おそらくは時を同じくして併立していたものであろうが、勢力にはそれぞれ交替があった。天語部は後のわり込みで、猿女・中臣女に替わったものと見ることが出来る。

猿女の統率階級は猿女ノ君で、伝説の祖先うずめの命以来、女戸主を原則とした氏族である。この系統の語部は、まだ呪言とはなはだしく岐れない時代の叙事詩を諷誦したらしく、主として鎮魂法のために、鎮魂の来歴を説くを職としたようである。しかもこの天ノ窟戸の物語を中心にした鎮魂の呪言に、その誘因として語られた天つ罪および祓え・贖いの起原を説く物語、さらに魂戦の女軍の由来に関連した天孫降臨の大事などが、一つの体系に組織だてられてきた。

そうした結果、うずめ中心の猿女叙事詩が、宮廷が国家意識の根柢となった時代には纏っていた。開闢の叙事詩よりも、天孫降臨を主題とする呪言の、栄えてゆくのは当然である。聖職をもって宮廷に仕える人々、あるいは家々では、その専門に関した宮廷呪言に対しては、その反覆讃歎をせねばならなかった。これが肝腎の天子ののりとを陰にして、伝宣者が奉行するような傾きを作り出したのである。

この伝宣の詔旨——よりむしろ、覆奏——は、分化して宣命に進むものと、ある呪言の本縁を詳しく人に聴かせる叙事詩（物語）に向かうものとが出来てきた。中臣女と汎称した下級巫女の上に、発達してきたものと推定の出来る中臣ノ志斐ノ連の職業は、ここに出自があるものと思う。平安宮廷の女房の前身は、采女その他の巫女である。その女房から「女房宣」の降った様式は、由来が古いのであった。宮廷内院の巫女の関係したまつりごとののりと詞は、それぞれの巫女が伝宣した習慣を思わせる。国魂の神の巫女なる御巫や采女らの勢力が殖えるまでは、猿女が鎮魂呪法奉仕を中心に、中臣・斎部と対照せられていた。だから古代宮廷において、猿女が宮廷呪言を、中臣・斎部と分担して伝承していた分量の多さは察せられる。祭祀・儀礼に発せられたのりと詞の叙事詩化して、猿女伝承に蓄えられたものが多かったであろう。その鎮魂呪言が自然に体系をなして、さらに種々の呪言を組織だてて行ったことは考えてよい。そうして、それが呪言以外の目的で、奏と宣との二方便にわたって物語られるようになったのである。こうした方面から見れば「中臣寿詞」もやはりまだ分化しきらない物語だったのである。天孫降臨を主題にした叙事詩は、猿女系統の口頭伝承に根ざしているのである。

古事記の基礎となった、天武天皇の永遠作業の一つだと伝えられている、習合せられた宮廷叙事詩を、諳誦していたという阿礼舎人も、猿女ノ君の支族なる稗田氏であった。

四　いはひ詞の勢力

宮廷の語部が「のりと伝承家職」から分化したことは、すでに述べた。それに、自家のよごとを含めて組織したものが、語部の語り物、すなわち「物語」である。宮廷以外の豪族の家々にも、規模の大小こそあれ、氏の長上と氏人あるいは部民との間に、のりと・よごとの宣・奏が行われ、同じく語部の叙事詩の物語られたことは、邑落単位だった当時の社会事情から、正しく察せられる。奈良の末に近いころの大伴ノ家持の「喩族歌」は、大伴氏としてののりとの創作化したものであり、「戒尾張少咋歌」のごときは、のりとの分化して、宣命系統の長歌発想をとったものである。山ノ上ノ憶良の大伴ノ旅人に餞した「書殿餞酒歌」のごときものは、よごとの変形「魂乞ひ」ののみ詞の流れである。ことにその中の「あが主の御魂たまひて、春さらば、奈良の都に喚上げたまはね」とある一首は、よごととしての特色を見せている。

家々伝来の外来魂を、天子あるいは長上者に捧げるとともに、その尊者の内在魂の分割を授かった（毎年末の「衣配り」の儀のごとき）申請の信仰のなごりが含まれている。また、はるかに遅れて、興福寺僧の上った歌（続日本後紀）のごときも、よごとを新形式に創作したというだけのものであった。

長歌について見ると、のりと・よごと系統のものが著しく多い。藤原ノ宮ノ御井ノ歌のごときは、陰陽道様式を採りいれた創作の大殿祭祝詞（実はいはひ詞）であり、藤原ノ宮役民ノ歌は、山口祭か斎柱祭の類の護詞の変態である。短歌の方でも、病者・死人のための祈願の歌や、挽歌の中に、屋根の頂上や、蔦根（つな・かげ）・柱などを詠んでいるのは、大殿祭・新室寿の詞章の系統の末である。挽歌に厳門・厳ねを言い、水鳥・大君のおもふ鳥を出し、杖策いてのさまよひを述べ、紐を云々することの多いのは、みな、鎮魂式の祭儀から出ている。極秘となったままで失せた古代詞章から、その文句や発想法が分化して来たものと考えるのが、適当なのである。死後一年ぐらいは、生死を判定することのできなかったのが、古代の生命観であった。そうした期間にわたって、生魂を身に固著しめようと、試みをくり返した。この期間が、漢風習合以前の日本式の喪であったのである。

こふ（恋ふ）という語の第一義は、実は、しぬぶとは遠いものであった。魂を欲すると言えば、はまりそうな内容を持っていたらしい。魂の還るを乞うにも、魂の我が身に来りつくことを願う義にも用いられている。たまふ（目上から）に対するこふ・いはふに近いこむ（籠む）などは、その原義の、生きみ魂の分裂の信仰に関係あることを見せている。

だから、恋歌は、後に発達した唱和・相聞の態を本式とすべきではない。生者の魂を身にこひとることとは、恋愛・結婚の成立である。古代伝承には、女性と男性との争闘を、結婚の必須条件にしていた多くの事実を見せている。死者の霊を呼び還すにも、同じ方法の儀式・同じ発想の詞章が用いられた。そのため、万葉のごとき後のものにすら、多くの挽歌が恋愛要素を含み、相聞に挽歌発想をとったものを交えているのである。恋歌分化後にも、類型をなぞることは絶えなかったからである。

氏々伝承の詞章から展開した歌詞の系統は、右の通り、随分、後まで見える。それらの詞章は、だいたいにおふせとまをしとの二つの形に分かれる。寿詞が勢力を持つ時代になると、おふせの影は薄くなり、だいたいまをしに近づく。奈良の宣命や、孝謙・称徳天皇の遣唐使に仰せられた歌（万葉集）などを見ると、まをしの形が交ってきている。これは神に対してとるべきおふせの様式が、神の向上によって、まをしに近づいてきたことの影響である。平安の祝詞のことごとくが、まをし式になってしもうた原因も、ここにある。

　だから、寿詞が多く行われ、本義どおりののりとは、宮廷でまれに発せられるだけで、宮廷から下ったものを伝奏・宣下する以外には、のりとと言うことが許されなくなった痕が見える。貴族・神人の伝承詞章は、のりとにはいるべきものでも、よごとと呼ぶようになって行ったらしい。こうしたよごとの分化に伴うて、のりとから分化してきたのが、いはひごと（鎮護詞）であった。だから、よごとであるべきものが鎮護詞と呼ばれたり、また、祝詞と呼ばれるものの中にも、斎部などのいはひ詞を多く交えているわけである。宮廷のものは何でものりとであり、民間のものはすべてよごとと称え、よごとの中にいはひ詞の分子が殖えて行って、よごとという観念が失われるようになり、そして、のりとに対するものとして、いはひ詞が考えられるようになった。一般に言う平安朝以後の祭文である。だから、神託とも言うべき伝来のものはせみょう・せんみょうなど、宣命系統の名を伝えているのだ。

こうして、伝統的によごとと呼ぶもののほかは、この名目が忘れられて、よごとは、のりとの古い様式のごとくにさえ思われている。これが寿詞をなのる祝詞にすら、いはひ詞と自称しているもののあるわけである。一つは、宮廷その他官辺に、陰陽道の方式が盛んになって、在来の祭儀を習合（合理化）することになったためでもある。神祇官にすら、陰陽道系の卜部を交えてきたのは、奈良朝以前からのことである。その陰陽道の方式は鎮護詞と同じような形式を採った。固有様式で説明すると、主長・精霊の間に山人の介在する姿をとるのである。祭儀も詞章も、勢いこうした方面へ進んで行ったために、文学・演芸の萌芽も、鎮護詞およびその演出の影響ばかりを自然に、深く受けなければならないようになった。

広い用法で言えば、日本古代詞章のうち、わりに短い形のものは、鎮護詞章とその舞踊者の転詠――物語の歌から出たもののほかは――から出ていると言うてよいほどである。鎮護詞章は寿詞であるが、同時に、いはひ詞の発生を導いた内的動機の大きなものになっている。中臣の職掌がますます向上し、斎部がいはひ・きよめの中心になるようになると、そのわきに廻わるのは、卜部およびその配下であった。そうして、広成ノ宿禰は、斎部の敵を中臣であると考えていたように称せられるけれども、実は下僚の卜部を目ざしたのであった。斎部の宮廷に力を失うた真の導きは、卜部の祭儀・祭文や、演出をもてはやした時代の好みにある。

斎部・卜部の勢力交迭は、平安朝前期百年の間にあるようだが、そうなっていった由来は久しいのである。陰陽道に早く合体して、日漢の呪法を兼ねた卜部は、寺家の方術までも併せていた。こうして、長い間に、宮廷から民間まで、祭式・唱文・演出の普遍方式としての公認を得るようになってきた。卜部は、実に斎部と文部との日漢両方式を奪うた姿である。

さて、唱導の語は、教義・経典の、解説・俗讃を意味するのが本義であるから、この文学史が宣命・祝詞の信仰起原から始めたことにも、名目上適当している。がしかし、その宣布伝道を言う普通の用語例からすれば、卜部その他の団体詞章・演芸・遊行を説く「海部芸術の風化」以下を本論の初めと見て、これまでの説明を序説と考えてもよい。同時にそれは、日本文学史ならびに芸術史のための長い引を作ったことになるのである。しかし、私の海部芸術を説くために発足点になるほかひとくぐつとの歴史を説くのには、なお、いささかの用意がいる。

五　物語と歌との関係ならびに詞章の新作

まず呪言および叙事詩の中に、焦点が考えられ出したことである。のりとで言えば、地の文——第二義の祝詞において——すなわち、神の動作に伴うて発せられるいわゆる天つのりとの類である。その信仰が伝わって、叙事詩になっても、ことばの文に当たる抒情部分を重く見た。それがとりも直さず、うたであり、その諷誦法（ふうしょう）うたふからうたひと訴へ（うたへ）とが分化してきたのである。

呪言・叙事詩の詞の部分の独立したものがうたであるとともに、ことわざでもあった。そうした傾向を作ったのは、呪言・叙事詩の詞が、詞章全体の精粋であり、代表的に効果を現すものと信じて、抜き出して唱えるようになった信仰の変化である。だから、うたの最初の姿は、神の真言（呪）として信仰せられたことである。これが次第に約（つづま）っていって、神人問答の唱和相聞（かけあひ）の短詩形を固定させて来た。久しい年月は、歌垣の場（にわ）を中心にして、そうした短いうたを育てた。旋頭歌（せどうか）を意識に上らせ、さらに新しくは、長歌の末段の五句の、独立傾向のあったのを併せて、短歌を成立させた。そこに、整頓した短詩形は、遅れて新しく語部の物語にはいって来るようにもなった。だが、様式が意識せられるまでは、長歌・片哥（かたうた）・旋頭歌などと「組み歌」の姿を持っていたものと見るべきいろいろの理由があるのである。奈良朝になっても、うたが呪文（大歌などの用途から見て）としての方面を見せているのは、実は呪言が歌謡化したのではなかった。呪言中の真言なるうたの、呪力の信仰が残っていたのである。

くり返すようだが、ことわざは、神業（わざ）出の慣例執行語（いいならわし）であり、また物の考慮をうながす事情説明の文章なるわざことと言うところを、古格でことわざと言うたのである。ことわざの用語例転化して後、ふりという語をもって、うたに対せしめた。古代の大歌に、何振（何曲）・何歌の名目が対立していた理由でもある。これを括(まと)めて、歌(うた)という。その旧詞章の固定から、旧来の曲節を失いさえせずば、替え文句や成立の事情の違ううたまでも、効果を現すとの信仰が出来るようになった。追っては古い詞章に、時・所の妥当性を持たせるための改作を加えるようにもなる。歌垣その他の唱和神事が、次第に、文学動機に接近させ、生活を洗煉させて行っていた。創作力の高まった時代になって、拗曲(ようきょく)・変形から模写・改作と進んできたうたが、自由な創作に移ってゆくようになったのは、もっともである。

この種のうたは、鎮護詞(いはひごと)系統から出たものばかりであったと言うてよい。殿祭(とのほかひ)・室寿(むろほぎ)のうたは、家讃め・人讃め・羇旅(きりょ)・宴遊のうたを分化し、鎮魂の側からは、国讃め、妻覓(ま)ぎ・嬬偲(つましの)び・賀寿・挽歌・祈願・起請などに展開した。挽歌のごときも、しぬびごと系統の物ではなく、思慕の意を陳(の)べて、魂を迎寄(こひよ)せて、肉身に固著(ふら)しめるふりの変態なのであった。

歌のうち、鎮魂の古式に関係の遠いものは、叙事詩およびその系統に新しくできた、壬生部(みぶべ)・名代部(なしろべ)・子代部(こしろべ)の伝えた物語から脱落したものである。また、あるものは系譜(よつぎ)――口立(くちだ)ての――の挿入句などからも出ていることが考えられる。

記・紀に見えた大歌は、やはり真言として、のりとにおける天つのりと同様、各種の鎮魂行儀に、威力ある呪文として用いられたのがはじまりで、後までも、この意義は薄々ながら失せなかった。大歌は次第に、声楽としての用途を展開して行って、なお、神事呪法と関係あるものもあり、その根本義から遠のいたものもできた。記・紀にすら、詞章は伝わりながら、すでに用いられなくなったもの、わざ・ふりの条件なる動作の忘れられたもの、後代附加のものも含めているようだ。だから替え歌は文言や由来の記憶が錯乱したのや、詞章伝わって所縁不明になったものも、もちろん、たくさんにある道理だ。鎮魂祭・節折り・御神楽ともに、元は、鎮魂の目的から出た、呪式の重複した神事である。うたに近づいて行ったのは、信仰の変改である。

鎮魂と神楽とは、だんだんうたを主にして行った上、平安中期以前、すでに、短歌の形を本意にするようになっていた。そうした大歌も、かならずしもすべて宮廷出自のものに限っていなかった。他氏のうたあるいは、民間流伝のものまでも、それに伴う物語、または説話から威力を信じて、採用したのも交っている。

大歌には、すでにその所属の叙事詩の亡びて、説話によってその由来の伝えられたものも多かったらしい。しかし、その母体なる物語のなお、存していて、そのうちから抜き出したものも多いことは、証明できる。由来の忘られたものは、民間理会によって適当らしい人・時・境遇を推し宛てて、作者や時代を極めている。そのため、根本一つに違いない大歌に、人物や事情のまったく違うた両様の説明が起こった。さらにそのうたを二様に包みこんだ別殊の叙事詩があったりもした。
氏々の呪言・叙事詩の類から游離したうた・ことわざのあったこと、ならびに、それが大歌や呪文に採用せられたことは明らかである。たいてい、冒頭の語句をもって名としたふりと称するものは、他氏・他領出自の歌であった。そうして、それにはかならず、魂ふりの舞ぶりを伴う。これが「風俗(ふぞく)」である。中には、うたの形を採りながら、まだ「物語」から独立しきっていないばかりか、その曲節すら、物語に近いものがあったらしい。天語歌(あまがたりうた)・読歌(よみうた)などが、それである。

六　天語と卜部祭文との繋り

名は神語(かむがたり)・天語歌(あまがたりうた)と区別しているが、この二つは、出自は一つで、様式も相通じたものである。ただ、天語歌の方が、幾分、壊れた姿でないかと思われる。しかもかえって、神語の方に天語らしい痕跡(こんせき)が多い。

いしたふや　あまはせつかひ　ことの語り詞(ごと)も。此者(こをば)

という形と、その拗曲した、

ことの語り詞も。こをば

というのと、

　豊み酒たてまつらせ
と乱めるものと二つある。またこの二つが重なって、
　豊み酒たてまつらせ。ことの語り詞も。こをば
となったのなどがある。これから見ると、酒ほかひの真言と、憤怨を鎮める呪文とには、共通の詞章や、曲節の用いられたことが考えられる。結婚の遂行は条件として、戦争と同じく「霊争ひ」を要した古代には、名のり・喚ばひにすら、憤りを鎮めるうたが行われたのである。

あまはせつかひとは、海部駈使丁の義である。神祇官の配下の駈使丁として召された海部の民を言うたらしい。これらの海部のうち、亀卜に達したものが、陰陽寮にも兼務することになったものと見えることは、後代の事実から推論せられる。これらの海部駈使丁や、その固定した卜部が行うたことほぎの護詞や、占い・祓えの詞章などの次第に物語化し——と言うより一方に傾いたと言う方がよい——たものが「海部物語」であり、そのうたの部分が「天語歌」であったと言えよう。海部駈使丁の聖職が分化して、卜部と天語部とを生じた。天語部を宰領する家族なるゆえの天語連のかばねまで出来た。

その伝えた詞章の中のある一類は、神語とも伝えたのであろう。神語は天語の中の秘曲を意味するらしく、天語なることに替わりはない。古く、すでに「海部物語」を

「天つ物語」と感じて、神聖観をあまの音に感じ、天語と解したのである。その囃(はや)しとも乱辞(おさめ)とも見える文句は、天語連の配下なる海部駈使丁の口誦(こうしょう)する天語の中の歌だということを保証するものであった。それが替え歌の出来るにつれて、必然性を失(うしな)うて、囃し詞に退化して行ったのである。

天語ノ連（あるいは海語ノ連）は斎部(いんべ)氏の支族だとせられている。それから見ても、神祇官の奉仕を経て、独立を認められてきた、卜部(うらべ)関係の語部なることが知れる。記・紀・万葉に、安曇(あずみ)氏や、各種の海部(あまべ)の伝承らしい伝説や歌謡の多いばかりか、それが古代歴史の基礎中に組み込まれているのは、この天語部が、宮廷の語部として採用せられたからである。

語部の歴史

一　中臣女の伝承

宮廷の語部(かたりべ)が、護詞(いはひごと)を唱える聖職から分化したものなのは、猿女(さるめ)ノ君の場合に、ことに明らかであった。それに次いで行われたらしいのは、中臣系統の物語である。禊(みそ)

ぎ祓えに奉仕した中臣女が「中臣物語」の伝承をも併せ行うたらしい。

男性の中臣の聖職は次第に昇進したが、女性の分担は軽くばかりなって行った。嬪・夫人にも進むことのできた御禊奉仕の地位も、その由来は早く忘れられてしまった。加うるに御禊の間、傍にいて、呪詞を唱える中臣の職は、さほど重視せられなくなり、「撰善言司」設置以後、宣命化したのりとを宣するようになった。だから、たいていの寿詞・護詞系統の物語は、中臣女の口に移って行ったものと見てよいことは、傍証もある。

中臣女から出た一派の語部は、中臣ノ志斐ノ連などであろう。志斐ノ連には、男で国史の表面に出ているものもある。持統天皇と問答した志斐ノ嫗（万葉集巻三）は（しひに二流あるが）中臣の複姓の人に違いはない。これは、男女とも奉仕した家の例に当たるのであって、物部・大伴その他の氏々にもある例である。後に、その風を変えたのは猿女で、古くは、男で仕えるものは宇治ノ土公を名のり、女で勤めるのが、猿女であったと見る方がよい。男女共同で家をなしたものが、後に女主に圧されて、男も仕える時は、猿女ノ君の資格でするようになったものである。「猿淡海」などいうのも宇治ノ土公の一族で、九州にいた者であろう。女でないから、猿だけを称したのである。

その、族人の遊行するものが、すべて族長すなわち、氏の神主の資格（こともちの信仰から）を持ち得たために、猿丸太夫の名が広く、行われたものと考えてよい。その諷誦宣布した詞章が行われ、時代々々の改作を経て、短歌の形に定まったのは、奈良・平安の間のことであったろう。そうしてその詞章の作者を抽き出して、一人の猿丸太夫と定めたのであろう。柿ノ本ノ人麻呂なども、そうした方面から作物およびひとまろの名を見ねばならぬところがあるように思う。

とにかく、伝統古い猿女の男が、最も新しい短歌の遊行伶人となったことを仮説してみるのは、意義がありそうである。鎮魂祭の真言なる短章（ふり）が、あるいは、こうした方面から、短詩形の普及を早めたことを思い浮かべさせる。

語部の職掌は、一方こういう分科もあった。語部が鎮魂の「歌ノ本」を語ることが見え、また「事ノ本」を告るなどいうことも見えている。うたやことわざ・神事の本縁なる叙事詩を物語ったようすが思われる。

大祓詞のうち、天つ祝詞が秘伝になって離れているのもそれで、元はまず、天つ祝詞を唱えて演技をなし、その後、物語に近い曲節で、大祓の本文を読み、また天つ祝詞に入るというふうになっていたからで、この祓詞には、天つ祝詞が数か所で唱えられたらしい。それが、前後に宣命風の文句をつけて、宮廷祝詞の形を整えたので、後の陰陽師などの唱えた中臣祓は、この祝詞を長くも短くも誦するようだ。しかし、天つ祝詞は伝授せなかったのである。護詞の中のことわざに近い詞章の本義を忘れて、祝詞の中の真言と感じたのだ。地上の祓えの護詞と、真言なる章句とを区別したのである。

呪詞に絡んだ伝来の信仰から、この祓詞を唱える陰陽師・唱門師の輩は、みな、中臣の資格を持つことになったらしい。後にこれらの大部分と修験の一部に、中臣を避けて、藤原を名のっていたものが多い。これは自ら称したと言うより、世間からそう呼んだのが始まりであろう。呪詞を諷誦する人は、元の発想者、あるいはその伝統者と同一人となるという論理が、敷衍せられて残ったのである。

宮廷の語部は女を本態としているが、他の氏々・国々では、男を語部としているのも多かった。宮廷でも、物部・葛城・大伴等の族長が、語部類似のことを行うことがしばしばあった。

二　祝言団の歴史

語部の能力が、古詞を伝承するとともに、現状や未来をも、透視する方面が考えられて来たらしい。すなわち、語部とその詞章の原発想者との間に、ある区別を考えないために語部の物語る間に、そうした能力が発揮せられて（神がかりの原形）新しい物語をさらに語り出すものとした。顕宗紀に見えた近江の置目などが、これである。

父皇子の墓を告げて以来、大和にいて、神意を物語って、おきつべきことを教えたのであろう。おきめはおき女である。あらかじめ定めおきつるのが、おくの原義である。日置部のおきなども、近い将来の天象、ことに気節交替についてのおきをなし得たからである。後に残すおく、残されたおくるも、この展開である。

こうして、呪言・叙事詩系統の詞章の、伝来の正しさを重んずることのほかに、その語り人の神格化を信じて、新しい詞章を請うようにもなったのだ。これがまた、宣命・よごと・のりと・いはひごとなどの新作を、神聖を犯すものとせず、障りなく発達させる内的の第一の動機となった。

語部は、神がかりすると言うより、むしろ、神自身になって、古詞章を伝えるうちに、だんだん新聖曲を語り出すようにもなった。この点にも、呪言と叙事詩との岐れ目がある。呪言では、新詞章の出来たのは、叙事詩よりも遅れている。これには、宣命の新作が、大きな動力になった。だが、その以前から、発生的に叙事詩と通用して、ほとんど同体異貌のものであったから、変わり始めてはいたことであろう。

語部の新詞章の語り始められたのは、おそらく、長い飛鳥の都以前からもあったであろう。なお一面、壬生部の叙事詩がこれと絡みおうて、名代部・子代部の新叙事詩を興したことも考えねばならぬ。それは、古い叙事詩を自然に改作し、しかも新しい感触を含んだ物語や、歌を数多く入れた身につまされるようなのが出てきた。この名代部・子代部の伝承をある点まで集成したらしいのが、既述の海語部である。
それは宮廷の語部としての、男性本位の団体で、芸術的意味をも含んで、採用せられたものらしい。彼らは民間より出て宮廷に入ったが、大部分はなお、民間を遊行していた。そうして生活の間に演奏種目を交換し、数を殖していった。都鄙・異族の叙事詩はこうして融通伝播したのである。

彼らは海村の神人として、農村のために水を給する神に扮し、呪詞・物語・神わざを演出する資格があった。こうして、ほかひして廻わった結果、ほかひびとの階級を形づくった。海語部のほかにも、社々・国々の神人の、布教・祝福の旅を続けたらしい者も、挙げることは出来るが、団体運動の歴史や伝承系統の明らかなのは、この種族である。安曇と言い、天・尼・海を冠し、あるいは海部という地名の多いのが、現実の証拠である。漁り・潜きの地を尋ねて、住いを移すとともに、こうしたほかひをして廻わったのであった。これにも男女の生業の違いが認められた。これが山の神人としての山人の信仰が現れるまで、また、その以後も、海の神人として尊まれ、畏れられ、忌まれもした水上・海道の巡遊巫祝の成立であった。

ほかひ・語り・芸能・占いを兼ねた海の神人たる旅行団が、山神信仰時代に入ると、転じて、山人になったのも多い。信州の安曇氏はもとより、大和の穴師神人などがそれだ。伊予の大三島の神人のごときは、海の神人の姿を保ちながら、山の神人の姿に変わって行ったもので、伊豆の三島神人は、それがさらに山人化したものである。叙事詩化した呪詞を伝承して、祝福以外に、一方面を拓いたのが、語部の物語であった。だから、多少芸術化した叙事詩は、音楽的にも、聴く者の内界へ、おのずからなる影響を与えた。その上に、これにはさらに、鎮魂の威力をも考えねばならぬ。それは臣下からは、教育の出来ぬ宮廷・豪家の子弟の魂に、語部の物語の詞章が触れて、薫化するものと考えられていたことである。語部はこの意味において、家庭教師らしい職分を分化してきた。平安の宮廷・豪家で、女房たちが、子女の教師であり、顧問でもあった遠い源は、ここにある。だから、女房たちの手になった平安の物語類は、読み聴かせる用途から出たのであった。そして、黙読するものになり、説明から鑑賞に移って、文学化を遂げた。そのほかになお一つ、語部職の分化する大きな理由があった。それはつぎの伝承である。

三　系図と名代部と

つぎはよつぎという形になって、後代まで残ったものである。意義は転じたが、それでも、原義は失いきらなかった。継承次第を主として、それに説明を添えて進むといった、書き入れ系図の、自由な姿の口頭伝承である。

平安中期以後のよつぎは、記録せられた歴史をも言うが、その前は、記載の有無にかかわらず、よつぎと言い、さらに古くは、語根のままつぎと言うたのである。これを記録し始めた時代からある期間は、つぎぶみ（纂記・譜第）と称えていた。宮廷のつぎは日を修飾にして、ひつぎと言う。日のみ子あるいは日神の系図の義で、口だてによって諷誦せられたものである。おそらく、主上あるいは村君として持たねばならぬ威力の源なる外来魂を継承する信仰から出たものであろう。つぎに加えることをつぎつ（下二段活用）と言う。

きわめて古い時代には、主上あるいは村君は、不滅の人格と考えられている。だから、個々の人格の死滅は問題としない。勢い、つぎ・ひつぎの観念も発達していなかったと見える。信仰の変化から神格と人格との区別が考えられるようになって、初めてつぎが現れたのである。

奈良朝以前のつぎは、生のためでなく、死のためのものであった。つぎにつぎてられるのは、死が明らかに認められた後であり、生死の別が定まるまでは、鎮魂式を行い、氏々・官司奉仕の本縁を唱えて、寿詞を奏する。これを、日本紀などには、後世風の誄と解して書いているが、古代はしぬびごと自体が、哀悼の詞章ではなかった。外来魂がついに還らぬものと定まると、この世の実在でないという自覚を、死者に起こさせようとかかる。死者の内在魂に対して、唱え聴かす詞章がなくてはならぬ。これがつぎであった。

このつぎと、氏々・官司の本事(略してこととも言う)とを混淆して、一列にしぬびごとと称せられ、また、宣命の形式のままで、漢文風の発想を国語でするしぬびごとも出来かけた。すなわち、つぎは鎮め葬った上、陵墓の前で諷誦すべきものである。しかも、それが夙くから紊れていたようである。名をつぎてられずに消えてゆくことは、死者の魂に、不満と不安とを感じさせるものと考えられ、内在魂を完全に退散させる方便としてのつぎの意義も出てきた。

主上・村君等のつぎが、次第に、氏族の高級巫女なる后妃・妻妾・姉妹・女児を列し、宮廷で言えば、ひつぎのみこさらに継承資格を認められていた兄弟中の数人を加えるようになった。そうしてさらに進んで、多くの皇子女を網羅するようになって行ったのだと言うことが出来る。主上・村君以外は、傍流をつぎてなかった時代には、そのほかの威力優れた人のためには、つぎこそなけれ、一つの方法が立てられていた。威力あって、つぎに入らなかった人の死後、その執念を散ずる方便には、新しい村が立てられた。在来の村に新しい名をつけることもあり、まったく新しく村を構えさせることもあった。その村々には、かならず、死者の名、あるいは住み所などの称えの、その人を思い出しやすい数音を被せて名とした。これが、名代部、または子代部の発生である。

後には、つぎに入った人にさえ、名代の村を作るようにもなった。そうなると、子のない人々もまた、歿後の名を案じて、生前自ら名代部を組織する（一）。愛寵する人（子のない）のために、死後はもとより、生前にも名代を与えるようになる（二）。（一）（二）の二つは子代部とも称せられた。

こうして見ると、名代部には荘園の淵源が伺われるのみならず、古くすでに、そうした目的さえ現れていたことがわかる。すなわち、村を与えるほかに、職業団体としての部曲、珍しい才技・豊かな生産、村々・氏々から羨まれている職業団体、あるいは分布区域の広い部曲などを授けることがある。こうして、名代制度の中に、経済観念が深まって行った。

名代部は、国・村の君の上につぎのあるように、新しく出来た村なり、団体なりに、その人から始まった新しいつぎを語り伝えさせるのが目的であった。軽部は木梨ノ軽ノ太子のために、葛城部は磐ノ媛皇后のために、建部は倭建命のために、春日部は春日皇后のために立てられた名代・子代であった。みな、美しく、苦しき、猛く、弛さぬ、あわれな物語を伝承していた。

子のないために作ったのが、名代の原義ではなかった。だから、その人に子孫のある時は、その地を私用して、一種の村君の生活をした。

つぎの第一義的効果は、死霊退散にあったのだから、後ようやく、つぎ自身呪文のような威力を持ってきた。すなわち、君主・族長の人格的現実観が、その神格に対する畏敬をのり超えてしまうようになると、その信仰威力を戻すために、実証手段として、つぎの諷誦が行われる。最も正しい伝統によって神格を享けている人ゆえ、その稜威は精霊・魂魄の上に抑圧の威力を発揮する。こうした畏怖を相手方に起こさせるものと信じた。それがさらに、つぎを唱えるだけで、呪力が発動するものとの信仰を生んだ。

戦争も求婚も、元は一つ方法を採った。魂の征服が遂げられれば、女も従い、敵も降伏する。名のりがその方式である。呪言を唱えかけて争うたのが、だんだん固定して、家と名とを宣るようになった。そうして、相手の発言を求める形になった。つぎを諷誦して、家系をあかした古代の風習が、単純化してしもうたのであろう。

名代部の最初の主のつぎには、その人の生まれたさまから、嫁とり、戦い、そうして死に到るありさままで、いろいろのことを型通りに伝えてゆくであろう。それが、ある部分だけ特殊の事情で、ぬけて発達して、何部・何氏・何村の、物語・歌として、もてはやされるものが出来る。それらの歌は、いずれも鎮魂に関係あるものゆえ、内外のほかひびとに手びろく利用され、撒布せられた。

甘樫の丘のことのまかとの崎で、氏姓の正偽を糺した事実(允恭紀)は、つぎに神秘の呪言的威力を考えていたからである。その諷誦によって、偽り枉げている者には、錯誤のある呪言の神が、曲がった呪われた結果を示すものと信じていたのだ。この時の神判は、正統を主張する氏々の人を組み合わせて、かけあひさせたものなのだろう。誤ったり、偽ったりして呪言を唱える者を顕して、すぐに直日ノ神の手に移すのが、まがつみの神元来の職分であって、誓約の場合に、呪言の当否を判つのであった。さらに転じては、誓詞と内心との一致・不一致を見別けるようになって他のただしの神格を分化した。

ことあげの中にも、前者の系統・種姓を言う部分がある。神・精霊等を帰伏させるのに、前者の呪言なるつぎを自由にするという意味もあったのであろう。

つぎもまた、君主・族長の唱える為事だった。それを神人に伝達たせたところから、語部の職分となったのであろう。

神聖なつぎの中にも、神授の尊いものと、人の世の附加とが、おのずから区別せられていた。宮廷のひつぎで言えば、神代の正系の神は、ことに糺されている。紀に一書を列ねた理由である。記の綏靖帝以降開化帝までの叙述と、下巻の末のとは、おなじく簡単でありながら、取り扱いが違うている。

一　海語部芸術の風化

最も新しく宮廷に入った海語部の物語は、諸氏・諸国の物語をとり容れて、これを集成した。

それは種類も多様で、安曇や海部に関係のない詞章も多かったことは明らかである。この語部の物語は、在来の物に比べると、曲節も、内容も、副演出もはるかに進歩していて、芸術意識も出てきていたらしく思われる。朝妻ノ手人龍麻呂が雑戸を免ぜられて、天語ノ連の姓を賜わった(続紀養老三年)のは、その芸を採用するためであって、部曲制度の厳重な時代ではあったが、官命で転職させて、相応した姓を与えたのである。

海部の民は、この列島国に渡来して以来、幾代とも知れぬ移居流離の生活の後、ある者はやっと定住した。そうした流民団は、海部伝来の信仰を宣伝することを本位とする者が出来てきた。海人部の上流子弟で、神祇官に召された者が、海部駈使丁であり、それが卜部にもなったことは、すでに述べた。そうして、護詞をほかひすることほぎの演技と、発想上の習慣とを強調して、当代の嗜好(しこう)を迎えて行った。

卜部のする護詞(いはひごと)は、平安期では祭文(さいもん)と言い、その表出のすべてをことほぎと称(とな)え替えた。そして、寺々の守護神・羅刹(らせつ)神の来臨する日の祭文は、後期王朝末から現れた。

陰陽道(おんみょうどう)の日本への渡来は古いことで、支那の方士(ほうし)よりも、むしろ、仏家(ぶつけ)の行法を藉(か)りている部分が多い。宮廷の陰陽道は漢風に近くても、民間のものは、それよりも古くはいってきて、国民信仰の中に沁(し)みついていた。だから、神学的（？）にも、あるいは方式の上にも、仏家およびその系統に近づいた呪禁師(じゅごんし)の影響が沁みこんでいる。貴僧で同時に、陰陽・呪禁に達した者もあった。第一、仏・道二教の境界は、奈良の盛時にすら明らかでなかったのである。

斎部(いんべ)の護詞(いはひごと)に替わった「卜部祭文」は、儒家の祭文とは別系統であって、仏家の祭文をなぞった痕(あと)が明らかである。しこうして、謹厳なるべき寺々の学曹の手になる仏前の祭文にまで影響して行った。はじめは仏家の名目を学びながら、後には――名も実も――かえって寺固有の祭文様式を変化させた。祭文の名は、陰陽寮と神祇官とに行われた名である。

寺々の奴隷、あるいはその階級から昇った候人(こうにん)流の法師あるいは、下級の大衆なども、寺のためのことほぎを行うのに、宮廷の卜部に近い方式をとった。これは寺奴(てらやっこ)の中には、多くの亡命神人(じんにん)を含んでいたからである。そうでなくとも、家長のためによごと・いはひ詞をもうす古来の風を寺にも移して、地主神・羅刹神に扮した異風行列で、寺の中に練り込んだのである。

室町のころになると、芸奴と言うべき曲舞・田楽・猿楽の徒は、たいてい、寺と社と両方を主と仰ぎ、あるいは数か寺・両三社に仕えて、ことほぎを寺にも社にも行うた。さらに在家の名流の保護者の家々にも行うようになった。平安末百年には、こうしたものが完全に演芸化し、職業化して行った。

その初めに出来たのは、多く法師陰陽師の姿になってしもうた唱門師（寺の賤奴の声聞身の宛て字）の徒を中心とした千秋万歳であった。そのことほぎを軽く見て、演芸を重く見た方の者を曲舞と言う。寺の雅楽を、ことほぎの身ぶり・神楽のふりごとに交えて砕いたもので、正舞に対する曲舞の訓読である。

男の曲舞では、室町に興った「幸若舞」なる一流が最も栄えた。これも、叡山の寺奴の喝食の徒の出であるらしい。だから千秋万歳同様の演技を棄てなかった。江戸になって、幸若には、昔から舞はなかったと称して、歌舞妓に傾いた女舞から、自ら遮断しようとした。

女舞は、女曲舞とも、女幸若とも言うた。江戸の吉原町に隔離せられて住み、後には舞および幸若詞曲に伴う劇的舞踊を棄てて、太夫と称する遊女になった。江戸の女歌舞妓の初めの人々がこれである。地方の社・寺に仕えていた者は、男を神事舞太夫、女を曲舞太夫、あるいは舞々と称して、男は神人、女房は歌舞妓狂言を専門としたのが多い。

これは、唱門師が、陰陽師となるか、修験となるかのほかは、神人の形を採らねばならなくなったためである。桃井幸若丸を元祖と称する新曲舞も、前述の通り、やはり千秋万歳の一流であったのだ。

猿楽師になると、社寺いずれを本主とするかわからないほどだ。が、社奴の色彩の濃いもので、神楽の定型を芸の基礎としている。しかも、雅楽を伝承した楽戸の末でもあった。それが、時勢に伴うて、雅楽を棄てて、雑楽・曲舞を演じたのだ。何にしても「曲舞」の寺出自なるに対して、多くは社および神宮寺を仰いだ一流であるようである。

その先輩の田楽は、明らかに、呪師の後で、呪師の占いに絡んだ奇術や、演芸に、外来の散楽を採り込んで、神社以前から伝わった民間の舞踊・演芸・道具・様式を多く採り込んでいる。これは、おそらく、法師・陰陽師の別派で、元は神奴であったものであろう。そうして演芸期間も、他のものの正月・歳暮なのに対して、五月田植えの際に――あるいは正月農事始めにも――行うた「田舞」の後である。この「田舞」は、散楽と演芸種目も似ているところから、だんだん近よって行ったと見る方がよい。やはり、田畠のことほぎで、仮装行列を条件としている。曲舞の叙事詩を、伝来の狂言の側から採り込んで、猿楽の前型となったわけである。

このほか、種々の芸人みな、寺奴・社奴出自でないものはない。その芸人としての表芸には王朝末から鎌倉へかけても、まだことほぎを立てていた。すなわち、唱門師の陰陽師配下についたわけである。これらがことごとく卜部系統の者、海語部の後とは言われないが、戸籍整理や、賦役・課税を避けたりして、寺奴となったほかひびとの系統を襲ぐものとだけは言われる。

そしてまた、ほかひびとには、卜部となった者もあり、ならない者もあったろうし、生活様式を学んだために、同じ系統と看做された者もあろうが、海部や、山の神人(山人・山姥など、鬼神化して考えられた)の多かったことは事実である。

ほかひ人の一方の大きな部分は、その呪法と演芸とで、諸国に乞食の旅をする時、頭に戴いた霊笥に神霊を容れて歩いたらしい。その霊笥は、ほかひ(行器)――外居・ほかゐなど書くのは、平安中期からの誤り――と言われて、一般の人の旅行具となるほど、彼らは流民生活を続けていた。手に提げ、担ぎ、あるいはそれに腰うちかけて、祝福するのがほかひびとの表芸であった。

二　くぐつの民

莎草で編んだ嚢を持ったからの名だというくぐつの民は、実は平安朝の学者の物好きな合理観から、今におき、大陸・半島あるいは欧洲にわたる流民と一つ種族のように見られている。が、私は、このほかひびとの中に、たくさんのくぐつも交っていることと思う。くぐつの名に、宛て字せられる傀儡子の生活と、どこまでも不思議に合うている。彼らは人形を呪言の受けてすなわち、わきとしたらしい。志賀ノ島の海部の祭りに出る者はもとより、海部の本主となった八幡神のわき神も、常に偶人である。

室町になって、淡路・西ノ宮の間から、突然に「人形舞」が現れてきたように見える。が、その長い間を、海部の子孫の流民の芸能の間に潜んできたものと見るべきである。人形は精霊の代表者であり、あるいは穢悪の負担者であるから、これを平気に弄ぶまでには、長い時日を要したわけである。

宮廷の神楽は、八幡系統のものであるが、人形だけは採用しなかった。人間の才の男があったからである。だが、社々では、人形か仮面かを使うたところが多い。ついに人形が主神と考えられるようにもなった。

人形が才の男、すなわち、反抗方に廻わるのだから、くぐつ本流の演芸では、偶人劇と歌謡とを主としたらしい。だから、舞踊に秀でたものもあったが、演劇の方面は伸びなかった。

ほかひびとは神人でもあり、芸人でもあり、呪禁師（毉）でもあった。時には呪詛もし、奪掠もした。けれども、後代の意味の乞食者の内容を備えてきたのは、平安朝になって後のことである。

聖武帝の朝、行基門徒に限って、托鉢生活を免してから、得度せないまでも、道心者の階級が認められて来た。それとともに、乞食行法で生計を立てるものは、寺の所属と認められ、ほかひびとすなわち、寺奴の唱門師となったのであろう。そうでない者は、村に定住して農耕の傍、ほかひをするようになった。だから僧形ではなくて、社奴のような姿をとることになったのであろう。

後世、寺社奉行を設けなければならなかった一つの理由は、こうした治外法権式の階級が発達して、支配に苦しめられたこともあるのである。このように、形式上、寺家の所有となっただけだから、法師・陰陽師の妻が巫女であったり、盲僧が歌占巫女を女房としたりしたのである。

くぐつとほかひびととの相違は、くぐつの海・川を主として、後に海道に住みついて宿をなした者も多いのに、ほかひびとは水辺生活について、何の伝説も持たない。早く唱門師になった者のほかは、山人または山姥と言われた山の神人として、山中に住んだのもあろう。また、くぐつに混じて、自らさえくぐつと信ずるようになった者もあろう。

ほかひびとは細かに糺して見ると、くぐつと同じものでないところが見える。海語部のほかに、他の国々、氏々の神人も多く混っていた。ただ、後に、僧形になって仏・道・神三信仰を併せた形になったものと、山に隠れ里を構えて、山伏し・修験となった一流と、くぐつに混淆したものとがあったことは言われる。

今は仮りに、ほかひびとを、海から天に字を換えたように海部から山人に変わった者と、安曇氏の管轄に属する海部以外の者と見ておく。私は、くぐつ・傀儡子同種説は、信ずることが出来ないでいる。くぐつの民は、海のほかひを続けて、後代までえびす神を持ち廻わったように、猿女などの後ではないかと思う。

三　社寺奴婢の芸術

この項に言うことは、わりに文学に縁遠い方面にわたらねばならぬ。宮廷の物語は平安に入ると、記録せられるものもあり、亡びるものは亡びることになったらしい。それが、先代の語部の意義において仕えていた女房の仮名文によって、歌物語の描写が、だんだん新作を導くようになった。中篇小説から長篇小説に進んで、源氏物語のような大家庭小説までも生んでいる。だが、短篇小説は、細かく言えば、別の径路を通っている。真言からうた・ことわざが出来た。だから、うたは必須知識として、ことわざ同様の呪力もあるもの、あるいは氏・国の貴人として、知らねばならない旧事とせられていた。

その成立の事情は、説話として、口頭対話式をとったのも、奈良以前からすでにあったものと言うてよい。これが風土記などと別な意味で、国別に書き上げを命ぜられたこともあったらしい。東歌(あずまうた)・風俗(ふぞく)のようなものは、奈良以前からあったと考えてよい。だから、歌物語は逸話の形をとっていた。中篇は家によって書く形で、今考えられる形は、ある人物のある時期の間の事実を主としているものだ。源氏物語は、歌物語と中篇小説とを併せた形である。

宮廷の女房文学では、こうまで発達したが、地方の伝承では、飛鳥末からだんだん、宮廷伝承に習合せられ、または自身調子を合わせるようになって行った。家々の纂記(さんき)、後代の本系帳式のものや、国々の「語部物語」の説話化したのや、土地によって横に截断(せつだん)した物を蒐集(しゅうしゅう)したりして、風土記の一部は編纂(へんさん)せられた。

出雲風土記には、語部の伝誦(でんしょう)を忠実に書きとったらしい部分が多いが、播磨のになると、たいてい、説話化していたらしい書き方である。がなお、古い物語の口写しらしいところも見える。国は古くても、定住のわりに新しい里が多かったのであろう。いったい、風土記に歌を録することの少ないのは、奈良人の古伝承信用の形式にそむいている。常陸の分は、長歌めいたものは漢訳するつもりらしいが、短歌やことわざは、原形を尊重して記している。これは短歌が文学化し始めたころであり、枕詞・序歌・訓諭などが、短篇小説に近い物語・説話を伴うていたためであろう。常陸のは、まず文学意識の著しく出た地誌と言える。

概して言えば、諸国・諸土豪の物語は、中央の宮廷貴族の伝承より、早く亡びたものと見てよかろう。旧国造は、多く郡領に任ぜられて、神と遠のかねばならなかった。そうした国や氏々は幸福な方で、早く滅された国邑の君を神主と仰いだ神人たちは、擁護者と自家存在の意義とを失うてしもうたのである。これが、ほかひびととして流離した最初の人々であろう。神人は、大倭の顕つ神の宰たる国司等の下位になった神の奴隷として没収せられ、虐使せられる風があったようだから、どうしても亡命せねばいられなかった地方もあったであろう。

これらの民が、あるいは新地を遠国の山野に得て、村をなした例もある。これは奈良朝より古いことらしい。郷国では、神と神との「霊争ひ」に負けた神として、威力を失うても、他郷に出れば、新来の神として畏れ迎えられるのである。どうしても、団体亡命の事情が具っていたわけである。

国々の語部の物語も、現用のうたに絡んだものばかりになり、それさえ次第に頽れて行ったらしい。わりに長く、平安期までも保存せられたものは、その国々の君が宮廷に奉仕した旧事を物語って「国ぶりうた」の本を証し、寿詞同様の効果をあげることを期する物語である。そうした国々は、平安中期には固定していた。その事情は、いろいろに察せられるが、断案は下されない。古くは、数人の語部のうち、あるいは立ち舞い、あるいは詠じ、あるいはまた、その本縁なる旧事を奏するものなどがあったであろう。

後期王朝中期以後には、物語は大嘗祭にのみ奏せられた。「その音祝に似て、また歌声に渉る」と評したくらいだ。語部は、宮廷においてさえ、事実上、平安期にはすでに氓びて、猿女のごときも、だいたい、伝承を失うていた。まして、地方は甚しかったであろう。ただ、語部と祝師との職掌は、分化しているようでしていない有様であったから、祝師（正確に言えば、ほかひびと）には物語が伝わっていたのである。ほかひびとの国まわりの生計には、ことほぎのほかに、諷諭のことわざおよび感銘の深い歌が謡われ、地の叙事詩が語られるようになったと見られる。その演奏種目が殖えて行って、ほかひ・ことほぎよりも、くずれとも言うべき物語や狂言・人獣の物まね・奇術・ふりごとなどがもてはやされた。これらは、奈良以前からすでにあった証拠がだんだんある。

平安朝になると、いっそうはなはだしく、祝言職と言えば、右に挙げたすべての内容を用語例にしていたのである。平安朝末から鎌倉になると、諸種のほかひびと・くぐつはみな、たがいに特徴をとり込みおうて、いよいよ複雑になった。ちょっと見には、どれがある種の芸人の本色かわからなくなった。「新猿楽記」を見ると、この猿楽はおそらくみな、千秋万歳の徒の演芸種目らしく思われる。その中には、千秋万歳系統のほかひの芸はもちろん、神楽の才の男の態、呪師・田楽側の奇術や、器楽もあれば、狂言があり、散楽伝来の演劇がかかったものもあり、同じ筋の軽業の類もある。また、盲僧・瞽女の芸、性欲のことに穢い方面を誇張した「身ぶり芸」も行われたことが知れる。もっとも、まじめな曲舞なども交っていたに違いない。

これが、田遊び・踊躍念仏を除いた田楽の全内容にもなった。今、能楽という猿楽も、初めはやはり、これであったであろう。田楽が武家の愛護を受けてから、曲舞に近づいて行ったと同じく、猿楽も肝腎の狂言は客位に置くようになって、能芸すなわち神事舞踊に演劇要素を多くした。声楽方面には、曲舞・田楽・反閇などの及ばぬ境地を拓いた。取材は改まり、曲目も抜群に増加し、詞章はとりわけ当代の美を極めた。そして、室町将軍の擁護を受けるようになってからは、いよいよ、向上した。けれども、元は唱門師同様の祝言もする賤民の一種であって、将軍の恩顧を得たのも、容色を表とする芸奴であったからである。

幸若太夫が「日本記」と称する神代語りを主とするのは、反閇のいわれを説くためである。田楽法師の「中門口」を大事とするのは、神来臨して室寿をする形式である。猿楽に翁をおもんじ、黒尉の足を踏むのも、家および土地の祝言と反閇とである。

四　唱門師の運動

唱門師は、神事関係の者ばかりでなく、寺との因縁の深かった者も多かった。だが、大寺の声聞身なる奴隷が、唱門師（しょもじん）の字を宛てられるようになったのは、陰陽家の配下になったころからのことである。

彼らの多くは、寺の開山などに帰服した原住者の子孫であったから、祀る神を別に持っていて、本主の寺の宗旨に、かならずしも依らねばならないことはなかった。神奴でも同じで、祖先が主神に服従を誓うた関係を、長く継続せねばならぬと信じていただけで、社の神以外に、自身の神を信じていた例がだんだんある。

そうした「鬼の子孫」の「童子」のと言われる村、あるいは団体が、寺の内外にいた。それらほかひ人と童子とのほかに、今一つ声聞身出自の一流派に属する団体がある。それは修験者とも、山伏し・野ぶしとも言うた人々である。

修験道の起こりは藤原の都時代とあるが、はたして役ノ小角が開祖か、または正しく仏教に属すべきものか、それさえ知れないのである。役ノ行者の修行は、あるいはそのころ、流行の道教の仙術であったのかも知れない。当時には大伴仙・安曇仙・久米仙などの名が伝えられており、天平には禁令が出て、出家して山林に亡命することを止めたのである。その文言を見ると、仏教・道教に厳重な区劃は考えていなかったようであるが、万葉巻五の憶良の「令反惑情歌」は、その禁令の直訳なのにかかわらず、道教側の弊ばかり述べている。

それよりも半世紀も前のことである。山林に瞑想して、自覚を発した徒の信仰が、はたして仏教のものやら、道教の分派やら、判断出来なかったに違いない。続日本紀を見ても、平安朝の理会をもって、多少の記録に対したところで、もう伝来の説を信じるよりほかはなくなっていたろうことが察せられる。修験道の行儀・教義は、ある点まで、新しい仏教——天台・真言——の修法を主とする験方の法師らの影響を受けていそうである。だから、奈良以前の修験道を考えることは、平安時代附加の部分のとり除かれない間はおぼつかない。

山の神人すなわち、山人の信仰が、こうした一道を開く根になったのである。その懺悔の式もまた、懺法などの影響以前からある。山の神は人の秘密を聴きたがるとの信仰と、若者の享ける成年戒の山ごもりの苦行精神とが合体しているのである。

足柄の御坂畏み、くもりゆの我が底延へを、言出つるかも（万葉集巻十四）

また、

畏みと　告らずありしを。み越路の　たむけに立ちて、妹が名告りつ（万葉集巻十五）

恋しさに名を呼んだのではなく、「今までは、身分違いで、名をさえ呼ばずにいた。それに、越路へ越ゆる愛発山の峠の神のために、たむけの場所で、妹が名を告白した」というのである。

修験道の懺悔は、この意義から出て、仏家の名目と形式の一部を採ったのである。また、御嶽精進も、物忌みの禁欲生活で、若い人々の山籠りをして神人の資格を得る、山人信仰の形式から出たものと見る方が正しいのである。ただ、女の登山を極端に忌んだのは、山の巫女（山姥）さえ択び奨めた古代の信仰とは違うようだが、成年戒を享ける期間に、女に近づけぬ形の変化なのだ。

山人の後身なる修験者は、山人に仮装し馴れた卜部などの、低級にとどまった唱門師と同じ一つの根から出ていた。修験者の仮装して戒を授ける山神は、鬼とおなじものであった。それを引き放して、仏家式の天狗なる新しい霊物に考え改めた。だから天狗には、神と鬼との間の素質が考えられている。よく言う天狗の股を裂くという伝えも、身体授戒の記憶の枉って伝わっているものらしい。

役ノ小角が自覚したという教派は、まずこのくらいの旧信仰を土台にして、現れたものらしい。それに最初からも、後々にも陰陽道の作法・知識が交ったものらしい。

平安以後の修験道は、単に行力を得るために修行するだけで、信仰の対象は疾くに忘れられていた。

奈良朝以前の修験道と、平安のと、鎌倉以後の形式とでは、先達らの資格から違うている。平安期には、験方の加持修法を主とする派の験者以外に、旧来の者を優婆塞・山ぶしなどと言い別けた。そうして、両方ある点まで歩み寄っていた。鎌倉以後になると、寺の声聞身などが、優婆塞姿であり、旧来の行者同様、修験者の配下について、この方面に入る者も出来たことは考えられる。山伏しになった中には、陰陽師と修験者とを兼ねた、ことほぎ・禊ぎ・厄よけ・呪詛などを行う唱門師もあったことは疑いない。この方面に進んだものは、最も、自由にふるもうた。

この山ぶし・野ぶしという、平安朝中期から見える語には、後世の武士の語原がうかがわれるのである。「武士」は実は宛て字で、山・野という修飾語を省いたまでである。この者どもの仲間には、本領を失うたり、郷家をあぶれ出たりした人々も交ってきた。党を組んで、戦国の諸豪族を訪れ、行法と武力とをもって、庸兵となり、あるいは臣下となって住み込むこともあった。そして、山伏しの行力自負の濫行が、江戸の治世になっても続いた。諸侯の領内の治外法権地に拠り、百姓・町人を劫かすばかりか、領主の命をも聴かなかった。そのため、山伏し殺戮がしばしば行われている。

叡山を中心にした唱門師のほかに、高野山もまた、一つの本部となっていた。苅萱唱門などいう萱堂聖以外に、谷々に童子村が多かった。高野聖、後に海道の盗賊の名になったごまのはいなども、この山出の山伏し風の者であった。

今も栄えている地方の豪族の中には、山伏しから転じて陰陽師となり、その資格で神職となったのが多い。こういうふうに変化自在であった。山伏しの唱文を、陰陽師式に祭文と称えた理由も明らかである。陰陽師の禊祓の代わりに、懺悔の形式をとって、罪穢を去るのである。「山伏し祭文」は、江戸になって現れてくるが、事実もっと早くから行われたに違いない。先達代わって、罪穢を懺悔すれば、多くの人々の罪障・触穢・災禍が消滅すると考えるのである。身の罪業を告白するという形式が芸術化してきたのである。

室町時代の小説類に多い「さんげ物」はもちろんだが、江戸の謡い物の祭文は「山伏し祭文」から出て、ある人の罪業告白の自叙伝式のものになり、再転して「色さんげ」から、故人の恋愛生活などを言い立てることになった。錫杖と法螺とを伴奏楽器とした。唱文は家の鎮斎を主として、家を脅すもの、作物を荒すものなどを叱る詞章であった。そのくずれの祭文が、くどきめいたものであった。その傾向が、他の条件と結合した。

さんげ物語は山伏しの祭文以外にも、高野その他の念仏聖、あるいは熊野比丘尼などの自身の半生を物語るような形で唱えた身代りさんげ・菩提すすめの懺悔文から影響せられているようだ。むしろ、山伏しは祭文のおどけに富んだところへ、男女念仏衆のさんげ種を、とり込んだのであろう。そうして、もっと明るく、浮き立つようなものにしたのではないか。色祭文・歌祭文など、みなちょぼくれとなり、あほだら経となるだけの素地を見せていた。祭文には「さんげ念仏」と共通のさんげの語句があった。そうしたところから次第に念仏に歩みより、ついには、山伏しの手を離れて、祭文語りの側に移ったらしい。

歌比丘尼は、悪道苦患の掛軸を携えて、業報の贖い切れぬことを諭す絵解きを主としていた。それがだんだん変化して、石女の堕ちる血の池地獄のありさま、女の死霊の逆に宙を踏んで詣る妙宝山のさまなどをも謡うようになった。

それに対して、歌順礼は、主として成年戒得受以前に死んだ者の受ける悩みを、叙事詩や、短詩形の短歌で謡うた。これは熊野の歌占巫女から胚胎したのであろう。三十三所の順礼歌の最後が「谷汲」であり、さんげ念仏の小栗転生物語の小萩のいたのは青墓であった。熊野と美濃との関係は閑却出来ぬ。

あいの山ぶしは、和讃・今様から、絵解きに移り、さらに念仏化したものらしい。男性のたたきの一方の為事になってゆく。

このたたきというものは、思うに「節季候」が山の神人（山人）の後身を思わせるごとく、海の神人の退転したのではあるまいか。私は、くぐつの民の男性の、ほかひびとの仲間に入ったものの末の姿だと思うている。その以前の形は、あまの囀りのように、早口で物を言うて、大路小路を走る胸たたきであった。これに対する女性は、姥たたきと言われるものがあった。このほかにも、くぐつの遊女化せぬ時代の姿を、江戸の末ごろ近くまで留めていたのは、桂女である。あの堆く布を捲き上げた縵は、山縵ではなかった。

五　他界を語る熊野唱導および念仏芸

聖の徒は、僧家の唱導文を、あれこれ通用した。説経の座にも、成仏を奨める念仏の庭にも、融通しているうちに、だんだん分科が定まって行ったらしい。口よせの巫術は「本地語り」に響いた。これを扱うのは、多くは、盲僧や陰陽師・山伏しの妻の盲御前や、巫女の為事となった。熊野には、こうした巫術が発達した。初めに唱えられる説経用の詞章が、陰惨な色あいを帯びて来ないはずはない。

念仏踊りの源も、また大きな一筋をこの地に発した。念仏の両大派の開祖の種姓は伝説化しているが、高貴の出自を信じることは出来ない。やはり単に、寺奴なる「童子声聞身」の類であったらしい。念仏の唱文に、田楽の踴躍舞踊を合体させたものが、霊気退散の念仏踊りになったらしい。田楽が念仏踊りの基礎となり、田楽の目的なる害虫・邪気放逐を、霊気の上に移したばかりなのを見ても、念仏宗開基の動機は、あまりに尋常過ぎている。自然発生らしい信仰が、開祖の無智な階級の出なることを示しているのである。

熊野念仏は、寺奴声聞身から大宗派を興す動機になった。熊野田楽のふりと、熊野巫覡の霊感とが、聖階級の念仏衆の信仰・行儀に結びついたのだ。熊野巫女や熊野の琵琶弾きは、いつまでも、信者の多い東国・奥州へ出かけて、念仏式な「物語」を語った。義経記は、盲僧の手にかかって、一種の念仏式説経となり、瞽巫女や歌占巫女の霊感は、曾我物語を為あげて、まず関の東で、地盤を固めた。曾我物語は、熊野信仰の一分派と見られる箱根・伊豆山二所を根拠とする、瞽巫女の団体の口から、語りひろげられ、語りつがれたものらしいのである。

義経記および曾我物語は、これら盲巫覡の幻想の口頭に現れ始めた物語で、元は、定本のなかったものと見てよい。この二つの物語の主人公の、若くして冤屈の最期を遂げた霊気懺悔念仏の意味から出たもので、その物語られる詞は、義経や、曾我兄弟の自ら告げたものであるから、邪気・怨霊・執念の、それら若武家には及ばぬものを、ただちに退散させるものとの信仰もあったのであろう。

生霊・死霊の区別の明らかでない古代に、謡い物のとわず語りから得る実感は、語り手を曲中の人物と考える癖が伝わっていた。後には主人公自身でなく、その親近の人の、はじめて語った物であり、同時に目前に現れて物語っているという錯覚が起こった。すなわち、義経記では生き残った常陸房海尊、曾我物語では虎御前と考えたらしい。最初の語り手から受けついだ形が転じて、生き存えた人の目撃談、とりも直さず、その神に仕える巫覡が伝宣する姿に移して考えるようになったのだ。

室町時代に、京に上って来たという若狭の八百比丘尼なども、念仏比丘尼の上のそうした論理の投影した長寿信仰であったのであろう。そうしておもしろいのは、常陸房にも、八百比丘尼にも、一か所、懺悔の俤を残していることだ。比丘尼は人魚の肉を盗み喰うたこと、海尊は主従討ち死の時に居あわさなかったことを悔いている。不老不死の霊物を盗んで、永生せる説話は到る所にあるが、比丘尼の場合は、長寿の原因を言う必要がないのであった。これはさんげの形式に入れた証拠だ。「五十年忌歌念仏」には、お夏自身、亡夫の妹と、念仏比丘尼となって廻国するところで書き収めてある。念仏の一つの特徴である。また、西沢一風は姫路で、お夏のなれのはてという茶屋の婆を見たと書いている。お夏は実在したかどうかもわからぬもので、熊野聖の笠を歌うた小唄をとり込んだ「清寿さんげ」の念仏物語からの社会的幻想であろう。熊野比丘尼の一種に、清寿というものがあったらしい——白霊人書・水茎のあと——のだ。やはり歌念仏を語る女なるがゆえに、その詞章の上の、女主人公あるいは副主人公とも言える人物そのものと、信じられていたのだ。こうした論理の根拠を考えなかったため、お夏実在説が信じられたのである。念仏衆のさんげ唱導に属する世間信仰の、ひょっくり現れたのだと言うことが知れる。

念仏衆が長文のさんげ念仏を語ることは稀になった。同様に衰えて行ったものに、念仏の狂言がある。これをする地方は、まだままあるが。

沖縄では、日本の若衆歌舞妓をまねたものを、若衆（似せともとれる）念仏と言うた時代もあった（伊波普猷氏の話）。あの島へは、念仏聖が早くから渡っている。そうして、その持って行った芸道は、やや、長篇の歌、順礼系統の哀れな叙事詩、唱門師関係のことほぎの詞章、童子訓のような文句、その他いろいろ残っている。また、京太郎という人形芝居があった。柳田国男先生の考えで、念仏者の村は、浄土聖の行者の住みついたものと定まった。いずれにしても浄土の末流に、少なくともこの幾倍かの演芸種目を携えて、琉球まで来たものがあったのだ。江戸の初期を降らないころから、あるいはもっと早くに渡っていたであろうと考えられる。沖縄の伝説中に、内地の物語と暗合のあまりはなはだしいもののあるのは、浄土説経の諷誦から来たものだということが知れる。もっとも、袋中和尚その他相当な島渡りの浄土僧からも伝えられたろうということも考えられないでもない。

念仏聖の中にも、名は念仏を称しても、すでに田楽・猿楽のごとく、遊芸化した団体を組んだ者もいたのである。すなわち、ただの念仏のほかに、念仏興行を頼まれれば、出向いて盂蘭盆・鎮魂・鎮花その他の行儀を行う上に、演劇・偶人劇・舞踊・諷誦など雑多の演芸種目を演じる者もあったのである。室町には、こうした念仏職人の中には、山伏しにあったと同じく、敗残の土豪なども身を寄せていた。あるいは、山伏し同様、呪力(じゅりょく)・武力をもって、行く先々の村を荒らし、地を奪うて住みつくようになった芸奴出身の成り上り者もあったろう。

上州徳川の所領を失うたという江戸将軍の祖先徳阿弥(とくあみ)父子は、遊行派(ゆぎょうは)の念仏聖として、方々を流離した末、三河の山間松平に入って、そこで入り聟(むこ)となり、土地にありついて、家門繁昌(はんじょう)の地盤を築いた。このことなどは、念仏その他の興行に、檀那場(だんなば)を廻わっていた聖・山伏しの小団体の生活の、一つの型を髣髴(ほうふつ)させる歴史である。

すっぱ、また、らっぱといい、すりというのも、みなこうした浮浪団体または、特にその一人をさすのであった。新左衛門のそろりなども、この類だという説がある。口前(くちさき)うまく行人(ぎょうにん)をだます者、旅行器具に特徴のあったあぶれもの、あるいは文学・艶道の顧問(幇間(ほうかん)の前型)といった形で名家に出入りする者、あるいはおしこみ専門の流民団など、いろいろあるようでも、結局はたいてい、社寺の奴隷団体を基礎としたものであった。こういう仲間に、念仏聖の芸と、今一つ後の演劇の芽生えとなった伝承が、急に育ってきた。それは、荒事(あらごと)趣味である。室町末から、大坂へかけての間を、この流行期と見なしてよい。実は古代から、一時的には常に行われたことの、時世粧(じせいそう)として現れてきたのである。

祭りや法会(ほうえ)の日に、神人・童子あるいは官奴の神仏群行に模した仮装行列、すなわち、前わたり・練道などの扮装が、次第に激しく誇張せられてきた。踏歌節会のことほぎに出る卜部たちや、田楽師らの異装にも、まだ上の上が出てきたのだ。

田楽が盛んになってから、とりわけ突拍子もない風をするようになった。田楽師に関係の深い祇園会の、神人・官奴などの渡御の風流などになると、年々ほとんど止りが知れぬほどだった。祇園祭りや祇園ばやしなどが、国々に、ますます、盛んになってゆくにつれて、物見の人までが、我も我もと異風をして出かけた。ついに、日常の外出にさえ行われ出した。戦国の若い武士の趣味には叶うはずである。大きく、あらっぽくて、華美で、はいからで、性欲的でもあるというた、目につく服装ばかりに凝った。これには念仏聖などがことに流行を煽ったようである。呪師の目を眩す装いをついだ田楽師、その後を承けた念仏芸人である。

若い武家の無条件で娯めるのは、幸若舞であった。舞役者の若衆の外出の服装や姿態が、変生男子風の優美を標準とした男色の傾向を一変した。

以前、風流と言うた語に代わる語が、どこの武家の国から現れたものか、戦国ころから流行し出した。かぶくという語がそれである。この方言らしい語が、新しい、印象的な、壮快で、性的で、近代的である服装や、ふるまいを表すのに、自由な情調を盛り上げた。かぶく・かぶこう・かぶきなどいう変化のそなわったのも、固定したふりゅうよりは自在であった。

この語が現れてから、かぶきぶりはだんだん内容を拡げていった。そして、ほしいままにかぶきまくったのは、唱門師(しょもじん)およびその中に身を投じた武家たちであった。彼らは、かぶきぶりを発揮するために、盛んに外出をし、歩くにも六方(ろっぽう)法師の練りぶりをまね、後に江戸の丹前(たんぜん)ぶりを分化した六方で、道を濶歩(かっぽ)して口論・喧嘩のあくたいぶりや、立ちあいぶりに、理想的にかぶこうとした。名護屋山三郎(なごやさんざぶろう)の、友人と争うて死んだのも、こうしたかぶき趣味に殉(じゅん)じたのである。

幸若のように固定しない念仏の方は、演奏種目を幾らでも増すことができた。すなわち、かぶき男の動作を取り込んで、荒事ぶりを編み出し、念仏踊りおよび旧来の神事舞・小唄舞を男舞にしたてて、おどりだした。流行語のかぶきを繰り返して詠じたから、かぶきおどりの名が、ただちについた。あるいは、幸若の一派に「かぶき踊り」というものが、すでにあったのかも知れぬ。だが、よく見ると、念仏踊りであっただけに、名護屋山三郎の亡霊現れて、お国の踊りを見て、妄執(もうしゅう)をはらして去るというのは、やはり供養の形の念仏である。念仏踊りは、田楽の亜流であり、鎮花祭の踊りの末裔(まつえい)であるから、神社にも不都合はなかった。すなわち、田楽の異風なもので、腰鼓の代わりに、叩(たた)き鉦(がね)を使うだけが、目につく違いである。念仏踊りの出来た初めには、古い名の田楽を称していたものもあったろうと思う。また、後世まで、念仏でいて、田楽を称したのもあるくらいだ。

お国の「念仏踊り」は、旧来のもののほかに、小唄舞を多くとり込んで発達した。田楽との距離の大きい「念仏踊り」の一つに違いない。その上、よほど演芸化して、浮世じたてのものが多くなっていた。

六 説経と浄瑠璃と

念仏聖の多くは、放髪にして禿に断ったものである。剃ったものは、法師・陰陽師であった。だが、禿、すなわち、童髪にした「童子」ばかりであったわけではない。寺奴にも段階があって、寺主に候う者・剃髪を許された者・寺中に住める者・境外すなわち門前、あるいはかなり離れた地に置かれていた者などがある。その最下級の者が、童子村の住民であった。この階級の人々は、念仏宗の興立とともに、信仰の上にまで、宿因・業報だとばかり、あきらめさせられていた従来の教理から解放せられた。だから、高野はもちろん、叡山その他寺々の童子は、昔から信仰に束縛のなかった慣例から、浄土・一向・融通・時衆などに趣いた。

ところが、平安末の念仏流行の時勢は、公家・武家にも多くの信者を出したと同時に、寺にいて、寺の宗義を奉じながら、一方、新しく開基せられた念仏宗を信じた僧さえ出て来た。洛東安居院は、天台竹林院派の道場で著れていた。そこにいて、安居院法師と称せられた聖覚は、天台五派の一流の重位にいながら、法然上人の法弟となり、浄土宗の法統には、円光大師直門の重要な一人とせられている。この人は叡山流の説経伝統から見て大切な人だ。父は、やはり説経の中興と言われたほどの澄憲（同じく安居院の法印）であり、信西入道には孫である。澄憲はその兄弟中に四人まで、平家物語の作者だと言われる人を持っている。そうして桜の命乞いをした話や、鸚鵡返しの歌で名高い桜町中納言も、その兄弟の一人である。

私は、経を読み、また、説経する時に、琵琶を使うたのが平安朝の琵琶法師だと考えている。平家物語の弾かれたのが、琵琶の叙事詩脈の伴奏に使われた初めだとは思わない。それ以前に「経を弾いた」ことがあったと認められる。澄憲の説経には、歌論義・問答・頓作めいたところが讃えられたように思われる。平家物語もある点から見れば、説経である。その上、目前、平家のほろんだ様子が、いかにも唱導の題材である。私は源氏物語の作為の動機にも、かなりの分量の唱導意識がある、と考えているのである。

説経の材料は、すでに「三宝絵詞」があり、今昔物語があった。これらは、唱導の目的で集められた逸話集と見るべきところが多い。古くは霊異記、新しくは宝物集・撰集抄・沙石集などの逸話集は、やはり、こうした方面からも見ねばならぬ。こうした説経には、短篇と中篇とがあって、長篇はなかった。ところが、中篇あるいは短篇の形式でありながら、長篇式の内容を備えたもの——源氏・平家の両物語はしばらくおいて——が出来た。それは安居院（聖覚）作を伝える「神道集」である。神道という語は、仏家から出た用語例が、正確に初めらしい。日本の神に関した古伝承をとって、現世の苦患は、やがて当来の福因になる、という立場にあるもので、短篇ながら、みなある人生を思わせるような書き方のものが多い。巧みな作者とは言えぬが、深い憂いと慰めとに満ちた書き方である。これは、聖覚作とは言いにくいとしても、変改記録せられたのは、後小松院のころだろう。そうして、これが説経として、口に上っていたのは、もっと早かったろうと思われる。

説経はあるところまで、白拍子と一つ道を歩んで来た。その間に、早く芸化し、舞踊をとり入れた曲舞・白拍子・延年舞は、実は、みな、曲舞の分派である。白拍子・歌論義、それらから科白劇化した連事、そのさらに発達したのが宴曲である。説経は次第に、こうした声楽をとり込んで来た。

唱導を説経から仮りに区別をすれば、講式の一部分が独立して、その平易化した形をとるものが唱導であって、法会・供養の際に多く行われるようになっていたらしい。その法養の趣旨を述べるのが表白である。これも唱導と言うが、中心はここにない。ただ、表白は祭文化、宴曲化し、美辞や警句をつらねるので、会衆に喜ばれた。今日の法養の目的によく似た事実を、天・震・日の三国にわたって演説する。これが、読誦した経の衍義でもあり、その経の功徳にあずからせることにもなるのである。唱導の狭義の用例である。その上で形式的に、論義が行われ、口語で問答もする。

　室町以後の説経になると、題材がだんだん日本化し、国民情趣に叶いやすくなったとともに、演説種目が固定して、数が減って行った。講座の説経のみならず、祭会に利用せられて、仏神・社寺の本地や縁起を語ることに、讃歎の意義が出て来た。家々で行う時は、神寄せ・死霊の形にもなって来た。この意味の説経は、その物語の部分だけを言うのである。

　琵琶法師にも、平安末からは、言ほぎや祓えの職分がひらけて来た痕が見える。また、寺の講師の説経の物語の部分を流用して、民間に唱導詞章を伝え、また、平易な経や偽経を弾くようになった。説経の芸術化は、琵琶法師より始まる。そのため、後には寺の説経には伴奏を用いず、盲僧の説経には、唱門師としての立場から、祓除の祭文に当たる経本を誦した。平家も最初は、扇拍子で語ったという伝えは、寺方説経の琵琶と分離した痕を示すのだ。

　鎌倉・室町にわたって盛んであった澄憲の伝統安居院流よりも、三井寺の定円の伝統が後代、説経ぶしの権威となったのには、わけがある。

　澄憲流は早く叡山を離れて、浄土の宗教声楽となり、僧と聖とに伝わったが、肝腎の安居院は、早く呆びて、家元と見るべきものがなくなった。定円流は、その専門家としての盲僧の手で、寺よりも民間に散らばったらしい。浄土説経は絵ときや、念仏ぶしに近づいて行ったが、三井寺を源流とする盲僧は、寺からは自由であり、平家その他の物語や、詞曲として時好に合う義経記や、軍記などの現世物を持っていた。浄土派の陰惨な因果・流転の物語よりは、好まれるわけで、だんだん両種の台本をあわせて語るようになった。そのうち、神仏の本地転生を語る物を説経と言い、現世利益(りやく)物を浄瑠璃(じょうるり)と言うようになったらしいのである。説経・浄瑠璃は、また目あきの芸にもなって、扇や簓(ささら)を用いるようにもなった。

一方、盲僧の説経なる軍記類は、同じ陰陽配下の目あきの幸若舞などの影響から素(す)語りの傾向を発達させた。そして物語講釈や、素(す)読みが、いつか軍談のもとを作っていた。口語りの盛衰記や、かけあい話の平家や、猿楽の間語(あいだがた)りの修羅などが、橋渡しをしたらしい。盛衰記は幸若を経て、素語りを主とするようになり、太平記にも及んだ。これが、戦国失脚のかぶき者などに、馴れた幸若ぶしなどで語られて、辻講釈の始めとなったのである。

釜神の本縁を語り、子持ち山の由来・諏訪本縁を述べたりする説経の、すでに、南北朝にある（神道集）のは、平安末のものと違うて来たことを見せ、荒神(こうじん)供養や、産女守護・鎮魂避邪(ひじゃ)を目的とする盲僧の所為(しょい)であったことを見せるのか。

浄土派の説経の異色のあるのは、安居(あぐい)院流のだからであろう。浄土の念仏聖はこの説経を念仏化して、伝道して歩いたらしく思われる。たとえば、大和物語に出た蘆刈(あしか)りの件「釜神の事」のようなものである。それが、沖縄の島にさえ伝えられ、奥州地方にも拡がっている。

　だいたい、近松の改作・新作の義太夫浄瑠璃の出現は、説経と浄瑠璃との明らかな交迭(こうてつ)期を見せている。いったい、説経にも旧派のものと、新式のものとがあって、新式のものは、やがて、近松の出て来る暗示を見せているのであるが、そういう側がさらに「歌説経」に進んだのである。

　説経は平家を生み、平家は説経を発達させた。現に、北九州の盲僧、いわゆる師の房らの弾くものには、経があり、説経があり、くずれがあり、その説経には、重いものとくずれに属するものとがある。そして、幸若流の詞曲が重いものとなっている。盲僧の妻は瞽女(ごぜ)であるが、盲僧の説経や平家に対して、瞽女は浄瑠璃を語るのが、本来であったらしい。

　説経は本地(ほんじ)を説き、人間苦の試練を説いて、現世利益の方面は、閑却していた。それで、薬師如来の功徳を述べる、女の語り物の説経が出来た。女には、正式な説経は許されていなかったためもあろう、浄瑠璃と言うようになった。薬師如来は、浄瑠璃国主だから、幾種もの女説経を、浄瑠璃物語と称するようになった。

　それ以前、曾我物語は瞽女の語り物になっていた。「十二段草子」は、浄瑠璃として作られた最初のものだとは言われまい。この草子自身も、新しい改作の痕が見えていて、決して初稿の「十二段草子」とは言えなさそうである。その上「やす田物語」という浄瑠璃系統のものが、さらに古くあったと言われている。さすれば、因幡堂薬師の縁起だ。やはり、浄瑠璃の名が、瞽女の演芸種目から、盲僧の手にも移って行くことになったのである。薬師の功徳を説かなくても、浄瑠璃は現世式の語り物の名となった。

　こうしてだんだん、説経よりも浄瑠璃の方が、世間に喜ばれるようになった。浄瑠璃の方が気やすいから、三味線も早く採用することが出来た。門説経は扇拍子であっても、盲僧の語る説経は、琵琶を離すことが出来なかったのであろう。だんだん目あきの演芸人が出来た。説経も台本を改作し、楽器も三味線に替わるようになった。

　こうして、次第に、自然に現実味と描写態度とを加えて来たが、近松になって徐々に、そうしてしばらくしてから急激に変化し、飛躍して、その後の浄瑠璃は唱導的意義をいっさい失うようになってしもうた。でも、昔のなごりで、宮・寺の法会、追善供養などを当てこんだ作物の出たのは、説経本来の意義が、印象していたためである。唱導芸術らしい努力が、古い詞章の改作に骨折った時代にはなくて、かえって自由な態度で囚われずに書いた作物（心中ものの切りなど）に見えている。現世の苦悩を離れて行く輝かしさを書いたのは、世話物が讃仏乗の理想に叶いがたいという案じからであろう。だが、後になるほど、陰惨な場合も、わりに平気で書いている。この人の文学観が、変わって来たのである。

さて、説経には三つの主体があった。大寺の説経師・寺の奴隷階級の半俗僧、今一つは琵琶弾きの盲僧である。そして江戸の説経節へ直(す)ぐな筋を引くものは、最後のものであるが、これを最も広く撒布(さんぷ)して歩いたのは、童子聖(どうじひじり)の徒であって、隠れてはいるが、芸術的には大きな為事(しごと)をしている。あみいぼとしての努力を積んで、江戸の浄瑠璃の起こって来る地盤を築きあげていたわけである。

日本文学の一つの癖は、改作を重ねるということである。私は源氏物語さえも「紫の物語」と言った、巫女(みこ)などの唱導らしいものの、書き替えから始まったのだと考えている。「うつぼ」などは、鎌倉のものには相違ないが、でも全然偽作ではなく、改作をしながら、書きついで行ったものであろう。住吉物語も信ぜられていないが、源氏物語で見れば、ある点、今の住吉物語の筋通りである。さすれば、やはり改作と見るほかはない。落窪物語なども、改作によって平安朝の特色を失うたところもあり、文法も時代にあわなくなってしもうたらしく、偽作ではなくて、やはり書き継ぎ、書き加えたものである。こんな風で、説経もその正本(しょうほん)が出るまでには、幾度口頭の変改を重ねて来ているか知れないのである。

戯曲・舞踊詞曲の見渡し

一

歌舞妓芝居は、ただ今ですら、実はまだ、神事芸から離れきっていないのである。その発生はすでに述べたごとくで、久しく地表に現れなかったからとて、能楽よりも後の発生であり、能楽の変形だなどと考えてはならぬ。

江戸の歌舞妓の本筋は、まず幸若舞で、上方のものは念仏踊りを基礎として浮世物まねや、組み踊りを混えている。

豊臣時代ころから、画にも芝居にも、当世のはいからぶりをうつすことが行われて、芝居ではことに、美しい少人がはでな異風をして練り歩くといった、一種の舞台の上のあるきが喜ばれた。

名護屋山三郎は、浪人でかぶき者であった。その蒲生に仕えたのは、幸若舞などによって召されていたらしく、早歌をお国に伝授したらしい。早歌は、表白と千秋万歳の言い立てとから出て、幸若にも伝わっているのだ。上方の芝居は、出雲で芸道化したお国の念仏巫女踊りに、幸若の形や、身ぶりを加えたものである。上方では座頭の女太夫を、和尚と言うたらしく、江戸では太夫と呼んでいたという。

立役と称するものの元は、狂言方である。これに、大人なのと、少人なのとがある。お国の場合には、少人ではなく、これに当たるものは、名護屋山三郎であった。「若」の意義が拡がって来たのである。江戸の中村勘三郎もそれである。大人・少人の狂言方の出るのは王朝末にもあることで、若衆が狂言方に廻わったのが、江戸歌舞妓である。これが猿楽役であって、狂言方・わき方を兼ねているのだ。若が勤めたから、猿若と呼ばれたらしい。しかも、江戸の女太夫は、幸若の女舞であるから、念仏踊りは勘三郎が行うたらしい。

中村屋勘三の「早物語」という琵琶弾きの唄(北越月令)を見ると、これだけのことがわかる。勘三が武蔵足立郡で百姓もしていたこと。鳴り物の演芸に達していたこと。縁もない琵琶の唄に謡われているのは、中村屋と琵琶弾き盲僧との間に、何かの関係があったこととの三つの点である。そうすると、勘三もやはり、一種の唱門師で念仏踊りの組合(座)を総べていたことと、江戸芝居にも念仏踊りがはいっていたことが言える。さすれば、猿若狂言に使う安宅丸の幕の緋房というのは、実は、念仏聖の懸けた鉦鼓の名であり、本の名にまでなった「金の揮」は、単に念仏聖の持つぬさかけ棒であろうか。

二

女太夫禁止以後、狂言・脇方の若衆が、幸若風に、して方に廻わって、若衆歌舞妓が盛んになった。若衆の立役が主人役という感じを与えるまでの機会を作ったのであろう。

念仏踊りと、田楽系統の科白の少ない喜劇に飽いた世間は、そうした変成の男所作と新しい「女ぞめき」のふりを喜んだことであろう。これは、幸若の「曾我」などを、物まねにうつせば、出て来ることであって「傾城買い」あるいは「島原狂言」の元であり、さらにこれに、前述の前わたり・道行きぶりを加えて来たのである。

歌舞妓の木戸に、後々まで狂言づくしと書き出したのは、能狂言に模したものを幾つも行う意ではなかった。日本の古い演劇が、舞踊・演劇・奇術・歌謡、そうしたいろいろの物を含んでいた習慣から出た名で、歌舞妓踊りも、狂言も、小唄・やつし唄も、ありだけ見せるというつもりであった。猿楽・舞尽しと言えなかったため、同じように古くからある狂言という語を用いたのである。名は能狂言で、その固定した内容を利用したかも知れぬが、能狂言から思いついたとは言えないのである。農村に発達した、村々特有の筋と演出とを持った古例の出し物があったのだ。どこの村・どこの社寺の、どの座では、どれというふうに、二立て目に出す狂言はきまっていて、狂言もその一種であったのが、無数に殖えたのである。江戸の猿若で言えば、猿若狂言と定式狂言とがそれなのである。後の物は総称して狂言と言うが、内容は種々になるわけである。

その一つの能狂言が、対話を主として栄えたことを手本にして、改良せられて行った。これは、能や舞に対しては踊りである。狂言の平民態度に立っているのから見れば、これは武家情趣を持っている。ただし、役者自身歌舞妓者が多かったため、舞台上の刃傷や、見物との喧嘩などが多かった。

三

江戸の荒事は、金平浄瑠璃と同じ原因から出たろうが、おたがいに模倣したものとは言えない。団十郎の初代は、唐犬権兵衛の家にいたと言うから、やはり町奴の一人となる資格のあったかぶき者だったのである。

かぶきという語は、まただんだん、やっこという語に勢力を譲るようになった。旗本奴にも、歌舞妓衆と言われる徒党があって、六方に当たる丹前は、これらの奴ぶりから出た。その寛闊・だてなどと流行語を易えるに従うて、概念も移って行って、ついに「通」という「色好みの通り者」というところにおちついた。

かぶき者は半従半放の主従関係だったので、世が静まっても、そうした自由を欲する心の、武士の間にあったことが知れる。だから、渡り奉公のやっこの生活を羨んで、旗本奴などという名を甘受していたのだ。

吉原町・新吉原町に「俄狂言」の行われているのは、女太夫の隔離せられたところからで、女歌舞妓以来の風なのである。また、太夫の名も、舞太夫であるから称えた、歌舞妓の太夫であったからだ。その名称は、京阪へも遷った。

ばさら風というのは、主として女のかぶきぶりで、その今に残っているのは、男の六方に模して踏む「八文字」である。廓語の、家によって違うのも、元はそれぞれ座の組織であったため、村を中心とする座の相違から来る方言の相違と用語とにも、なるべくばさらを好んだ時代の風と俤とを残しているのである。

四

江戸発生の舞踊がすべて、をどりと言われているのは、その発生がみな、歌舞妓芝居にあって、幸若舞系統なることとは、絶対に否定せられていたからである。そのためにをどると舞ふとは、区別があるにもかかわらず、舞に属するものも、みな、をどりと称せられるようになった。

をどりは飛び上る動作で、まひは旋回運動である。まひの方は早く芸術的な内容を持つに到ったが、をどりの方は遅れていた。

神あそび・神楽なども、古く、をどるとくるふとの方に傾いていた。まひの動作のきわめて早いのがくるふである。舞踊の中に、物狂ひが多く主題となっているのは、のである。

このくるひを見せるためで、後世の理会から、狂人として乱舞する意をあわせ考えたのである。

正舞は「まひ」と称し、雑楽は何楽(なにがく)と言うた。猿楽・田楽は、雑楽の系統としての名である。がくという名に、社寺の奴隷の演ずる雑楽の感じがあったのだ。曲舞は社寺の正楽のやや、乱れたものだからの名で、これは詞曲にもわたっていう詞(ことば)とした。曲舞は曲舞以来、謡(うた)う方が勝っていたらしく、動きは甚しくないものとなって来たらしい。もとよりこれも社寺の大切な行事として、まひと言われたのである。

五

能はわざすなわち、物まねの義で、態の字を宛てていたのの略形である。しかもその音たいを忘れて、なうと言うに到ったほどに、目馴(な)れたのだ。「才(さい)ノ男(を)ノ能」などと書きつけたのを、伶人(れいじん)たちの習慣から、さいのをののを能と一つに考え、ついになうと言うに到ったのであろう。わざは神のふりごとであるが、精霊に当たる側のおこな身ぶりを言うことになって来た。それが鎌倉に入ると、まったく能となって、能(なう)芸(げい)などと言うようになった。芸は職人の演ずる「歌舞」としたのだ。能芸とは、物まね舞で、劇的舞踊ということになるのである。田楽・猿楽に通じて、能と言うのも、ものまね狂言を主とするものであったからで、すなわち、劇的舞踊の義である。

ことほぎは舞よりも、わざの方ではあるが、宮廷の踏歌や、社寺の曲舞に、反閇の徘徊ぶりが融合して、曲舞の一つとなった。千秋万歳も、だから舞である。その物語に進んだものなる幸若もまた舞である。

呪師の方では、舞とも、楽とも言わないで、主に「手」を言う。舞踊よりも、奇術に属するものであったのが、わざや狂言を含んで来、「手」を「舞い方」と解するようになったのであろう。田楽の前型なのである。

狂言はわざに伴う対話である。わざは、その古い形は、壬生念仏のようにもの言わぬものであるが、狂言を興がるようになってからは、わざをも籠めて狂言と言うようになり、能とはだんだん少しずつ隔たって行った。

神遊びに出た舞人は、宮廷の巫女であるが、神楽では、人長は官人で、才の男は元山人の役であったらしい。つまり神奴である。ことほぎに出るのも山人の積りだから、やはり神奴である。才芸の徒は雑戸で、その位置は良民より下るが、社寺の伶人はさらに下って、神人・童子であった。しかも、位置高い人の勤める役を、常に代わって奉仕するがゆえに、身は卑しながら、みな、祭会には、重い役目であった。身は賤しながら楽の保持者である。

六

所属する主家のない流民は、みな、社寺の奴隷に数えられた。この徒には、海の神人の後なるくぐつと、山人の流派から出たほかひびととが混り合っていた。それが海人がほかひびとになり、山人がくぐつになりして、たがいに相交ってしもうた。これらが唱門師の中心であった。舞の本流は、この仲間に伝えられたのである。

今一つ、山海のすみずみに流離して、山だち・くぐつなど言われた団体の女性は、山姥・傀儡女として、細かな区別はだんだんなくなったが、前者は舞に長け、後者は諷誦に長じていた。これらの流民の定住するに到るまで、久しく持ち歩いたうたとその叙事詩と呪言とは、幾代かのうちに幾度となく、あらゆる地方に、あらゆる文芸の芽生えを植えつけた。もっとも、これらの二つの形式をあわせ備えているものもあって、一概にそのいずれとはきめてしまうことは出来ない。しかし、それらの仲間には、常に多くの亡命良民と若干の貴種の人々とを交えていたのは事実である。

これらの団体を基礎として、徒党を組んだ流民が、王朝末・武家の初めから、戦国の末に到るまで、諸国をうかがい歩いた。そうして、土地あるいは勤王の主を得て、大名・小名あるいは家人・非御家人などの郷士としておちついた。

その位置を得なかった者や、戦国に職を失うた者は、あるいは町住みして、部下を家々に住み込ませる人入れ稼業となり、あるいはかぶき者として、自由を誇示して廻わった。しかし、いずれも、呪力あるいは芸道を一方に持っていた。こういう人々およびその余流を汲む者の間から、演劇が生まれ、戯曲が作られ、舞踊が案出せられ、小説が描かれ始めた。世を経ても、長く残ったのは、放蕩・豪華・暴虐・淫靡の痕跡であった。

ことに、著しく漸層的に深まって行ったのは、歌舞妓芝居におけるかぶき味であった。時代を経て、生活は変わっても、淫靡・残虐は、実生活以上に誇張せられて行った。他の古来の芸人階級は、それぞれ位置を高めて行っても、この俳優連衆ばかりは、江戸期が終わっても、いまだ細工・さんかの徒と等しい賤称と冷遇とを受けていた。これはかぶき者としての、戦国の遺民というので、厭われ隔離せられた風が変わって、風教を害うほど、誘惑力を蓄えて行ったためである。

また、都会に出なかった者は、呪力を利用して博徒となり、あるいは芸人として門芸を演じるようになった。

さらに若干の仲間を持った者になると、山伏しとして、山深い空閑を求めて、村を構え、修験法印あるいは陰陽師・神人として、免許を受けて、社寺を基とした村の本家となった。あるいは、山人古来行うている方法に習うて、里の季節々々の神事・仏会に、はるかな山路を下って、祝言・舞踊などを演じに出る芸人村となった。

我が国の声楽・舞踊・演劇のための文学は、みなこうした唱導の徒の間から生まれた。自ら生み出したものも、別の階級の作物を借りたものもあるが、広義の唱導の方便を出ないもの、育てられないものは、数えるほどしかないのである。

七

山人の寿詞・海部の鎮詞から、唱門師の舞曲・教化、かぶきの徒の演劇に到るまで、一貫しているものがある。それはいはひ詞の勢力である。われわれの国の文学はいはひ詞以前は、口を緘して語らざるしじまのありさまにはいる。これが猿楽その他の「癋の面」の由来である。それが一旦、開口すると、止めどなく人に逆らう饒舌の形が現れた。田楽などの「もどきの面」は、この印象を残したものである。そのもどきの姿こそ、我が日本文学の源であり、芸術のはじまりであった。

それ以前に、善神ののりとと、若干の物語とがあった。しかも、現存するのりと・ものがたりは、最初の姿を残しているものは、一つもない。それでも、これだけその発生点を追求することの出来たのは、日本文学の根柢に常に横たわって滅びない唱導精神の存するためであった。

ほかひを携え、くぐつを提げて、行き行きて、また、行き行く流民の群れが、鮮やかに目に浮かんで、消えようとせぬ。この間に、私は、この文章の綴めをつくる。

解説　折口信夫研究

長谷川政春

一　発生論への序章

折口信夫（一八八七―一九五三）は、その生涯にわたって日本文学の発生のテーマを繰り返し追究し、国文学研究史の上に、民俗学的国文学研究あるいは発生論的国文学研究といわれる、特徴的な研究方法とその分野を開拓した。「日本文学の発生」を表題とする論文は、本書に収めた四つ（「国文学の発生」と改題）をはじめ、続いて、

昭和七年四月、発表
〃八年十月、発表
〃十七年八月―十一月、連載四回発表
〃二十二年一月―四月、連載四回発表

の四つの、あわせて八稿を数えることになる。

この折口学の一翼を担う国文学研究、しかも、その心髄とも言うべき文学発生論の

始まりには、柳田国男の創始した日本民俗学（当時はまだ、この呼称はなかった）との邂逅（かいこう）が大きな意味を持っており、折口自身、『古代研究』の「追い書き」の中で、

私は先生の学問に触れて、初めは疑い、ようやくにして会得し、ついには、我が生くべき道に出たと感じた歓びを、今も忘れないでいる。この感謝は、私一己のものである。（角川文庫版『古代研究IV』「追い書き」）

と明らかにしている。この「我が生くべき道」とは、「新しい国学を興（お）こすこと」という〈新国学〉の道である。だから、折口が文学発生論を繰り返し追究した文学研究も、この〈新国学〉――日本人の生き方を在野の視座から発見する学問――の一側面であり、「新しい論理の開発」（発表誌の表題「開拓」。大正15・4。新編『折口信夫全集29』所収）の中で、

私は文学の目的を、人生における新しい論理の開発と言ふ点に据ゑてゐる。韻律文の本質問題について、この点に関心を欠いた従来の文学論の価値を疑うて居る。

とすら言い切っている。しかし、折口の学問領域は、柳田の学問領域と多くの面で重

なりつつも、はみ出してしまっている。それは、芸能史研究と文学史研究の分野である。後者の場合は、早く歌のわかれを自らに強いた柳田と、生涯、短歌・詩・小説などの実作者であることをやめなかった折口との生き方の違いがその理由を端的に表わし、主体的に物語っている。

さらに、今ひとつ、発生論に大きな影響を及ぼしたものに、大正十年と十二年の夏の沖縄採訪旅行がある。「知識と経験との融合を促す、実感」(「追い書き」)を重視し、「資料と実感と推論とが、交錯して生まれて来る、論理をたどること」(「同」)を方法とする折口学にとっては、沖縄旅行が、万葉びとまたはそれ以前の生活を今にみせるものと実感された(「古代生活の研究」大正14・4。角川文庫版『古代研究I』所収)以上、その文学発生論の内容を決定するほどの影響を与えたことは当然である。後年、折口は、「琉球の宗教」を書いたことが発生論のためにある導きになった、と語っている(池田弥三郎『まれびとの座』昭和36・6刊行、一二〇ページ)。

「琉球の宗教」(大正12・5。角川文庫版『古代研究I』所収)は、第一回目の沖縄旅行の後に執筆されたもので、琉球神道には「組織立った巫女教」が特徴的であり、「一族の神を祀るは、女の役目」で、それは「母から娘へというふうに、神人を襲ぐようであ」って、「神人は祭時において、神と同格である」ことから、神と神を祀るものの関係を明らかにしている。神の発したことば(呪言)に日本文学の発生をみる折口の信仰起原説は、まさに沖縄旅行において実感されたもの、と言っても言い過ぎではないだろう。

今、必要と思われる年譜的事項を列記すると、次の通りである。

大正二年一二月　投稿論文「三郷巷談」を柳田国男発刊の「郷土研究」に掲載。
〃四年六月九日　初めて柳田に会う。(池田弥三郎説)
〃五年一一月「異郷意識の進展」を「アララギ」に発表。
〃六年六月　小説「身毒丸」を「みづほ」に発表。
〃九年五月「妣が国へ・常世へ」を「國學院雑誌」に発表。
〃一〇年夏　第一回沖縄採訪旅行。帰途、壱岐に渡る。
〃一一年一・二・五月　小説「神の嫁」(未完)を「白鳥」に連載発表。
〃一二年五月「琉球の宗教」を『世界聖典全集』外纂に発表。
〃一二年夏　第二回沖縄採訪旅行。
〃一三年四月「日本文学の発生」(後の「国文学の発生(第一稿)」)を「日光」に発表。
〃一三年六月「呪言の展開―日本文学の発生その二―」(後の「国文学の発生(第二稿)」)を「日光」に発表。
〃一三年八月「巡遊伶人の生活―日本文学の発生その三―」(同前)を「日光」に発表。

〃　一三年一〇月「叙事詩の撒布（上）―日本文学の発生その四―」（同前）を「日光」に発表。

昭和二年一月「日本文学の唱導的発生」（後の「国文学の発生（第四稿）」を『日本文学講座』に発表。

〃　二年二月　同前（右の論文の続き）。

〃　二年一一月　同前（〃）。

〃　四年一月「常世及び『まれびと』」（後の「国文学の発生（第三稿）」）を「民族」に発表。

すべて文学発生論は、二度の沖縄採訪旅行後の執筆によるものばかりである。なお、最後の「第三稿」（以下、「国文学の発生」の四論文を略称する）と「第四稿」の、発表年月の入れ替わりについての事情は、後述する。

ところで、折口信夫は、柳田国男の学問――民俗学との出会いがなければ、また沖縄旅行を体験しなければ、日本文学の発生の論を書かなかったか、と言うと、必ずしもそうではなかったのではあるまいか。たしかに、その発生論の内容の色合いは、ちがうものになったかも知れないにしても、文学の発生を追究する契機は、もっと早くから折口のうちに内在していたのではあるまいか。つまり、折口信夫における文学発生論の始発は、「柳田」や「沖縄」の体験以前にある、と私は思う。そして、私は、そのことがまた折口信夫の国文学研究において重要であり、現在においても文学研究として鋭く存立しているのだ、とみている。それは、折口学が多岐にわたるけれども、〈言語〉という一点において集約され、〈言語〉を安易に素通りしない点にみているからである。

明治四十三年（一九一〇）に提出された卒業論文「言語情調論」（新編『折口信夫全集12』所収）は、まだ民俗学からの光を受けない時の折口信夫の言語論であるけれども、その中で、特徴的なことは、言語を、

言語内容｛差別的
包括的→仮絶対→曖昧→無意義→暗示的→象徴的

と捉え、「託宣は包括的で絶対性を有する」のであり、「託宣の言語は自然に象徴言語となつて居る」わけで、「呪文の類は大体に象徴言語の理想をあらはして居るものが多い」と論じて、「枕詞」に言及してゆく点である。後年、折口信夫は、言語の差別性よりも包括性の方面を強調し論究してゆくけれども、またその言語の包括性に本質をみる言語論こそ彼の文学発生論に深く関わるものであるけれども、とにかくも、託宣・呪文・枕詞を取り上げていることは注目してよい。また、

言語の本質から言語情調の起原を論ずれば、社会情調に到達せなければならぬ。

とも述べていて、後年の「地方に居て試みた民俗研究の方法」(昭和10・12。新編『折口信夫全集 19』所収)の論文で、

文学が、社会生活の論理を発掘する事を目ざすものであり、民間伝承は、民族性格の個的因由も解明する唯一のものとすれば、一国文学の研究は、其民俗学の目的とする所から出発しなければならない筈である。

と説くことに通底する点を認めざるを得ないのではないか。「本質」「起原」「社会(＝生活)」は、折口の文学発生論を構成する主要なエレメントである。すなわち、「言語情調論」のうちに、文学発生論へと本格化してゆく契機が十分にあったことを知るのである。

私の学問は、最初、言語に対する深い愛情から起こったものであるから、

と『古代研究』の「追い書き」に述懐しているのは、まさに事実であった。

さらに大正三年二月十六日を初回として、三月七日、二十一日の三回にわたり、大阪の文芸愛好家たちによる「文芸同攻会」の例会で、折口信夫は「暗面生活に於ける言語意識の進化（性慾篇）」と題して発表した。その論旨の大要は、水木直箭所蔵で、その著書『随筆折口信夫』（昭和48・12。角川書店刊）所収の「折口先生の珍文献」に転載されていることによって、伺い知ることができる。

性慾篇　人の生殖機能の偉大なる作用は寧ろ神秘的にして、之を神の能力に比し、神として崇拝する傾向の時代ありし事は、東西同一なりしなり。伊太利の或る醸酒神の祭事に男根の形したるものを用ゐ、我国大和の三輪の神事にも此の形したるものを用うる事、蓋し偶然にあらざるなり。こは其偉大なる能力を以て美き酒を醸さしめ給へと禱る意なるべし。

又人が日常用うる言語を溯て考ふるに、原始時代に於て、両性が其生殖作用を営む必要に迫りて発したるより起因せるものにして、之を転じて日常の語となり、親子間に於ても使用するに至りしなり。仮に其一例をいはんに、工合といへる語は「みとのまぐはひよき」を略したるものなりとの説、既に貞享頃の国学者によりて唱へられし如きなり。（後略）（ふりがなは解説者）

今から思えば、内容的には賛同しかねる点があるけれども、ただ折口信夫の学究の姿勢に注意するとき、明らかに言語に対してその起点を追究し、そこからの進展を捉えるという方法が認められ、まさに彼の文学発生論と同じモチーフである。始原志向は、折口が最初から抱いていたものであった、と言える。

ここで想起されることは、前年の四月に「言語学研究のため」と称して再上京した折口が國學院大学国文学会（大正四年十一月）で「暗面生活の言語内容の進化」を講演していることである。その内容は不明だが、当時の彼の関心事が奈辺にあったかを推測させられ、「性慾篇」ならぬ何篇であったろうか、と思いめぐらしたりするのである。

二　遊民意識の流れ――「語部」論

これも柳田国男の学問の影響を受ける以前のものと考えられるが、大正三年二月七日の前記の「文芸同攻会」の例会で、折口信夫は「語部の生活」と題して研究発表をしている。その内容がいかなるものであったか、今は知る術もない。

ただ、「語部」に対する問題意識の初発は、この時よりも前であって、折口自身、『古代研究』の「追い書き」の中で、國學院在学中に「律文学の文学史に最も、興味を持って」いて、重野安繹の語部についての講演を聞き、「我が古代社会の指導力としての詩のあったことを知って、心躍りを禁ずることが出来」ずにいた上に、金田一京助からユーカラの伝誦者の存在も聞いて、「日本の語部の輪廓の想定図だけは、作っていた」と解説している。折口の内部には、学生の頃から「語部」論のモチーフが胚胎していたのである。その後、折口は明治四十三年（一九一〇）七月に卒業して、大阪に帰る。

　先にみた大阪時代の「語部の生活」の口頭発表について、大正十一年九月の白鳥社主催の万葉集三十回講義（國學院大学）で、折口は語部についての論を口頭発表する。その内容については、横山重氏が「語部に就いて」（「思想」大正13・1）の「附記」で、

　この小論は折口信夫氏に負ふ所が多い。氏は日本の古代律文に美しい系統を与へてゐる。私はそれに従つて、その一部分の材料を蒐めて、私なりにまとめたのである。

と述べ、折口自身、「私の持っている考え方は、緻密に伝えられている」（「第一稿」七七ページ）と言っているので、その横山論文から拾いあげると、

○折口信夫氏は語部の物語はその源を神託に発してゐると言つてゐる。
○かうして大多数の語部はだん〳〵と零落して、武家時代になる頃までには、追々芸人の群にその身を落したものが多いらしい。後世発達した浄瑠璃系統の語物を世にひろめた者は、恐らくはこれ等の語部の子孫であつたらうと考へられる。
○このあまはせづかひは従来天馳使と当てゝ無理な解釈をしてゐたのであるが、折口氏は海丈部（あまはせつかひべ）のべの省略された形であらうと云つてゐる。

である。語部の物語が神託（神語）から発生したこと、語部の末裔（まつえい）たちのこと、海部駈使丁（あまはせつかい）の解釈のこと、の三点は、その後の研究で詳細に述べられていった「語部」論の骨子であり、一貫した考えであった。折口信夫は、「第一稿」の中で、語部の発生に触れている。

神憑（がか）りの時々語られた神語の、種族生活に印象の深いものを語り伝えているうちに、その伝誦の職が、巫覡の間に分化して来た。そうして世襲職として、奉仕にはようやく遠ざかり、詞句の諳誦（あんしょう）と曲節の熟練との上に、それが深くなって行ったものと思われる。（「第一稿」七七ページ）

この語部は、元来部曲（かきべ）のひとつであって、ほかひ人と言われる漂泊宗教者とは別種のものであったが、零落流離を余儀なくされた彼らおよび彼らの末裔たちは、おのずからほかひ人と交渉し融合していった。

豪族が土地から別れるようになるまでは、邑々の語部は、なお、存在の意味があったのである。神と家と土地との関係が、語部の叙事詩を語る目的であった。家に離れ、神に離れた語部の中には、土地にも別れねばならぬ時に出くわした者もあるようである。(「第一稿」八二ページ)

特定の「神と家と土地」とに関係づけられていた定着者の語部が非定着者の語部になっていった原因は、彼らの持ち伝えた叙事詩(物語)の内容が時代にそぐわなくなったという内的原因と、豪族が何らかの理由で土地を離れるなどによって保護者を失ったという外的原因をあげる。殊に、「文字や史書が出たために、語部が亡(ほろ)びたとは言えない」(「第一稿」八三ページ)と述べていることは注目される。折口学が、文献資料のみに偏してゆく文献学が、ついに光をあてることのできなかった分野を、切り落とすことなく拾いあげて、古代像を豊かに描き出せたのは、先のような正しい歴史認識があったからである。と言っても、彼が文献を軽視したのではない。

私どもはまず、古代文献から出発するであろう。（角川文庫版『古代研究Ⅰ』二二ページ）

とは、「古代生活の研究」（大正14・4）での発言である。事実、文献の読破は、若い頃に徹底的に行なっているのである。

それでは、さすらいの旅に出なければならなくなった語部が亡びることもなく、否、後代、日本文学の底流をなす文学の徒として活躍できたのは、どうしてであろうか。折口信夫は、「第二稿」の「叙事詩の撒布」の章で、次のように述べている。

信仰の替わり目に順応することの出来なかった地方では、だんだん「神々の死」がはじまって来た。そうした神々のむくろを護りながら、他郷に対しては、一つの新神があるという威力を利用して、本貫を脱け出す者が、後から後からと出た。（一一三ページ）

つまり漂泊の語部が他郷に来ると、それを迎える土地の人々（定着民）が威力ある新来の神をたずさえたものとして歓迎する、というのである。それは、土着の人々の内奥に、民俗の記憶としてのまれびと信仰があるからである。村落共同体の外から祝福しに訪れくる神――まれびと神への熱い思いが、流離する語部にそのまれびとの来訪を重ねて、彼ら無籍の徒を迎えたのである。
しかし、宗教心の弱まりは必然の結果であった。

家職としての存在の価値を認めない、よその邑・国を流浪してゆくとなると、神に対しての叙事詩という敬虔な念は失われて、興味を惹くことばかりを考える。神事としての堕落は、同時に、芸術としての解放のはじめである。(「第一稿」八三ページ)

文学は神語の鬼子である。その文学を運ぶ語部たちの末路は、「第四稿」に具体例をあげながら詳論されている。ことに、曾我物語や義経記の成立に言及し、その語り手として熊野信仰の一分派とみられる東国の盲巫覡の団体をあげたりしている。
語部は、折口信夫の文学発生論におけるキー・ポイントの一つであったが、その「語部」論の始発は、「柳田」体験以前のことであった。この語部への、折口の熱いまなざしの内奥には彼個人のメンタリティが張りついているようである。「追い書き」の中で、「文学や学問を暮らしのたつきとする遊民の生活が、保証せられるようになった世間を、私は人一倍、身に沁みて感じている」とか、「兄の扶養によって、わびしい一生を、光りなく暮らさねばならなかった、そうして、彦次郎さん同然、家の過去帳にすら、痕を止めぬ遊民の最期を、あきらめ思うていた私の心」とか述べる遊民意識は、折口の生涯を貫くもので、柳田との違いを見せるけれども、それが語部の末裔たちを実感的に捉える原動力になっているのではないか。語部とは違う漂泊宗教者たち、と言っても、その運命は同じであるが、折口信夫は、「第四稿」の末尾を、その漂泊者たちに想い入れつつ、次のごとく結んでいる（二四〇ページ）。

ほかひを携え、くぐつを提げて、行き行きて、また、行き行く流民の群れが、鮮やかに目に浮かんで、消えようとせぬ。この間に、私は、この文章の綴めをつくる。

なお、海部駈使丁については、「第四稿」の、昭和二年十一月十日発行の奥付をもつ三回分目の文中で触れ、さらに「翁の発生」（昭和3・1、3。角川文庫版『古代研究II』所収）でも述べている。

三　同時代者たちの文学発生論

折口信夫自身に内在していた文学発生論のモチーフは、他面、外在的要因、つまり社会状勢・時代状況からの影響による誘発も、見逃がせない。先にみた「言語情調論」の「情調」という用語も、気分、と同意語であるけれども、当時の短歌界の評論文などに頻出していた語であったらしい。ここで、大正から昭和の初期にかけての、日本文学の発生を論じた書物をあげてみると、

津田左右吉『文学に現はれたる我が国民思想の研究（貴族文学の時代）』（大正五年八月刊）
土居光知『文学序説』（大正十一年六月刊）
武田祐吉『神と神を祭る者との文学』（大正十三年五月刊）
五十嵐力『国歌の胎生及び発達』（大正十三年八月刊）
高野辰之『日本歌謡史』（大正十五年十一月刊）
土田杏村『国文学の哲学的研究　第二巻　文学の発生』（昭和三年十月刊）
折口信夫『古代研究（国文学篇）』（昭和四年四月刊）
竹友藻風『詩の起源』（昭和四年十月刊）

などが列記される。まさに、この時代は、〝発生論〟の季節であった、と言える。

当時の学界の様子をのぞかせるものとして、たまたま私の手元にある土田杏村（つちだきょうそん）（一八九一―一九三四）の第二巻の『文学の発生』巻末の広告欄に付された、第一巻の『国文学序論』（昭和2・11刊）に対する久松潜一の評言を、次に引いてみる。

（前略）近時に至つて国文学研究は単なる訓詁註釈から離れて、その本質内面へ進まうとする機運が現れた。（中略）斯くて最近の国文学研究の傾向として、一面には書史、本文批評、註釈といふ方面の精密なる探求が行はれるとともに一方に本質的研究が更に実証的に行はれようとしてゐる。さうして後者に於ける研究態度の中で注意すべき二つの傾向として私は土俗学から入る道と文学論芸術論を基礎とした研究態度とを挙げたいと思ふ。民俗、民話、民謡等が文学を生み出す大きな動機であり母胎である意味に於て、前者は文学の発生的立場であり、後者は文学の理論的哲学的立場であるとも言ひ得るであらう。（後略）

本文批評を含めた訓詁註釈学の流れと本質的な研究の流れとがあり、さらに後者には、発生論的研究と理論的哲学的研究とがあって際立っている、というのである。文中の「前者」は、もちろん折口信夫をさしている、とみてよく、「後者」は土田杏村のことである。現在の状況においても、この二人の際立ちは同じである、と私は思う。

それでは、折口自身は、どのように他の人々の発生論をみていたのか、それを述べてゆくことが、とりもなおさず、折口の発生論の独自性を明らかにすることになるだろう。ただし、武田の場合は、「所収論文の成立」の章で述べることにし、最後の

『詩の起源』は、本書所収の発生論との交渉が時間的にみてもあり得ないし、事実、折口は何も語っていないので除外する。

まず、津田左右吉（一八七三―一九六一）に対してであるが――彼の著書が発生論そのものでないことを承知の上でみるわけであるが、後年（昭和十二年十一月）の「書評」（新編『折口信夫全集　32』所収）によると、

（前略）此書の推奨すべき尤なる点は、史的観察の正確な点にある。（中略）唯、稀に遺憾を交へた事は、素朴な史学的論理が、人生及び芸術を規定する力のないと言ふ弱点に対する反省を欠いてゐるかに見える部分であらう。

とその賛否の点を明らかにする。「素朴な史学的論理」が「人生及び芸術」を規定するのではなくて、折口の考えでは、内化された意志としての〈信仰〉の力の働きかけによって規定される、と説きたいのである。また津田は、上代に伝誦されていた叙事詩の形跡がない、と述べているけれども、折口はむしろ、その存在を認めている。それは、津田が視野に入れた、いわゆる文献史学の領域を、はるかに超えていた折口学の領域との差であり、当然そこに両者の研究方法の差違がもたらした結論であった。すなわち、津田は大和朝廷の古代国家成立以後に極限したのに対して、折口の発生論

は、その古代国家成立以前に垂鉛をおろしていたのである。それは、「この国の上に集まって来たたくさんの種族の、移動前からの持ち伝え」や「古代生活の中に、真のこの国根生いと、いわゆる高天原伝来との交錯状態」（「第一稿」七四ページ）などの叙述に端的にあらわれている。

土居光知（一八八六―一九七九）に対しては、本書所収の「第一稿」の中で、

> 土居光知氏は、日本文学の人称問題の発達に、初めて注意を向けた方である。氏と立場は別にしているが、このことは、言い添えて置きたい。（七四ページ）

と評価する。折口信夫は、人称問題、すなわち、一人称と三人称の発想に注目して、

> 一人称式に発想する叙事詩は、神の独り言である。神、人に憑って、自身の来歴を述べ、種族の歴史・土地の由緒などを陳べる。（七五ページ）
> 神自身から見た一元描写であるから、不自然でも不完全でもあるが、とにかくに発想は一人称によるようになる。（同）

と捉えている。なお、神の「一元描写」については、大正六年頃、本郷の旅館に岩野

泡鳴（ほうめい）を訪ねて話し合っていた、という（牛島軍平「ひとり語り」、「短歌」昭50・9）。

今ひとつは、後に掲載するが、最初の発表時には存在して、『古代研究』に「第四稿」として収める時に削ってしまった文中で、土居光知の『文学序説』はモウルトンの文学史研究の影響下にあり、そのモウルトンには民俗学への視座がないから、日本の文学史研究としては、「も一つ先の研究態度が、明らかに見越される程である」とみていた。土居は古代ギリシア文学および英独文学との比較研究の立場にあり、だから、「原始劇」を重視し、それは葬式から発生したとみて、日本文学の展開を叙事文学・抒情文学・物語・劇文学の順序であった、とする。しかし、折口信夫は、

> 日本文学が、出発点からしてすでに、今あるままの本質と目的とを持っていたと考えるのは、単純な空想である。そればかりか、ごく微（かす）かな文学意識が含まれていたと見ることさえ、真実を離れた考えと言わねばならぬ。古代生活の一様式として、きわめて縁遠い原因から出たものが、次第に目的を展開して、偶然、文学の規範に入って来たに過ぎないのである。（「第一稿」七二ページ）

と論の冒頭で述べているごとく、徹底的に〈文学以前〉〈文学発生の母胎〉に終始し、その上で文学レベルにおいても、偶然にも文学を発生させたに過ぎない、その力（要

因）が繰り返し働きかけてくる——言い換えれば、繰り返し発生してくるものとしてとらえる点に、土居との差違は明らかであった。

四　文学信仰起原説

折口信夫は、土居光知が文学信仰起原説をとり、抒情詩よりも叙事詩の先行していたことを認める点などに、共通性を認めながらも、前述のように明らかな違いを読み取っていた。

五十嵐力（いがらしちから）（一八七四―一九四七）に対しては、刊行後ただちに「書評」（大正13・8・17）を寄せている（新編『折口信夫全集　32』所収）。その中で、折口が批判的にみていた点をあげると、

無意識を意識化するのだと言ふ発生学式基礎を据ゑなかつたのが欠点であつた。（中略）此書の主張に拠ると、歌謡の出発点は情趣語（感情語及び理想語）である。（中略）情趣語なるものが、感激から突発したと言ふ考へ方は、瞬間の印象が、何故永久性を持つ事が出来たかと言ふ考へを容れて見る必要がある。（新編『折口信夫全集　32』所収）

という点である。五十嵐は感動起原説をとるのに対して、「ただ今、文学の信仰起原説を最も、頑(かたく)なに把(と)っているのは、おそらくは私であろう」(「第四稿」冒頭)と語る折口は、感動起原説の弱点を正確に指摘している。本書所収の「第四稿」にも再説されているので、引用する。

音声一途に憑(よ)るほかない不文の発想が、どういうわけで、当座に消滅しないで、永く保存せられ、文学意識を分化するに到ったのであろう。恋愛や悲喜の激情は、感動詞を構成することはあっても、文章の定型を形づくることはない。また、第一、伝承記憶の値打ちがどこから考えられよう。口頭の詞章が、文学意識を発生するまでも保存せられてゆくのは、信仰に関連していたからである。信仰をほかにして、長い不文の古代に存続の力を持ったものは、一つとして考えられないのである。(一三九~一四〇ページ)

今日、文学の発生を論ずる人々は、信仰起原説(祭式起原説を含む)を無視することが出来ず、感動起原説(恋愛起原説を含む)を主張することが出来ないようである。次の高野辰之も、「喜び又は悲しみに対する叫び声が歌謡の起源であ」ると説く点では、五十嵐と同じ感動起原説に立っている。なお、五十嵐については、『日本文学の発生　序説』（角川文庫、昭和50・9刊）の井口樹生（いぐちたつお）「解説」（二八八〜二九〇ページ）を参照されたい。

最後は土田杏村であるが、彼は、「歌謡は必ず原始的なる宗教生活、即ち呪的生活の必要から発生して、悲喜の感情の端的なる表現からは発生してゐないのである」（同書、二〇二ページ）と説いて、折口と同じ信仰起原説の立場をとる。それに対する折口自身の意見は不明である。ただ、日本の文学を対象とする学問であるから「国文学学」（傍点、解説者）と命名すべきだ、という折口の考えに土田も同意見であったことに触れたり（「日本文学の内容」昭和13・12。新編『折口信夫全集　4』所収）、折口の短歌命数論に土田が敏感に反応したことなどが言及されている（「歌の円寂する時　続篇」昭和2・1。新編『折口信夫全集　29』所収）けれども。

反対に土田が、折口の文学発生論に言及した文が同書中（一三二―三ページ）にある。そこでの論点は、踊りの起原と、畳語・対句の発生の二点で、折口が、

神憑（がか）りの際の動作を、正気でいても繰り返すところから、舞踊は生まれて来る。
（「第一稿」七五ページ）

と捉えるのに対し、土田は、

神憑りがあつて然る後に踊が始まつたのでは無く、踊は呪的行事としてもつと初めに存し、踊によつてシャアマンは神憑りの状態に入り得るのだと思ふ。(一三三ページの注。ふりがなは解説者)

と反論しており、さらに畳語・対句の発生については、折口が、神憑りの心理状況によって引き起こされた律動、つまり、

昂ぶった内律の現れとして、畳語・対句・文意転換などが盛んに行われる。(「第一稿」七五ページ)

と説くのに対し、土田は、

昂ぶつた内律の現はれとして畳句、対句などは発生したので無く、舞踏の律動的なる身体動作によつて支配せられた囃子の繰り返しの中から畳句、対句は発生したのだ。換言すれば踊りの動作中から畳句、対句は発生したのだ。(同、注)

と批判する（折口が「畳語」というのに対し、土田は「畳句」と表記）。両者は、ともに文学の信仰起原説を擁しながらも、ずれがある。土田説は、神憑り以前に踊りの存在を認める。しかし、折口の側から言えば、舞踊（折口は舞いと踊りを区別する）は「身体動作」の定型化すなわち外化された形態である以上、その定型化を促すための持続性が問題であって、それは、「正気でいても繰り返す」という繰り返しを重視したのである。文学の発生の契機と同じである。

もう一つの問題は、折口説が心理作用を重視するのに対して、土田説は身体作用を重視する。ただ、この土田説は、折口説と異なるけれども、〈身体としての言語〉の側面をみせていて、私たちに対し、ふと、M・メルロー＝ポンティの言語論への架橋を想起させて、ひとつの魅力を秘めていることだけは明記しておきたい。

五　〈発生〉の意味と方法

ここで、折口信夫における〈発生〉の意味について確認しておきたい。

すでに指摘されているように（西角井正慶、初版『折口信夫全集』第七巻「あとがき」）、その〈発生〉を分析的に言えば、起原・誕生・発足点と同意の、歴史上における一回限りの発生の意味と、今一つの、個々の文学表現における発生の意味との二つを併せたものとして考えられている。

一度発生した原因は、ある状態の発生した後も、終息するものではない。発生は、あるものを発生させるを目的としているのでなく、おのずから一つの傾向を保って、ただ進んで行くのだから、ある状態の発生したことが、その力の休止あるいは移動ということにはならぬわけである。だから、その力は発生させたものを、その発生した形において、更なる発生をうながすとともに、ある発生をさせたと同じ方向に、やはり動いてもいる。だから、発生の終えた後にも、おなじ原因は存していて、すでにある状態をも、相変わらず起こし、うながしているわけなのだ。(角川文庫版『日本文学の発生　序説』昭和50・9刊行、八三ページ)

と『日本文学の発生　序説』所収の「声楽と文学と」(原題「日本文学の発生」昭和17・11)の中で、折口は明解に述べている。

この発生の意味は、前述の津田左右吉以下の人々の発生といちじるしく異なり、津田らのそれが、いわば単に起原・誕生・発足点の同意語であったことを思うとき、折口信夫の〈発生〉は、まさに〈方法〉になっていることを知る。その上、折口は、こ

の〈方法としての発生〉を、単に機械的に諸作品に応用していったのではなかった。『古代研究』の「追い書き」で、

私の研究の立ち場は、常に発生に傾いている。それが延長せられて、展開を見るようになった。こうすることが、国文学史や、芸能史の考究には、最も適しい方法だと考える。文学芸術の形式や内容の進展から、群衆と個人、凡人と天才との相互作用も明らかにすることが出来る。（角川文庫版『古代研究Ⅳ』二八一ページ）

と述べている視座に、私は、他の民俗学的国文学研究あるいは発生論的国文学研究とも一線を画している折口の発生論的国文学研究の独自性をみる。そして、この視座があればこそ、「文化現象における本質とは、変化を約束されている『事実』なのだ」（「笑ふ民族文学」昭和16・7）と認識できたのではあるまいか。

本質というものは、動くべからざるものなのに、事実は動くものとして現れて来る。本質から離れたものを作れば、すでに別のものであるはずなのに、事実誹諧の本質から離れたものを作った芭蕉は、歴史の上からは、誹諧をうち立てた人として見られている。蕪村も、子規も、子規の後に活躍した碧梧桐などにも、本質

的なものに対する動きを見ないではいられない。(「日本文学の内容」、前掲書一九六ページ)

右の芭蕉の捉え方は、明らかに機械的な、民俗学を補助学とする国文学研究では捉えられないものである。

六　所収論文の成立

ここで、まず、「国文学篇」の解題をしておこう。

『古代研究』の第二部として、第一部「民俗学篇1」に引き続き、昭和四年四月二十五日に大岡山書店から刊行された。時に折口信夫は数え年四十三歳であった。「国文学の発生」の四稿を初めとして、十七編の論文を所収する。この他に、八百比丘尼(はっぴゃくびくに)の石像の口絵グラビア一葉と写真七枚を加えている。

本書は、その「国文学篇」を二冊に分けた。その区切りは、前四編の「国文学の発生」と、後の十三編の和歌史などを主題とするものとの間に一線が引けたからである。

本書所収の論文の発表年月については、すでに「一」の章で記したので省略する。

「第一稿」の執筆には、次のような事情があったのである。大正十三年六月、「日光」に発表された「呪言の展開―日本文学の発生その二―」の冒頭に付された「まえがき」は、「国文学の発生（第二稿）」と改題して『古代研究』に採録する際、削られてしまったけれども、その「まえがき」が「第一稿」執筆の事情を伝えている。

此論文の「その一」は、実は、ほゞ一年半に亙つた講義を、書きつめたものであつた。私の物言ひにお馴れでない方々には、其が、どんなに判りにくいものであらうと言ふ事は、書き続けてゐる間から、考へないではなかつた。併し、あゝした筋書きめいたものになつたのには、私としてよぎない訳があつたのである。私は、年来の宿案の発想と、材料のあんばいに悩んでゐた。此頃になつて、不徳な追随者の、疎漏な考証文に先じられて、竟に発表の機を失ひさうな虞れが、激しく感じられ出した。其で、古泉氏のお慂めに応じて、あわたゞしく発表したのが、あの文章であつた。あれで、私の立ち場や、考へ方の輪廓は伝へる事が出来た。ものゝ判る人には、私の日本文学の発生点の研究に、第一着手をなした事が、見て頂かれた事と信じる。はかない執着、恥しい名聞と見えようかと、我より上の人の思はくを思ふと、うしろめたくも情なくもある。けれど、私はまだ、げざ程には衰へて居ない。迷惑きはまる彼追随者の抜け駆けに対して、予め逆茂木を設けて置くだけの勇気はある。

材料の調整と、発想のくつたくとを、一挙につき破る手だてとして、あゝした荒筋の、ほんのぷらんに過ぎない様なものを、お目にかけたのである。「日光」の四月号は、「大正十年」以来、教室で発表し続けて来た私の日本文学史の出発点の考察をとにもかくにも、明らかに、私の「生みの子」として、版籍に記してくれたのである。(原文のまま。ふりがなは解説者)

「不徳な追随者の、疎漏な考証文」とか「迷惑きはまる彼追随者の抜け駆け」とか言うのは、同年五月に古今書院から刊行された武田祐吉の『神と神を祭る者との文学』をさすのである。武田は天王寺中学からの同級生であり、國學院大学にも共に学んだ親友であった。また経済的に窮した折口に、万葉集の口訳の仕事を譲り勧めてくれたのも武田の親切心であった(大正五年一月)。しかし、折口信夫は、前掲文のように激しく批難せずにはいられなかった。現在からみれば、武田の著書は、折口の文学発生論に及ばず、特に前述のように、〈方法としての発生〉がとられているわけでもなく、むしろ、武田の本領は万葉集研究などにあった。だが、この時、折口はまだ、ひとつも「発生論」を論文化していなかったのである。

たしかに、「第一稿」は大まかな総論風であった。また、神の来臨に触れたところでまれびとの語が用いられる可能性もあったのに、「神が時を定めて、邑々に降って」と述べただけで、用いなかったのも、右の事情によって熟考できなかったようだ。この二か月後の、先に掲げた「呪言の展開―日本文学の発生その二―」には、「まれびとなる語が、実は深い内容を持って居るのである」として用いられているからである。

　このトラブルも、二人が会ってしまえば、解決する。やはり「巡遊伶人の生活―日本文学の発生その三―」（大正13・8）に付された「まえがき」も、『古代研究』採録の際に削除されたが、全文を引用しておく。

近頃私の家に、久しぶりで、最古い友人を迎へた。其は、前月のこゝへ書いた文章の、目標になつて居た人である。何しろ、二十五年来の親しい間がらである。話して居る中に、なぜあんなあさましい心持ちを抱いたらう、とまだ〳〵子ども〳〵した頃からの言ふに言はれぬ親しみが、一時に羞恥をこみあげて来た。友人の名聞を嗜む心をうつ間に、なぜ、自身さもしい争ひにいきまく胸ををさめなかつたのか。自身の組織した文学史の発足点だからと思うて、猛りたつたにしても、あさましさにかはりはない。友人の昔にかはらぬ顔色を見れば、そんな問題はどうでもよい、と言ふ気になつた。友人も困つた顔をして居た。其は、何にしても、当惑したに違ひなからう。「『不徳な追随者云々』と、『げざ云々』とは、とり消してほしいが」と言ひ〳〵した。其時の気持ちでは、友人の言ふなりにしてもよい、と言ふ澄みきつた心になつて居た。「だが、待つてくれ給へ。一両年或は、両三年の中に、此二ヶ条をすつかりとり消しても悔いない程の気持ちが、隈なく心にゆき亙る時が来さうだ。併し、今はまだ気の毒だが、若干のかげりが心の上を立ち去らない。こんな気持ちで居て、一方美しい感激にのみ任せて了ふのも、一つの不徳義になる。ほんとうに徹しないところから、又どんな曇りが出て来るかも知れぬ。まあ今姑らく、此儘にして置かうではないか。君も気長く待ってくれ給へ。お互の間の実意と、愛情とが、しん底からこんないざこざを、一挙に否定して了ふ時が来さうな気がする」と私は答へた。こんな言ひ方が、角ばり過ぎると思はれる程、二人は柔らかな気持ちで、縁さきの昼前の光りにあたつて居た。皆さん。御安心下さい。二人の間の事は、二人で解決をつけます。さうして、輝きみちた心持ちで、「不徳云々」「げざ云々」の二くだりをとり消す時が、来るに違ひないことゝと思ひます。又、早く来る様に、自分自身望みます。（原文のまま。ふりがなは解説者）

その後の二人の仲は、以前の「二十五年来の親しい間がら」に戻ったと思われる。

折口死後に編まれた初版『折口信夫全集』における「初期歌稿」の資料は、武田祐吉による筆記・保存の成果であった。

なお、「第一稿」の雑誌発表のものとの異同であるが、表題の改変以外では、形式段落や読点の有無やカッコの有無、さらに脱字などに異同が認められるのみで、内容にかかわる異同はない。

「第二稿」では、先の二つの「まえがき」が削られたほかに、あと二箇所が削られている。

○（?。恐らくは食ふ事の出来る水辺植物）

――一〇三ページの「六　まじない」の四行目の「若水沼間（わかみぬま）」の後に。

○乞食者と言ふにも、歴史的に内容の変化のある事は、段々述べたとほりである。

――一〇五ページの「一　祝言職」の四行目の「……思われる。」の後に。

また、「第二稿」の「呪言の展開」中の小見出し「一　神の嫁」「二　まれびと」などは、すべて雑誌発表時には付されていなかった。

「日光」に連載中は、「第一稿」と「第二稿」に区切りはなく、表題も「その二」「その三」などとなっており、しかも、「第一稿」の雑誌発表の文の末尾には、「来月へ」と記されていた。だから、「第一稿」と「第二稿」に分けたのは、まったく『古代研究』に採録する時に行なった、とも考えられる。理由は、最初のものが、すでに述べたようなトラブルによって荒筋になって、それ以後のものとの間に、論文としての密度の差のあることに気付いたからではあるまいか。また、「その三」すなわち「巡遊伶人の生活」が七月号の発表でなく、八月号になったのは、原稿が締切に間に合わなかったためである。七月号の「消息」欄に、「編輯締切後原稿到着したため已むを得ず次号に廻した。諒恕を乞ふ」と記されている。

さらに、「叙事詩の撒布」は、雑誌発表時の表題に「(上)」とあって、その続篇が書かれる予定であったらしいが、ついに書かれなかった。なお、「自筆原稿」が國學院大学の折口博士記念古代研究所に保管されている。

「第三稿」は、その執筆時と発表時とに、かなりの時間的開きが認められる。「自撰年譜」(昭和5・9。新編『折口信夫全集　36』所収)によると、

大正十四年一月、房州千倉で、「日本文学の発生」第三稿を執筆し始める。以後、此為に、伊豆各地、殊に箱根に籠る事が多い。

とある。『古代研究』民俗学篇第二に付載の「著作年月一覧」によれば、「昭和二年十月・草稿」であるという(池田弥三郎、角川文庫版『古代研究I』の「解説」、三〇六ペ

ージ参照)。そして、柳田国男主幹の雑誌「民族」に発表されたのが、昭和四年一月のことである。

この「第三稿」の発表の遅れにも、ひとつのトラブルがあった。当時、「民族」の編集をしていた岡正雄氏が、「柳田国男研究」創刊号(昭和48・2)の誌上で、その真相を明らかにしている。

『常世及びまれびと』、あの原稿を折口さんにいただいて先生(解説者注—柳田のこと)にお見せしたら、こんなものは載せられないといって折口さんに返せといわれたのです。

つまり、内容の点で柳田にチェックされたのである。この論文は、徹底したまれびと論であり、日本の神を祖霊とみる柳田と対立するものであったから、柳田国男も譲れなかったのであろうか。

折口信夫自身は、執筆の順序を知っていたので、発生年月は「第四稿」よりも後であったけれども、「常世及び『まれびと』」を「国文学の発生」の「第三稿」としたのであろう。なお、論文の配列であるが、この「第三稿」を最初にもってきたのは、池田弥三郎氏の言うように、「まれびと」論だからであろう(再版『折口信夫全集』第一巻、月報。昭和40・11）。

柳田国男との掲載発表のトラブルは、それはそれとして、折口信夫が民俗学篇でなく、国文学篇の、しかも巻頭に置いたことに、両篇の融合関係、まさに彼が意図した書名「古代研究」の相貌の立ちあがりを、私は感得するのである。

「第四稿」は、「自撰年譜」によると、昭和二年一月に執筆とあるが、その成立は、少し複雑である。原題は「日本文学の唱導的発生」で、新潮社の『日本文学講座』に三回にわたって発表されたけれども、その内実は、

①昭和二年一月……………「奏詞の発達」まで（一五三ページ）
②　〃　二月……………「語部とほかひゞとと」まで（一七三ページ）
③　〃　十一月……………「説経と浄瑠璃と」まで（二二三ページ）

となっている。ただし、③の冒頭、つまり「いはひ詞の勢力」（一七五ページ）の前に、「文学史研究態度の問題」という一章があったのに、『古代研究』に採録する時に削っている。また、「第四稿」の終りの「戯曲・舞踊詞曲の見渡し」（二三一ページ）は、『古代研究』の時点で書き下ろして加えられたものである。なお、「第四稿」の中の「呪言から寿詞へ」「叙事詩の成立とその展開と」「語部の歴史」「賤民の文学」の章段名は、初発表時のものにはない。

さらに、初発表のものとの語句などの異同であるが、内容に影響のない語句・読点・改行の異同が多く、ここでは割愛するとして、ただ一箇所だけ、初発表のものにあって、『古代研究』で削り取られた一文がある。「中臣女の伝承」の章の最後（一八九ページ十行目）に、「天語ノ連は、男の語部であつた。」とあったのである。

ここで、先に述べた欠落の章段「文学史研究態度の問題」の文を、少し長いけれども、「第四稿」の成立とその内容に触れる点があるので、全文を転載する。

最初私の立てた計画は、からであつた。唱導詞章として発生した日本文学が、更にどう展開して、新しい発想法を発生して行つたか。文学動機と芸術的制約とが、如何に展開を重ねて来たか。此までの日本文学史を、かう言ふ立ち場から、発生式に見直して行かうとする第一の手順として、文学の原動力たる信仰伝承を基礎とした、簡単な日本文学史を作つて見たかつたのである。

われ人共に不平でく／＼ならなかつた、思想史の一分科と見る名目論式な文学史研究態度は、津田左右吉さんの大著述あたりが頂上であつた。「文学に現はれたる我が国民思想の研究」と言ふ、名からして徹底したものであつた。此にとつて替つたと見えるのは、――少くとも日本の学界では――もうるとん氏流のあめりか派の文学史態度であつた。土居光知さんの「文学序説」や、同じ方の二三の小篇論文などが、その表面に出たもの丶初めであつた。

其後は、此歓ぶべき傾向が、次第に力を増して来てゐる。だが実は、もうるとん氏の態度は、合衆国の如き民俗資料乏しく、随つて民間伝承学の盛らない国に於いては、意義あるはずのものであつて、我が国の如き、口頭に、風習に、文献に、研究資料のうんと残つた国がらの、当然人類学や考古学の内面的な学風のもの丶大いに興るべき処には、持久性のあらう様のないものであつた。も一つ先の研究態度が、明らかに見越される程である。

ふらんす学者の文学史研究の傾向を話してくれた二三の先輩の話を綜合して見ると、あの国では、私等の長く待ち望み、さうして待ちきれずに、ぼつ〳〵微力に奉仕し始めてゐた方向に、既に大手を揮つて前行して居るらしいのである。其をもうるとん氏などは、古いものと言へば、いんぢあんの伝承をまづ思ひ浮べさせる国に、移植して居たのに過ぎなかつたのだ。其さへ、翻案態度を採つたので、著しく発生式情熱と実感とを失うてゐる。その隙間に入り込んだまぜ物は、心理学と美学とであつた。さうして、せはしなく系統づけたがる哲学が、様式発生の方向を予め演繹してゐるのであつた。私等の考へから見れば、新しい民間伝承学――Folk-lore――の研究態度を実感する事の出来なかつた為の、なまぬるいまやかし物の異訳態度であると言ふ事が出来る。ないよりはましだらうが、こんな研究法などは、出来れば早く卒業したいものである。実証態度と思弁法とが、どこまで手を繫(つな)いで行くものか。考へない学者ばかりでもない日本の国文学界を、私はまだ、思ひ棄てかねるのである。

私の言ふのは、民間伝承学の方法を以てする研究態度である。事大主義をふり棄てゝ、日本式に自在性を得た文学論に、此学風の合体する時、我が国の文学史は、ほんとうの大海道に出るのである。私は其為に、日本文学史の発生点から、其文学動機の本質的な傾向を、発生的に見て行かうと企てたのであつた。ところが単に、発生点の研究に、約定の紙数を凡使ひ果したのである。其故、編輯者の了解を得て、此号きりで、何とかとゞめをつける事とした。

私の論文は、二つの力点を予期して居たのである。祝言職人及び説教文学(ママ)の発生的研究と、游行唱導者や定住芸奴の口頭伝承及び其正本成立の次第とが、其であつた。而も、今度の論文には、其面ざしすら写し了せられるかどうか、疑問にさへなつて来た。

読者に忠実たらむとして、論理の飛躍や、説明の馳け足を踏みこたへてゐる間に、こんなに長くなつて了うたのである。其でゐて、尚、私の態度と話し方になじみのない方からは、大分わからないぐの溜息が聞えて来た。板元が痺(しび)れをきらすだらう位の程度をのり越えて、実は、此難渋論文の先途は、こんなやり方では、うんと長くなるにきまつて居る。私は其処で決心した。せめて発生時代の概観だけは、足並み不揃ひにしたくない。其で、語部の説明を終へるまでは、これまでの態度で行く。第一・二章七項だけは、わりあひ纏つたものにしておいて、第三章の積りで、長く久しい唱導系の文学及び芸術・芸術家の生活法の展開をひつくるめて書く。さうすれば勢、年代順よりも、連環式に一つの文学なり芸術なりについて、其問題の出る都度々々、其発生順を逐うて、纏りをつけて行く方が、よい様である。甚、とり乱した書き方であるが、印象は却て深からうと思ふ。(原文のまま)

当初の計画では、日本文学が唱導詞章として発生し、さらにどう展開して新しい発想法を発生させて行ったか、を論ずるつもりであったが、論じ終えないうちに予定枚数を越えそうなので、計画変更をして、「せめて発生時代の概観だけは」と思い、「語部の説明を終へるまで」は、この調子で述べ、後は、「長く久しい唱導系の文学及び芸術・芸術家の生活法の展開をひつくるめて書く」のだと言っている。その「語部の説明」が終るのは、「海語部芸術の風化」の前までであり(二九七ページの「語部の歴史」まで)、「唱導系の文学云々」の展開を書いたのは、もちろん、「海語部芸術の風化」から「説経と浄瑠璃と」までにおいてであろう。だから、「いはひ詞の勢力」の

章の終りで、

……ト部其他の団体詞章・演芸・遊行を説く第二章――とも見るべき「海部芸術(ママ)の風化」以下――を本論の初めと見て、此迄の説明を序説と考へてもよい。同時に第一章は、日本文学史並びに芸術史の為の長い「引」を作った事になるのである。(解説者注―初発表時の文)

と言っているのである。なお、「海語部芸術の風化」以下が本論である、と言うことは、原題にふさわしく「唱導」が本格的に論じられ、さらに前掲のように、当初の執筆の意図が「展開して、新しい発想法を発生させて行つたか」にあったからである。

今ひとつ、この「第四稿」の内容における重点を、前掲の文は自身語っている。

①祝言職人及び説教文学(ママ)の発生的研究

②游行唱導者や定住芸奴の口頭伝承及び其正本成立の次第

この「第四稿」の「自筆原稿」と称するものが、古代研究所に保管されているが、中途に他筆の清書したものがまじっていたり、四枚分の原稿用紙が抜けていたりするし、その上、とても比較できないほどのちがいようであるため、初稿以前の下書きではないか、とさえ思えるものである。だから、今は、その存在を記すにとどめておく。

なお、初発表時で、前二回は続きの巻数に掲載されているのに、三回目が離れているのは、前掲の文で明らかなように、当初の計画通りに執筆できなかったからであろう。

［追記］この唱導文学論は、数年後の昭和九年八月に発表された「唱導文学——序説として——」（改造社版『日本文学講座』第三巻）において展開され、さらに同年一月頃？の草稿「唱導文芸序説」もあることを明示しておく（ともに新編『折口信夫全集 4』所収）。

七 所収論文についての若干の補足解説

折口信夫の日本文学の発生の骨子は、決まった時期に、共同体の外、海上はるかかな「常世」から来臨した神（まれびと）が土地の精霊に命令を下して、人々の幸福と豊かな生活を約束させる、その神のことば——呪言から発生した、とみる。その呪言（または神語）は、尊いゆえに記憶し繰り返されるところから、詞章の定型化が生まれてくる。それは、実際には、神が人に憑いて発せられるもので、この「人」つまり神人（巫覡）の職業化が語部を発生させ、また豪族の保護を失って亡命の民となることを余儀なくされた神人が、漂泊宗教者として、村々を訪れる。その時、迎える定住者の側には、〈民俗としてのまれびと信仰〉があるゆえに、彼らを迎え、一方彼らは彼らの言語伝承を撒いて歩くことになる、というのである。

「第一稿」が総論風になっていることの理由については、すでに説明したけれども、神憑りの状態から発せられる呪言からの文学発生ゆえ、それは律文であって、散文の発生は時代的に遅いとみる。そして、その律文では、抒情詩よりも叙事詩が先行する、と説かれている。

また、「対話以外に、文章として存在の理由がなかった」からである。そして、「神の意思表現に用いられた簡単な『神語』の様式が、神に対しての設問にも、利用せられるように」なってきて、「片哥」の形が発生し、「旋頭歌の不具なるものゆえと思われている名の片哥は、古くはかならず、問答態を採る」（七八ページ）と言う。そして、原始叙事詩は「神の自叙伝」であり、片歌は「神の意思表現手段」であって、その神の自叙伝すなわち叙事詩を伝える語部の発生と流離が説かれる（前述した）。

なお、「語部の『語りしろ』すなわち叙事詩のことなのである」（八二ページ）とある「語りしろ」は、折口の造語ではないだろうか。

さらに、日本の歌謡には、うたい物と語り物の二つの型があって、「叙事風で、旋律の単調な場合が『かたる』であり、抒情式に、変化に富んだ旋律を持った時が『うたふ』である」（八二ページ）と説くが、これは、「第四稿」でも、語原を考究しつつ述べている。語原の追究と言えば、当時の折口信夫は、『古代研究』の「追い書き」の中で、「顧みて恥じないものがあるとすれば、語原の解釈法である」と言うように自信を持っていて、「呪言は古く、よごとと言うた」（八五ページ）のであり、その語原を「穀言」に求めている。後年、語原の研究に方法的な疑念をいだいて、その方法に消極的になるのであるが。

「第二稿」には、大正十一年に小説の題として用いられた「神の嫁」なる語が、論文としては初めて用いられ、しかも、そこから本稿が説かれ出していることに注意したい。先に引いた、「琉球の宗教」という論文を執筆したことが「国文学の発生」を書くのに役立った、という折口の発言は、「第一稿」よりもむしろこの「第二稿」のことであろう。神（まれびと）よりも、神を祀る者あるいは迎える女性（神の嫁）の方が重視されている。それは、沖縄の事例が多出することからも、右の推量は確かであろう。

また、「まれびと」の語を、発生論の論文としては、初めて用い、節季候・万歳・ものよしなどの芸能者たちのうちに、まれびとの像の重なっている点を明らかにする。神霊を入れる神器の行器を持って祝言を唱え、村々を巡遊して歩いた「ほかひびと」は、後楯の豪族に離れた村々の神人の、亡命あるいは零落した者たちであって、だから、元来、「神社制度以前のもので、以後も、神社との交渉は少なかった」（一一八ページ）とみる。神事と芸能をたずさえて旅に生活した彼らは、聖と穢、貴と賤を総体としたものであった。

折口信夫は、共同体を抜け出て無籍者になった亡命の民が、前記の「ほかひ人」であるが、それとは別に、「同化せなかった民族の後なるうかれびと」の存在を認めている。大和朝廷の古代国家以前に来歴をもち、古代国家成立以後は、その社会機構からも疎外され続けて、旅を生活にしていた〈文学〉の運搬者たち、それを折口は「巡遊伶人」と名付けた。この語の初出は、この「第二稿」においてであろうか。「第一稿」では、「漂泊伶人」の語が使われている。

「第三稿」は、本格的なまれびと論である。

> てっとりばやく、私の考えるまれびとの原の姿を言えば、神であった。第一義においては古代の村々に、海のあなたから時あって来り臨んで、その村人どもの生活を幸福にして還る霊物を意味していた。（七ページ）

と規定されるまれびとのおとずれる場所の儀礼化して残っているのが、平安貴族などの家にある「中門(ちゅうもん)」である。田楽師の演奏種目にある「中門口」は、この「門(かど)入り」の儀の芸術化したもので、「口」は「語り」の意であるから中門での語りを意味する。そして、その神の服装は蓑笠(みのかさ)であった、と説く。なお、まれびと論への批判として、神話レベルのまれびと神と、歴史レベルで登場するほかひびとに区切りをつけ、一種の実体概念として頑迷に追い込んでゆく見解があるが、それは、ちょうど、折口学説の対極にあるもので、折口学の発見したまれびとのもつ飛翔(ひしょう)性を欠いた不毛の論と言うよりない。

本稿もまた沖縄の事例が多出する。

さらに、常世のことに触れて、その原初のイメージを常闇(とこやみ)の国として捉(とら)え、それが次第に光明の国に進展して来た、と考察する。それは、折口信夫が楽天的な古代憧(しょう)憬(けい)者でないことをも物語っていることになる。

「第四稿」は、具体的に叙述されているが、まず、「みこともち」の語が初めて用いられて注目される（加藤守雄、角川文庫版『古代研究Ⅲ』の「解説」参照）。また、

神事の背景たる歴史を説くものと、神事のつど、現実の事件としてくり返す劇詩的効果を持つものとの間には、どうしても意義分化が起こらないではすまなくな

る。これが呪言から叙事詩の発生する主要な原因である。だから、呪言は、過去を説くものでなく、過去を常に現実化して説くものであった。（中略）叙事詩の本義は、現実の歴史的基礎を説く点にある。（一六六ページ）

と呪言から叙事詩（物語）が発生する点を明らかにし、さらに、「呪言の中のことばは叙事詩の抒情部分を発生させた」けれども、その抒情部分が地の文から分離して謳われたところから「歌」の発生となった、と述べる。あるいは、「長歌の末段の五句の、独立傾向のあったのを併せて、短歌を成立させた」と説いて、長歌からの短歌の分化・発生を考察する。なお、「呪言」あるいは「叙事詩」は、一般的に言えば、折口自身はその用語をきらったが、ほぼ「神話」に当たり、その神話は常に現在形のものである。

　さらに、「継承次第を主として、それに説明を添えて進むといった、書き入れ系図の、自由な姿の口頭伝承」であるつぎは、本来生のためのものでなく、死のためのものであって、それが名代部・子代部の発生を促した、と折口信夫は説く。

　また、源氏物語に巫女の書き手を想定しているが、ただ宇津保物語の鎌倉成立説や落窪物語の中世改作説は、疑義の生ずる点である。おそらく、それは、継子虐めのモチーフを中世の所産とみる折口であったから、落窪物語はもちろんのこと、宇津保物語も「忠こそ」の巻がそのモチーフであるので、成立時を鎌倉時代以後に下げたのであろう。

折口は、もどきを日本文学の源であり、芸術の始まりである、と重視する。それは『古代研究Ⅱ』（角川文庫）所収の「翁の発生」（昭和3・1、3）で詳細に追究した後に、加筆された部分の文章なので、当時、折口が導き出した一つの結論であったのだろう。なお、もどきについては、『古代研究Ⅰ』（角川文庫）の解説にゆずる。

最後に、「唱導」について触れておく。後年（昭和二十五年二月）に刊行された『日本文学啓蒙』の「上世日本の文学」の条に、次のごとく記されている。

> 日本に、もうるとん氏の常識化した文学論及び文学史の研究が採り入れられる以前から、漂遊者の文学・巡遊伶人の文学などゝ名づけて、考察を続けてゐたことであつたが、此先輩の気易げな態度と区別する為に、唱導文学といふ名を選んだのであつた。説経文学を棄てて、唱導文学の字面を採つた命名者の意図としては、此語に、宗教以前から、其以後までの長い時代を包含させようとしたのである。再、此語が、仏教的な説経文学の意味に用ゐられようとして来てゐるが、私は、民族文学の発生及び、其展開相を、団体の宗教的な運動に眼を据ゑて考察して行かうとした。当初以来の意図を、此語に実現したいと思うてゐる。（原文のまま）

「唱導文学」とは、折口信夫の命名であるが、日本文学の発生およびその展開を、唱導文学として貫き通そう、というのが「当初以来の意図」であり、それは、まさにこの「第四稿」の執筆のモチーフであった。文学の信仰起原説の立場にあり、しかも〈発生〉は前述のごとく、歴史上の一時点の発生のみを意味しない、いわば個々のうちに繰り返されるものである以上、その作品とその担い手たちの属性に唱導性をみることは、当然の帰結のように、私には思われる。右の文中で、狭義の説経文学の意味に限定しようしている人とは、おそらく筑土鈴寛（一九〇一―一九四七）のことであろう。この優秀でまだ若い部類に属する時期に亡くなった人と、折口との決定的な差違が露呈しているようだ。もっとも、「第四稿」では、広義・狭義二様の「唱導」を用いていることを明示しておく。

八　現代への照射

折口信夫は、神授の呪言からの文学の発生を説いたけれども、その呪言の分化・進展のうちに、第一の呪言からの転成として第二の呪言、第三の呪言の発生を確認していた。

詔旨（のりと）と奏詞（よごと）との間に「護詞（いはひごと）」というものがあって、古詞章の一つとして行われていた。（「第四稿」一六二〜一六三ページ）

詔旨（のりと）、それは第一の呪言とも言うべき神（まれびと）から精霊に発せられた神語を祖型とするもので、上位者から下位者への詞章であり、奏詞（よごと）は精霊（の代表としての神の嫁）が神への誓約のために神語を復唱するところから派生した第二の呪言を根とするもので、下位者から上位者への詞章である。ところが、神の零落により威信の失墜した神＝神人が下位者にみられながら、なお元の神語を発することから派生してきた第三の呪言とも言うべきものが護詞（いはひごと）（鎮護詞）である、と言う。つまり下位者が上位者の詞章を発することである。折口は、その鎮護詞の具体例の一つとして祭文などをあげて、鎮護詞の行く末を跡づけている。

私は、この鎮護詞こそ折口の文学発生論における思想性の核である、と読み取る。詞章の担い手（主体）の面では、聖と穢（え）、貴と賤（せん）の総体というあやうい構造を内包する漂泊宗教（芸能）者たるほかひびとの位相に当たっているからである。

のりと（詔旨）
よごと（奏詞）〉いはひごと（鎮護詞）

聖または貴
穢または賤〉漂泊宗教（芸能）者

だから、折口を柳田よりも中央集権的・絶対主義的であると言って、その思想性を問う時、その批判の正しい側面をもつにもかかわらず、半面において遊民意識・下降意識が露頭してきて、その批判を裏切る。

また前述の鎮護詞および漂泊宗教（芸能）者——折口の用語で言えば巡遊伶人であるが、それを両義性などと言う物言いで片付けるならば、折口の文学発生論のもつ現代への照射は霧消する。鎮護詞は第三の呪言であって、「呪言」の一点にかけての、まさに一元論が貫通しており、巡遊伶人は零落した神人、すなわちまれびとの末裔（まつえい）として一元論化されている。それは、形式と内容を総体化させた〈発想〉という折口独自の用語も、本書の主題である〈発生〉が〈方法としての発生〉としてあるのも、まさしく、この一点において存在意義があるのであって、だから、折口学の「古代」が近代との関係において二元論的にあるのでなく、一元論的にかかわる点に意味があり、この思想性が現代において、近代主義への反措定として有効性を主張しているのではあるまいか。

さらに折口が捉（とら）えている古代像は、決してバラ色のものだけでなく、〈古代〉の暗面を見逃していないし、まれびとの末裔たちの情念の暗さを見つめつつ、反面に彼らの明るい健康な面をも的確に捉えることを怠っていない。この総体の像を捉え出してくる折口学の方法こそ、「実感の方法」(広末保、近代日本思想大系『折口信夫集』の「解説」昭和50・10)ではないだろうか。研究者の感受性が〈学〉の方法としてくり込まれることは、まさしく近代科学を標榜する国文学研究が排斥したものであった。にもかかわらず、否、それゆえにと言うべきか、「実感」というものを学の方法のうちに取り込んでくる折口学のあやうさゆえに、柳田学よりも射程長く不可視の世界に踏み込むことができた。そして、学としての方法のあやうさにあって、なお、学として支え得ているポイントに、折口学の装置としての〈言語〉があった、と私は思う。先に私が、折口学は〈言語〉という一点において集約され、それをはずさない、と言ったのも、このことである。柳田国男が歌のわかれを行なうことによって柳田学を形成したのに対して、折口信夫は、〈言語〉に執着し、歌のわかれをしなかったことによって折口学を形成していった、と言えよう。

今、折口信夫の文学発生論は、その結果を利用するのでなく(結果の利用は必ずしもマイナスではないが)、その方法——つまり思想に向き合え、と迫っているのではないか、そんな相貌が見えてくる。

〔追記（平成二十九・一）〕

『古代研究』第二部国文学篇には、口絵写真として「八百比丘尼」・「久高島外間のろ」二枚・「漂著神を祀ったたぶの杜」・「岬のたぶ」「あかたび（二）」・「さいの神」二枚、合わせて八枚が採録されている。第一部の民俗学篇第一・第二では口絵写真が掲げられているのみならず、論文中に多数の資料写真も挿し込まれているが、本篇では、論文の内容の違いからか、その資料写真の挿し込みはなされていない。しかし、それらの写真は、今日ではいっそう貴重な資料になっている。この新装改訂版に際し、「八百比丘尼」「久高島外間のろ」「漂著神を祀ったたぶの杜」「さいの神」の六葉を次に付すこととした。

最後に、この論考の結びの文を、すでに二五五ページで一部分を引いているが、改めて引用しておく。「もどき」と「唱導」の精神が日本文学の発生の原動力だったと結論づけられている。

われわれの国の文学はいはひ詞以前は、口を緘（とざ）して語らざるしじまのありさまにはいる。これが猿楽その他の「癋（べしみ）の面」の由来である。それが一旦（いったん）、開口すると、止めどなく人に逆らう饒舌（じょうぜつ）の形が現れた。田楽などの「もどきの面」は、この印象まりであった。

それ以前に、善神ののりとと、若干の物語とがあった。しかも、現存するのりと・ものがたりは、最初の姿を残しているものは、一つもない。それでも、これだけその発生点を追求することの出来たのは、日本文学の根柢に常に横たわって滅びない唱導精神の存するためであった。

ほかひを携え、くぐつを提げて、行き行きて、また、行き行く流民の群れが、鮮やかに目に浮かんで、消えようとせぬ。この間に、私は、この文章の綴(とじ)めをつくる。

「知識と経験との融合を促す、実感」を重視し、「資料と実感と推論とが、交錯して生まれて来る、論理をたどること」(「追い書き」)を方法とした折口信夫の文体である。これは論文の語り出しと響き合っていること、言うまでもない。

われわれの祖(おや)たちが、まだ、青雲のふる郷を夢みていた昔から、この話ははじまる。(角川文庫版『古代研究Ⅰ』「妣が国へ・常世へ——異郷意識の起伏」の冒頭)

ほうっとするほど長い白浜の先は、また目も届かぬ海が揺れている。(同「若水の話」と同『古代研究Ⅱ』「ほうとする話——祭りの発生　その一」の冒頭)

我々読み手をも誘(いざな)っているようである。

八百比丘尼（撮影・穂積忠氏）

◀▼久高島外間のろ

◀さいの神
（撮影・穂積忠氏）

▲漂著神(よりがみ)を祀ったたぶの社

新版解説　ホカヒビトからマレビトへ

安藤礼二

優れた思想家、優れた表現者とは、自らの探究の総体を、一つの創造的な概念に集約することができる者のことをいう。

たとえば、若き折口信夫に大きな影響を与えたと考えられる、後に世界的な仏教学者となる鈴木大拙であれば、「霊性」。その大拙からの教示をもとに、これもまた後に独自の哲学体系を築き上げていった西田幾多郎であれば、「場所」。アメリカのシカゴで生活していたいまだ無名の若き大拙と、イギリスのロンドンで文通を重ねていた南方熊楠であれば、「曼陀羅」。熊楠の世界神話を比較するグローバルな方法との両義的な関係性のなかから、民間伝承を比較する独自のローカルな方法、すなわち民俗学という方法を導き出した柳田国男であれば、「常民」。

そして、近代日本思想史の上に自らの名と自らが創出した特異な概念を刻みつけた彼らと、ある場合には間接的（鈴木大拙と西田幾多郎）に、ある場合には直接的（南方熊楠と柳田国男）に関係をむすんだ折口信夫であれば、疑いもなく、「マレビト」になるであろう。

創造的な概念とは、単に抽象的で論理的なものではない。具体的で固有の経験をもとにして、そこから抽象の極にまで精錬されていったものだ。創造的な概念には、その人物が積み重ねてきた膨大な過去の記憶と、そこから未来を切りひらいていくための未知なる可能性が満ちている。創造的な概念は、具体と抽象を、経験と理念（イデア）を、過去の記憶と未来の可能性を、一つにむすび合わせる。「概念」（コンセプト）という言葉が、そのまま「妊娠」（コンセプト）という意味をもっているように、創造的な概念は、世代を超えて、その創出者とはまったく異なった多くの他の人々によって、そこから新たな子供を生む、つまりは新たな意味を引き出すことができるものなのだ。

折口信夫が提唱した「マレビト」は、まさに、そうした創造的な概念の一つとしてかたちになったものだ。西田の「場所」や柳田の「常民」のように、日常のごくありふれた言葉でありながら無限の意味をその内に包み込み、大拙の「霊性」や熊楠の「曼陀羅」のように、伝統のなかでいっときは古びた言葉でありながら、そこから無限の新しさを外に向けて展開していくことを可能にするものであった。

本巻には、折口信夫が、いかにして「マレビト」という概念にたどり着いたのか、その過程を明らかにしてくれる「国文学の発生」の第一稿から第四稿までが集大成されている。当初、「国文学の発生」は「日本文学の発生」と題され、現在の第一稿から第二稿までは一つの連続したものとして意図されていた(大正一三年四月、六月、八月、十月に発表)。第四稿と第三稿は発表の順序では、「日本文学の唱導的発生」と題された第四稿が先行し(昭和二年一月、二月、十一月に発表)、「常世及び「まれびと」」と題された第三稿はそれから一年以上の間があいた昭和四年一月に雑誌「民族」に発表されるとともに、同じ年の四月に刊行された『古代研究』国文学篇の巻頭に収められることになった。

この後も、折口は、国文学あるいは日本文学の「発生」を主題とした諸論考を、晩年に至るまで、書き継いでいく。つまり、「国文学の発生」とは、折口信夫の『古代研究』国文学篇を代表する論考のタイトルであるとともに、その古代学を起源から終結まで貫く一つの主題を過不足なく表現したものでもあった。

本巻に収録された四篇のなかでも、「国文学の発生」第三稿は、折口自身があえて執筆の順序を無視してまで『古代研究』国文学篇の巻頭に据えたため、折口マレビト論の中核をなす論考として、これまで多くの人々に論じられてきた。しかし、折口マレビト論がもつ真の射程を明らかにするためには、やはり執筆の順序通りに「国文学の発生」四篇の内容を整理し直してみる必要がある。

そうしてみると、「国文学の発生」第一稿では、折口のテクストのなかに、いまだマレビトという概念が出現していないことがわかる。マレビト以前に、折口がまず重視するのは、天上の神が地上の人に取り憑くことで語り出される「神語」（かみごと）であり、その「神語」を語る「語部」であり、その末裔である「漂泊伶人」たちの姿である。「国文学の発生」第二稿では、第一稿で提出された「漂泊伶人」（「巡遊伶人」）が「乞食者」（ホカヒビト）としてあらためて定位されるとともに、折口のテクストのなかにはじめてマレビトという概念がその姿をあらわす。つまり、折口は、まずマレビトを「巡遊伶人」にして「漂泊布教者」であるホカヒビトとして捉えていたわけだ。なお、折口は、ある箇所では、男性で山の神人たるホカヒビト（仮面祭祀者）、女性で海の神人たるクグツ（偶人祭祀者）を区別しているが、本解説ではホカヒビトに統一する。また、第二稿の冒頭の節は「神の嫁」と題され、折口は、原初のホカヒビト、つまり原初のマレビトを、一人一人の男を通じて神の顕現を見る女性（村々の主権者である高級巫女）として位置づけている。第二次世界大戦後にはじめて正面から論じられる「女帝考」の萌芽を、すでにこの段階に認めることが可能である。

ホカヒビトとして、列島の歴史の上にはじめてその姿をあらわしたマレビト。そうした見解は、「国文学の発生」第三稿を飛び越えて、第四稿にまでダイレクトにつながっていく（第三稿と第四稿の執筆はある程度まで並行していたはずである）。ホカヒビトにとって「巡遊伶人が同時に宗教漂泊者であったこと」をあらわすのは、彼ら、彼女らが携帯する特徴的な道具、「神霊の容れ物」にして「神体をおさめた箱」である「ほかひ」であった（以上、引用は第二稿より）。折口は、「国文学の発生」第四稿で、さらに、その霊的な道具である「ほかひ」をきわめて印象的に描き出す（一部注記を省略している）――「ほかひ人の一方の大きな部分は、その呪法と演芸とで、諸国に乞食の旅をする時、頭に戴いた霊笥に神霊を容れて歩いたらしい。その霊笥は、ほかひ（行器）と言われて、一般の人の旅行具となるほど、彼らは流民生活を続けていた。手に提げ、担ぎ、あるいはそれに腰うちかけて、祝福するのがほかひびとの表芸であった」。

そして第四稿、つまりは『古代研究』の段階での「国文学の発生」全体の最後を閉じるのは、次のような一節である――「ほかひを携え、くぐつを提げて、行き行きて、また、行き行く流民の群れが、鮮やかに目に浮かんで、消えようとせぬ。この間に、私は、この文章の綴めをつくる」。折口のいうマレビトは、そのはじまりにおいては、ホカヒやクグツなど、放浪する芸能者、巡遊伶人にして漂泊宗教者、アナーキーで治外法権の「階級」たる「流民の群れ」をその起源としている。彼ら、彼女らは、仮面をまとって神の言葉を歌い、人形（偶人）とともに神の身体を舞った。不可視の神の霊魂を、可視の自らの身体を用いて、あるいは、仮面や人形などの「もの」を用いて、いまここに造型し、表現していった。霊魂の技術者にして霊魂の芸術家たちだった。野生のアーティストであった。

「国文学の発生」第一稿から第四稿まで、折口のマレビト論はすべてホカヒビト論として読み替えることが可能である。つまり、ホカヒビト論として首尾一貫している。しかしながら、その「間」、特に第一稿および第二稿と第三稿および第四稿の「間」には、同一性とともに差異性もまた見出される。

創造的な概念は、相反する二つの極をその内に含みながら、具体的な体験を経ることで生成変化することを決してやめない。「国文学の発生」第一稿と第二稿を連続して書き上げた段階で、折口は、南島のフィールドワークは経験していたが、南島と並んで折口古代学を成り立たせる重要な基盤となったもう一つのフィールドワーク、愛知県、静岡県、長野県の県境、三遠南信の山奥で行われている霜月神楽（しもつきかぐら）（「花祭り」「雪祭り」「西浦田楽（にしうれでんがく）」）にはいまだ参加していなかった。修験道の行者たちによってその骨格が形づくられた霜月神楽では、祝祭の最中、真夜中という時間のゼロ・ポイントにして空間のゼロ・ポイントにあらわれ、時間と空間を刷新してしまう「鬼」たちは、「神」の力を体現する呪師によって調伏（ちょうぶく）され、その激烈な力をコントロールされていた。折口のマレビト論のなかに「神と精霊との対立」というパラダイムがあらわれ（神に行者あるいは「翁」、精霊に「鬼」が位置づけられる）、「もどき」（反復）

によってはじめて始原の時間と空間が出現すると説かれるのは、早川孝太郎につれられて愛知県北設楽の「花祭り」、長野県下伊那の「雪祭り」を見学して「神と精霊の対立」というパラダイムを体得し（大正一五年＝昭和元年）、さらには、静岡県浜松市水窪の「西浦田楽」で「もどき」の乱舞をその眼にしてから後に完成された「国文学の発生」第三稿および第四稿においてであった。ただし、「国文学の発生」第二稿には、すでに、「人と精霊の直談判」という表現もあり、折口の理論と実践が、どちらが先という単純なものではなく、より複雑な往還を経ていることが理解される。

マレビトは、遠来する神と土地の精霊、「翁」と「鬼」という、相反する二つの相貌——同時にそこには神憑りの客体にして神憑りをコントロールする「審神者」（男性）と神憑りの主体である「神主」（女性）という差異性が重なり合う——を身にまとうことになった。両性具有の神にして鬼である。屈服される土地の精霊を演じるホカヒビトと、土地の精霊を屈服させる天上の神と。その天上の神を自らの身体を使って、つまりは自身が神自体となって、「現人神」として出現する者こそが、この列島の最古の王たるミコトモチとしての天皇だった。ホカヒビト論として完成を迎えた「国文学の発生」第四稿は、同時に、ホカヒビトとは正反対の極に位置するミコトモチという言葉が、折口のテクストのなかにはじめて記された論考でもあった。神と精霊という対立は、ミコトモチとホカヒビト、原初の王と原初の詩人の対立として変奏されていく。その両義性、二律背反性をマレビトという一つの概念の内に含み込ませているところに、折口学の可能性と不可能性がともに位置づけられる。複雑な概念形成の歩みが、すべて一つの特権的な概念に集約されてしまうのだ。

マレビトという概念には、折口がこれまでに探究してきた主題とこれから探究していくべき主題が、折口古代学の過去と未来が、相矛盾するまま一つにむすび合わされていた。

ここまで明らかにしてきた、マレビト論形成に至る過程を、本シリーズのⅢ巻に収録された「神道に現れた民族論理」および「大嘗祭の本義」、さらには、Ⅳ巻に収録された「古代人の思考の基礎」をも含めてまとめてみれば、次のようになる——。

大正一〇年（一九二一）および大正一二年（一九二三）＝南島フィールドワーク
「国文学の発生」第一稿＝「神語」の定位、ホカヒの初出
「国文学の発生」第二稿＝ホカヒビトの初出、マレビトの初出
大正一五年＝昭和元年（一九二六）＝「花祭り」「雪祭り」フィールドワーク
昭和二年（一九二七）＝「西浦田楽」フィールドワーク
「国文学の発生」第三稿＝マレビト論
「国文学の発生」第四稿＝ホカヒビト論の完成、ミコトモチの初出、「産霊」の定位

「神道に現れた民族論理」＝ミコトモチ論の完成
「大嘗祭の本義」＝「天皇霊」の定位、死と再生の装置「真床襲衾（まどこおふすま）」の定位
「古代人の思考の基礎」＝霊魂として存在する神、産霊論の完成

三冊の巨大な書物である『古代研究』によって形成された折口古代学は、「マレビト」という創造的な概念の抽出とともに可能になった。「マレビト」は静的な概念ではなく、動的な概念である。マレビトは、ホカヒビト（放浪する芸能民）とミコトモチ（呪術王）という二つの極をもつとともに、天上の世界と地上の世界の媒介となる者でもあった。天上の世界には不可視にして永遠の存在、森羅万象あらゆるものの源泉となりそれらに生命を与える霊魂としての神（産霊）が存在し、地上の世界には可視にして刹那の存在、産霊から霊魂を付与されることではじめて生命を生じることが可能になる森羅万象が存在していた。マレビトは、霊魂としての神を自らに憑依（ひょうい）させ、自ら神となり、天上の無限にして永遠の世界と、地上の有限にして刹那の世界を一つにむすび合わせる。マレビトは、霊的な神の力（「天皇霊」）を解き放つとともに、霊的な神の言葉（「神語」）をも解き放ち、時間と空間をゼロに回帰させるとともに、時間と空間をゼロから再生させる。

それが折口信夫の古代学、折口信夫のマレビト論の全貌である。

＊

「国文学の発生」（第三稿）は、雑誌掲載時のタイトルが「常世及び「まれびと」」であったように、折口マレビト論を成り立たせている二つの中心である「マレビト」と、マレビトの故郷、マレビトがそこから訪れてくる「母」の国にして同時に「死」の国でもある「常世」を、そのなかで十全に定義したものであった。
折口は、論考の最初の章で、「マレビト」を、こう定義する——。

てっとりばやく、私の考えるまれびとの原(もと)の姿を言えば、神であった。第一義においては古代の村々に、海のあなたから時あって来(きた)り臨んで、その村人どもの生活を幸福にして還(かえ)る霊物を意味していた。

この定義の直前には、より端的に、たとえば、「まれひとは来訪する神」であると記され、また、「人にして神なるものを表す」とも記されている。「常世」の定義が与えられるのは、最後の章である。折口は、こう述べている——「思うに、古代人の考えた常世は、古くは、海岸の村人の眼には望み見ることも出来ぬほど、海を隔てた遥かな国で、村の祖先以来の魂の、みな行き集まっている所としていたのであろう。そこへは船路あるいは海岸の洞穴から通うことになっていて、死者ばかりがそこへ行くものと考えたらしい」。

「国文学の発生」第三稿の冒頭と最後で定義された「マレビト」と「常世」は、柳田国男に示唆され、折口が実際におもむいた南島(沖縄本島)、その南島のさらに果てに位置する八重山諸島の石垣島で見聞した事例にもとづいている。石垣島の宮良では、一年に一度、豊年祭の夜、海岸に穿(うが)たれた聖なる洞窟から、二体の巨大な祖先神が顕(あらわ)れる。全身を草で覆われ、赤と黒の仮面をまとった怪物(「霊物」)が、祖先たちの国、ニイルの国から出現する。二対の祖先神は村人たちに祝福を与えるとともに、掟(おきて)に背いた者には厳しい制裁を加える。その祖先神(「霊物」)に扮(ふん)するのは、さまざまな試練をくぐり抜け、村人たちの見本となるように成長した二人の優れた若者である。若者たちは、聖なる洞窟に籠もり、そこから湧き出ている聖なる水を仮面にそそぎ、仮面を「すで」させる(「若水の話」)——蛇のように脱皮させ、再生させる。

若者たちは、神の生命を吹き込まれた聖なる仮面をまとい、人にして神、あるいは、神にして人、「ニイル人」へと変身し、時間と空間を再生させる祝祭を組織する。折口は、そこに「マレビト」の原型、「常世」の原型を見ている。「国文学の発生」四篇は、いずれも折口の南島フィールドワークの後にまとめ上げられた。「国文学の発生」四篇の完成にとって、南島での見聞は必要不可欠であった。それでは、「国文学の発の発生」の真の起源は、柳田国男の民俗学に、柳田から示唆された南島のフィールドワークにのみ位置づけられるのであろうか。本巻の「解説」を担当した長谷川政春は、そうではない、と力強く答えてくれている。柳田の民俗学の影響からのみ折口の古代学の生成が考えられていた当時において、あるいは現在においても、きわめて勇気のある、同時にまた、きわめて優れた見解である。

　長谷川は、こう述べている。「折口信夫における文学発生論の始発は、「柳田」や「沖縄」の体験以前にある、と私は思う」と。なぜなら、折口の学の核心は、〈言語〉という一点に集約され、決してそれを外さないし、素通りもしないからだ。長谷川は、折口の文学発生論の真の起源を、「沖縄」以前にして「柳田」以前、折口が大学に卒業論文として提出した「言語情調論」にまでさかのぼっていく。そこで折口は、自身が確立することを目指した〈言語〉を、差別的な言語（意味を間接的に伝える水平的な、コミュニケーションのための言語）ではなく、包括的な言語（意味を直接的に伝える垂直的な、コミュニケーションそのものを可能にする言語）として位置づけていた。そうした「直接性」の言語が実現されるのは、神の「託宣」であり、神の「呪文」として、だった――なお、この他にも長谷川の「解説」には、「国文学の発生」四篇と伝記的な出来事との関連が詳細に説かれ、『古代研究』に収録される際に削除されてしまった折口の貴重な文章類が復元され、さらには、折口と同時代を生きた歴史家、文学者、哲学者たちが著した文学発生論との比較がなされている。新時代の折口研究は、長谷川のこの「解説」からはじまったといえる。

大学卒業論文「言語情調論」では答えきれなかった自らの問い——「直接性」の言語がひらく超現実的な世界とは一体どのようなものだったのか——に、自ら答えたものが「国文学の発生」第一稿だった。折口は、その冒頭で、こう断言している。私は、日本文学の発生を散文ではなく律文に、しかも、地上の人間が生み出したものではなく、天上の神から授けられた「神語」（かみごと）にあると信じている。「国文学の発生」第四稿でも、同じくその冒頭で、同様の宣言が繰り返されている。すなわち、「私は、日本文学の発生点を、神授（と信ぜられた）の呪言に据えている」と。第一稿でも第四稿でも、「神語」は、神の憑依が可能にするものだった。その憑依を反復することから、文学的な表現（「叙事詩」）が生まれ、身体的な表現（「舞踏」）が生まれる。

折口は、「国文学の発生」第一稿に、こう記す。折口古代学の、その文学発生論にしてマレビト論の、アルファにしてオメガである——。

一人称式に発想する叙事詩は、神の独り言である。神、人に憑って、自身の来歴を述べ、種族の歴史・土地の由緒などを陳べる。みな、巫覡の恍惚時の空想には過ぎない。しかし、種族の意向の上に立っての空想である。しかも種族の記憶の下積みが、突然復活することもあったことは、もちろんである。

それらの「本縁」を語る文章は、もちろん、巫覡の口を衝いて出る口語文である。そうしてその口は十分な律文要素が加わっていた。全体、狂乱時・変態時の心理の表現は、左右相称を保ちながら進む、生活の根本拍子が急迫するからの、律動なのである。神憑りの際の動作を、正気でいても繰り返すところから、舞踊は生まれて来る。この際、神の物語る話は、日常の語とはようすの変わったものである。神自身から見た一元描写であるから、不自然でも不完全でもあるが、とにかくに発想は一人称によるようになる。

柳田の民俗学には、このような発生論的な観点、「憑依」を内側から主観的に生き直すような側面は存在しない。それは明らかに、客観的な学問的表現から主観的な文学的表現へと逸脱してしまう営為である――しかも、折口のいう神の「一元描写」には、同時代の奇矯な文学者、岩野泡鳴からの影響があるというのだ（長谷川による「解説」および「年譜」による）。柳田が、マレビト論の完成でもある「国文学の発生」第三稿を、自身が主宰する雑誌「民族」――民俗学を客観的かつ世界的な学問として確立することが目指されていた――に掲載するのを拒否したことも充分にうなずける。折口は、文学の発生を客観的に研究するとともに、主観的にも生きようとしていたからだ。だからこそ、生涯をかけて文学発生論を書き継いでいったのだ。そして、ただその点のみを、柳田は、逆に、生涯ついに認めることができなかった。

折口学は、〈言語〉への関心、その理論構築と実践に集約される。だからこそ、マレビトを成り立たせる二つの極、ホカヒビトもミコトモチも、神の言葉を「乞う」（ホカフ）、神の御言（ミコト）を保持する（モツ）、という神の聖なる言葉に由来する名称をもたなければならなかったのだ。それとともに、祖先の霊が集う「常世」の在り方も変化する。「霊」は同時に「言」でなければならなかったからだ。「天皇霊」は、威力の源泉である霊的な力であるとともに、神の御言（ミコト）そのものであった。折口は、「霊」にして「言」を産出する根源神、「産霊」（「興台産霊神」）を、「国文学の発生」第四稿で、こう定義している――「むすびというのは、すべて物に化寓らねば、活力を顕すことのできぬ外来魂なので、呪言の形式で唱えられる時に、それに憑り来てその力を完うするものであった。興台――正式には、興言台と書いたのであろう――産霊は、後代はいわゆる詞魂と称せられて一般化したが、正しくはある方式すなわちとを具えて行う詞章の憑霊と言うことが出来る」。

常世とは、呪言の創始神、すなわち「産霊」の神の原型が、支配する国でもあった――「呪言の創始者は古代人の信仰では、高天原の父神・母神とするよりも、古い形があったようである」。だからこそ、常世の国から訪れたマレビトは、常世の言葉、神の聖なる言葉とともにこの地上を訪れて、原初の時間、原初の空間、すなわち原初の場所を、いまここに甦らすことが可能になったのである。マレビトのもたらしてくれる神の聖なる言葉、「呪言」は、「過去を説くものではなく、過去を常に現実化して説くものであった」からだ（以上、すべて第四稿より）。マレビトは、天と地の媒介、神と人との媒介、過去と未来の媒介となるものであった。

長谷川政春は、何度も参照した本巻の「解説」の最終章、「現代への照射」で、折口が定義した「呪言」の三つの在り方を取り上げている。神から精霊へ下される「詔旨」、精霊が神に応えて反復する「奏詞」、そして、神の位置にいたものが精霊へと零落しながらも、神の言葉（「神語」）を発しようと試みた「護詞」（鎮護詞）である。下位のものが、下位にありながらも、上位にあるものの言葉を語る。それこそが漂泊芸能者にして漂泊宗教者である原初のマレビトが語る言葉そのものだというのだ（一部、言葉遣いをあらためている、ぜひ原文にあたっていただきたい）。マレビトは、聖と穢、貴と賤の「間」を生き、祝祭による反復の度ごとに、聖にして穢、貴にして賤の言葉を語る。その往還は決してやむことがない。マレビトを迎える側にとっては、折口が「国文学の発生」第二稿で「人形」について記したように、「畏敬と触穢と両方から来る感情」をもってしか、その事態を受け容れることができない。

マレビトは、折口の学のみならず、折口の生そのものを体現し、象徴しているかのようだ。

収録論文掲載一覧

国文学の発生（第三稿）　昭和二年十月稿。「民族」第四巻第二号、昭和四年一月

国文学の発生（第一稿）　「日光」第一巻第一号、大正十三年四月

国文学の発生（第二稿）　「日光」第一巻第三・五・七号、大正十三年六・八・十月

国文学の発生（第四稿）　「日本文学講座」第三・四・十二巻、昭和二年一・二・十一月

著者略年譜

明治二〇年（一八八七）　一歳

二月一一日、大阪府西成郡木津村二三四番屋敷（後、大阪市浪速区鷗町一丁目一二三一番地）に誕生。父秀太郎、母こうの四男。折口家は木津願泉寺門徒の百姓で、曽祖父彦七の代に生薬と雑貨の商家となる。祖父造酒ノ介は奈良県高市郡明日香村岡寺前の岡本善右衛門の八男で、同地の飛鳥坐神社神主の飛鳥家の養子になった上折口家の養子に入り、医を本業とし家職を兼ねた。父も河内黒原村の名主の福井家から婿養子に入り、家業を継いだ。信夫生誕当時の家族は、曽祖母とよ・祖母つた・秀太郎・こう・叔母ゆう、えい・姉あゐ・兄の静・順・進の十人。幼時、大和の小泉村で里子として育てられた。

明治二三年（一八九〇）　四歳

木津幼稚園に通う。百人一首を暗誦し、父から口移しに芭蕉の俳句を暗誦させられた。

明治二五年（一八九二）　六歳

四月、木津尋常小学校に入学。

明治二七年（一八九四）　八歳

二月、曽祖母とよ死去（九〇歳）。双生児の異母弟親夫・和夫誕生（生母、叔母ゆう）。四月、次兄順死去（一二歳）。この年、叔母えい東京湯島の済生学舎に遊学し、贈られた『東京名所図会』の見開きに、初めての自作歌「たびごろもあつささむさをしのぎつつめぐりゆくゆくたびごろもかな」を記す。後年、この叔母の庇護を受ける。この頃から家人と、歌舞伎や人形芝居を観る機会が多い。木から堕ちて切り株で睾丸を裂き、一か月休校。

明治二九年（一八九六）　一〇歳

四月、大阪市南区竹屋町の育英高等小学校に区外生として入学。通学路は約四キロメートルで、途中に千日前・道頓堀・南地五花街がある。この年も市川右団次の舞台を多く観る。

明治三一年（一八九八）　一二歳

七月、姉あゐ、父の生家福井家に嫁ぐ。この頃、高山彦九郎の伝記に感激し、歩いて堺の仁徳陵に参詣。また国学者敷田年治に入門して和文・和歌を学んでいた姉の影響を受ける。

明治三二年（一八九九）　一三歳

四月、大阪府立第五中学（後の天王寺中学）に入学。身長一三四センチ、体重二七キロ。同級生に武田祐吉・岩橋小弥太・西田直二郎ら。春、栗田土満『神代紀葦牙』を読む。雑誌「少年世界」「帝国文学」「新小説」「文芸倶楽部」「文庫」「太陽」などを読む。一〇月、「都賀野の牡鹿」を校友会誌「桃陰」に発表。

明治三三年（一九〇〇）　一四歳

春、『言海』を精読。夏、初めて大和へ一泊旅行して飛鳥坐神社に参詣する。この年、薄田泣菫『暮笛集』を購読。中学時代に土井晩翠『天地有情』、島崎藤村『若菜集』、蒲原有明『草わかば』などや鹿持雅澄『万葉集古義』を読む。

明治三四年（一九〇一）　一五歳

二月に自作文「芙蓉」の朗読を、六月に『雨月物語』の「白峯」の暗誦を学校の文学会で行なう。一一月、中学生の修養を目的とした琴声会に入会。この年、橘千蔭の大阪版『万葉集略解』を父に買って貰い、巻一の歌を筆写して自身の考えを記す。

明治三五年（一九〇二）　一六歳

三月、兄進の投稿歌に添えた短歌一首が「文庫」に入選。五月三日、父秀太郎急逝（五一歳）。同月の文学会に「変生男子」の論題で演説し、中学生の惰弱を戒める。この頃から学業成績著しく下がる。六月に自作新体詩「行く雲」を、一二月に「病める友に贈る」を文学会で朗読。学校図書館の『令義解』『新古今集』など耽読し訓戒を受ける。年末頃、自殺未遂。

明治三六年（一九〇三）　一七歳

春、武田祐吉らと二上山を越え、大和へ二泊旅行。武田らの短歌の会、鳳鳴会に参加し、作歌を多くする。夏休みか、園田益太郎教諭に連れら号した。夏休みか、園田益太郎教諭に連れられ、武田祐吉・岩橋小弥太・吉村洪一らと牛滝より犬鳴山への尾根伝いの道で迷い、翌日に粉河寺に出る。学業成績ますます落ちる。この年か、一夏中、自宅の蔵に籠って『国歌大観』を読破し、『玉葉集』『風雅集』の価値を発見する。

明治三七年（一九〇四）　一八歳

二月、鳳鳴会解散。三月、卒業試験の英語の会話作文・幾何・三角・物理の四科目に欠点を取り、落第。四月、祖母つた・叔母えいと大和飛鳥に旅行。六月、文学会大会で『雨月物語』の「浅茅が宿」を暗誦して学友を驚かす。鳳鳴会後身の維水社に加わり、郵送回覧誌「維水」に短歌を発表。夏、大和に四泊の旅行。室生寺の奥の院で自殺を試みた若き日の釈契沖を想起しその誘惑にかられる。この頃、『山家集』を愛読し、西行のように生涯を旅することが理想と発言。この一年間、同級の伊庭孝（新劇運動創始者）と校内の言論を牛耳る。

明治三八年（一九〇五）　一九歳

春、芝山正晴と二上山に登る。二月、短歌「壁画」一〇首を「桃陰」に発表（筆名、折口霽胆）。三月、天王寺中学校卒業。九月、家人の勧める医科への進学を変更し、新設の國學院（東京飯田町）の大学部予科一年に入学。麴町土手三番町の素人下宿にいた新仏教家、藤無染の部屋に同居し、年末、藤氏に従って小石川柳町の下宿に移る。天王寺中学教諭から國學院大学講師に転じていた三矢重松の恩顧を受ける。この年、作歌約五〇〇首。

明治三九年（一九〇六）　二〇歳

宮井鐘次郎らの宗派神道教義研究団体の神風会に加入し、会誌「神風」に寄稿、本荘幽蘭らとしばしば街頭布教の演説を行なう。弁護士浜田常之助主催の経典講義の会にも出る。またよく説経節の若松若太夫の寄席を聴く。この頃か、独りで十国峠を越える。

明治四〇年（一九〇七）　二一歳

一月、金田一京助・岩橋小弥太らと國學院講師金沢庄三郎の『辞林』の編集を手伝う。二月、神国青年会を学友と設立。七日、予科二年修了し、九月に本科国文科に進む。夏頃、小石川指ヶ谷町に下宿。歌人服部躬治に入門し、一度歌の批評を受けて止める。在学中、金沢に朝鮮語を習い、外国語学校の夜学で蒙古語を学ぶ。この年か、上野の図書館に通って古典部の書籍を読破し、新聞記事になる。

明治四一年（一九〇八）　二二歳

九月、本科二年生に進級し、特待生となる。一〇月、考古学会に入会。年末頃、國學院が夜間他校に校舎を貸したことを風刺した狂言「額論」を書き、学友らと同窓会の席で上演。

明治四二年（一九〇九）　二三歳

五月、大日本歌道奨励会の「わか竹」に「和歌批判の範疇」（筆名、無名氏）を連載。一〇月、初めて東京根岸短歌会に出席、伊藤左千夫・古泉千樫・土屋文明・斎藤茂吉らを知る。「毎日電報」（後、毎日新聞）の劇評懸賞募集に「封印切漫評」を投稿し、一等に入選。牛込区天神町八二番地、茅辺方に下宿。

明治四三年（一九一〇）　二四歳

七月、國學院大学大学部国文科卒業。卒業論文「言語情調論」。大阪に帰る。九月、京都山崎妙喜庵の関西同人根岸短歌会に出席し、花田比露思らを知る。この時、釈迢空の号を用いる。秋、京都大学病院入院の母に付添う。この年、柳田国男『石神問答』『遠野物語』や岩野泡鳴「悲痛の哲理」、ドミートリー・セルゲーヴィチ・メレジュコフスキー『背教者ジウリアノ』（島村苳三訳）などを読む。また石川啄木の『一握の砂』を精読。

明治四四年（一九一一）　二五歳

初夏、短歌「かの日のために」一四首（四行〜八行の散らし書き）を詠む。八月、河内の岩崎家を訪ね、美隆『枕草子私記』を筆写。一一月、大阪府立今宮中学校の嘱託教員となる。月給四十円。同校教員の石丸梧平（筆名、梅外）を知り、大阪文芸同好会に出入り。一二月、東京人類学会に入会。

明治四五・大正元年（一九一二）　二六歳

三月、祖母つた死去（七五歳）。八月、生徒伊勢清志らを連れ、伊勢・志摩・熊野を旅し、短歌一七七首を『安乗帖』と題してまとめる。一一月頃、大阪府豊能郡麻田村蛍ヶ池に独居。

大正二年（一九一三）　二七歳

七・八月、「沼空集―海山のあひだ」を宮武外骨主幹「日刊不二」に発表（筆名、沼空沙弥）。与謝野鉄幹の史詩「鳴鏑」を授業中に激賞。八月、梶喜一を伴い、九州・四国に旅行。一〇月以降、自筆本短歌集『ひとりして』を友人に贈る。この頃から短歌表記上の句読点を工夫する。一二月、投稿原稿「三郷巷談」を柳田国男主宰の「郷土研究」に発表。

大正三年（一九一四）　二八歳

二月、大阪の文芸同攻会第一回例会で「語部の生活」、第二回例会で「暗面生活に於ける言語意識の進化（性慾篇）」を講演。三月、今宮中学の職を辞す。四月、「言語学研究のため」に上京し、本郷六丁目の赤門前の昌平館に下宿。今宮中学四期生の萩原雄祐・鈴木金太郎・伊勢清志らも同宿。五月頃か、立教高等女学校に臨時講師として出校（翌年まで）。また小説「口ぶえ」を二五回にわたって「不二新聞」に連載。六・八月、「零時日記（I）」を「中外日報」に発表。以後、同題の文（II）・（III）を発表。年内に金沢庄三郎編『中等国語読本』十冊の編纂を終えたが、疲労のため、神経衰弱と糖尿病に罹る。

大正四年（一九一五）　二九歳

三月、「異郷意識の進展」を國學院国文学会例会で講演。四月、今宮中学五期生の伊原宇三郎ら上京し、昌平館に下宿。「髯籠の話」を「郷土研究」に発表。六月、山本信哉の論文「少彦名命と常世国」を読む。新渡戸稲造邸の郷土会に出席し、初めて柳田国男に会い、その知遇を得る。七月、伊藤左千夫三周忌歌会に出席し、島木赤彦・土岐善麿を知る。夏、生活の窮状を家人に訴え、一〇月に小石川金富町の鈴木金太郎の下宿に寄寓。九月、國學院大学国文学会で白鳥庫吉の講演「大嘗祭の根本義」を聴く。一〇月、「切火評論」を「アララギ」に発表し、以後、「アララギ」との縁が深くなる。この年、中山太郎を通じてロシア人のニコライ・ネフスキーを知る。また、「家のため博士になれといひおこす親ある身こそかなしかりけれ」を詠む。

大正五年（一九一六）　三〇歳

一月、武田祐吉の勧めで『万葉集』の全歌口訳（本邦初）を三か月で終え、九月に国文口訳叢書『万葉集』上巻を文会堂書店より刊行（中・下巻は翌年五月）。八月、王子権現に田楽を見学。戯曲「花山寺縁起」執筆。恩師三矢重松から「王朝文学研究の具体化出来たもの」と賞讃される。一一月、國學院大学国文学会で「語部から史学者へ」を講演。「異郷意識の進展」を「アララギ」に発表。一二月、「アララギ」のために、橘守部『万葉集檜嬬手』を校訂出版。この年、國學院大学に郷土研究会を創立。

大正六年（一九一七）　三一歳

一月、私立郁文館中学教員となる。二月、「アララギ」同人となり、選歌欄を担当。六月、豊多摩郡野方村の井上哲学堂内の小庵鑽仰軒に移る。小説「身毒丸」を國學院同窓会誌「みづほ」に発表。その「付言」に、史論の表現形式として小説か戯曲がよい、と記す。八月末〜一〇月初め、尾道および九州のアララギ会員のための講演と歌会の旅に出る。無断欠勤一か月に及び、郁文館中学を免職。この年か、本郷の旅館に岩野泡鳴を訪ねる。

大正七年(一九一八)　三二歳

一月、上京中の胡桃沢勘内と初めて会う。二月八日、母こう永眠(六一歳)。二〜四月、ニコライ・ネフスキーに『万葉集』や『源氏物語』を講義。八月、宮武外骨の資金援助を得て雑誌「土俗と伝説」を発行。十数種の筆名で執筆。

大正八年(一九一九)　三三歳

一月、國學院大学臨時代理講師となる。二月、國學院国文学会で「葛の葉狐の話」を講演。六月、豊多摩郡大久保町西大久保三〇七番地の借家に鈴木金太郎と転居。九月、長野県東筑摩郡教育会で講演。以後、信州各地で講演。

大正九年(一九二〇)　三四歳

五月、「妣が国へ・常世へ」を「國學院雑誌」に発表。歌舞伎座上演の「名残の星月夜」評を「茂吉へ」と題して「アララギ」に寄稿したが、没書。これが「アララギ」を去る一因に。七月、信州・遠州の山間を民間伝承採訪旅行。九月、國學院大学講師(専任)。一〇・一一月、「異訳国学ひとり案内」を「國學院雑誌」に連載。一一月、郷土研究会主催で宮良当壮蒐集の八重山土俗展覧会を開く。また、慶應義塾大学三田演説会で「信太妻の話」を講演し、一三年の「三田評論」に掲載。

大正一〇年(一九二一)　三五歳

三月、沖縄旅行から帰った柳田国男から話を二回に亘り聴く。また、自宅で柳田の渡欧壮行会を催して天婦羅を揚げ、柳田から「こんなに熱心に料理をする人の学問は大成するだろうか」と心配される。七・八月、第一回沖縄採訪旅行をし、帰途、壱岐に渡る。旅中、「沖縄採訪手帖」・「壱岐民間伝承採訪記」を記録。九月、國學院大学教授となる。年末、選者を辞し、アララギから遠ざかる。

大正一一年（一九二二）　三六歳

一月、雑誌「白鳥」を創刊。「万葉びとの生活」（四回連載）、小説「神の嫁」や詩「おほやまもり」発表。この小説は「万葉びとの生活」の裏打ちとして。詩は恩師三矢重松から「国学の窮極地だ」と激賞される（『海やまのあひだ』「この集のすゑに」）。二月、「万葉集のなりたち」を「皇国」に発表。五月、上京した南方熊楠に初めて会う。また、國學院の祭祀研究会で「祭政一致論」を講演。一二月、鈴木金太郎と共に下谷区谷中清水町一二番地に転居。また、郷土研究会で袖もぎの民俗の談話をする。この年、國學院大学師範部学生の間に、短歌結社くぐひ社や高日社おこる。

大正一二年（一九二三）　三七歳

一月、贈呈された金田一京助『アイヌ聖典』（世界聖典全集）の余白に「叙事詩の一人称なのは、託宣から出るゆゑだ」と書き入れ。五月、慶應義塾大学文学部講師となる。國學院大学は飯田町から豊多摩郡渋谷町下渋谷に移転。「琉球の宗教」を『世界聖典外纂』に執筆発表し、「日本文学の発生」の纏まる導きになったという。七月、恩師三矢重松没（五三歳）。翌日から、第二回沖縄採訪旅行（「沖縄採訪記」）。九月一日の関東大震災の報を翌朝の神戸港で聞き、四日正午に横浜港を上陸し、夜徒歩で清水町の家に帰る。帰途、自警団に取り囲まれる。一二月、渋谷町下渋谷羽沢一八五番地の借家に鈴木金太郎と転居。

大正一三年（一九二四）　三八歳

一月、南島談話会で八重山の花城八重の話をする。また、亡師三矢重松の源氏物語全講会を遺族の勧めで再興。四月、古泉千樫の勧めで雑誌「日光」の創刊に加わり、「日本文学の発生」（改題「国文学の発生 第一稿」）を発表。同題の論文は「呪言の展開」「巡遊伶人の生活」「叙事詩の撒布」と、稿を重ねる。以後、晩年にまで及ぶ。六月、渋谷町下渋谷羽沢一八九番地の借家に鈴木金太郎と転居。八月、第二回の壱岐旅行。一二月、大阪の実家、隣家から出火して類焼。

大正一四年（一九二五）　　三九歳

一月、國學院大学予科生の間に短歌結社鳥船社おこる。五月、第一歌集『海やまのあひだ』を改造社より刊行。一〇月、柳田の『おもろさうし』研究会に伊波普猷らと参会。

大正一五・昭和元年（一九二六）　四〇歳

一月、早川孝太郎と愛知県北設楽郡の花祭りや長野県下伊那郡の新野の「雪祭り」（折口の命名）を見学。以後、毎年のように訪れる。三月、信州諏訪の島木赤彦の葬儀に出席。五月、「万葉集の解題」講演。六月、「古代生活に見えた恋愛」を「人生創造」に、「古代人の自然美観の展開」（改題「叙景詩の発生」）を「太陽」に、「日本書と日本紀と」を「史学」に発表。七月、「歌の円寂する時」を「改造」に発表。一二月、土岐善麿編『万葉以後』の解説「短歌本質成立の時代」を発表。

昭和二年（一九二七）　　四一歳

一月、郷土研究会で「三河鳳来寺の地狂言の翁」を話す。「日本文学の唱導的発生」（改題「国文学の発生 第四稿」）を新潮社版『日本文学講座』に連載（三回）。二月、遠州周智郡水窪町西浦の田楽を見学。五月、相州大山阿夫利神社で大山能を見学。また、京都の壬生念仏を見学。六月、國學院の学生中村浩や藤井貞文らを伴い、能登半島に採訪旅行し、藤井春洋の生家を訪う。八月、土佐に十数日をすごして後、室戸岬に到る途中、古泉千樫の死を知る。九月、「水の女」を「民族」に発表。『隠岐本新古今和歌集』の解説「女房文学から隠者文学へ」を執筆掲載。「古代民謡の研究」（二回連載）を「日光」に発表。
一一月、民俗芸術の会で「翁の成立」を四時間に及んで発表。一二月、民俗芸術の会で山崎楽堂の講演「申楽の翁」を聴く。雑誌「日光」の最終号に、七月の芥川龍之介の自死に言及し、折口の死生観の一端を述べる。

昭和三年（一九二八）　四二歳

一月、鷽の会で「鷽替へ神事と山姥」を講演。四月、慶應義塾大学文学部教授となり、芸能史を開講。同時に源氏物語全講会を國學院から移す。六月、郷土研究会で「花の話」を講演。九月、「万葉集研究」を新潮社版『日本文学講座』に発表。一〇月、長兄静死去（四八歳）。同月、東京府荏原郡大井町出石五〇五二番地（後、東京市品川区大井出石町）の二階建て借家に転居。以後、没年まで住む。鈴木金太郎・藤井春洋同居。また、郷土研究会主催で三州北設楽郡豊根村山内の村人十数名を招き、花祭り二十数番を実演、解説を担当（大学講堂）。一一月、ＪＯＡＫで講演「古代生活から見た即位式と大嘗祭」を放送。
一二月初旬、藤井春洋と能登半島に採訪旅行し、『古代研究』の口絵写真のための「たぶの森」を撮影する。

昭和四年（一九二九）　四三歳

一月、「常世及び『まれびと』」（改題「国文学の発生」第三稿）を「民族」に発表。二月、郷土研究会で「雛祭り」について講演。四月、『古代研究』民俗学篇1および国文学篇の二冊を大岡山書店より刊行。八月、信州の別所・上林・発哺などの温泉に籠もる。八月中旬、伊波普猷の案内で、尚王家の祭り・盆行事・盆後の村芝居・琉球の古典劇などの見学を予定していた琉球旅行が病気のため中止。同月末、國學院信濃人会の古代研究講座で「神道に現れた古代民族論理」を講演（二回）。一〇月、第一回民俗学会大会で「古代に於ける言語伝承の推移」を講演。一一月、郷土研究会秋季大会で「をとめの島」を講演。一二月、三州三沢の花祭り衆の家に数日滞在。

昭和五年（一九三〇）　　四四歳

一月、第二歌集『春のことぶれ』を梓書房より刊行。四月、「東京日日新聞」（後の「毎日新聞」）の歌壇選者となる。手伝いの宮永みか、能登から来る。六月、『古代研究』民俗学篇2を刊行。八月末、最初の東北採訪旅行をし、遠野・恐山・男鹿などを歩く。遠野では佐々木喜善同行。一一月、民俗学会大会で「屋島を物語る理由」を講演。また、JOAKで「新嘗祭の本義」を放送。「婦人公論」の歌壇選者となる。一二月、初めて飛行機に乗り西下、春日若宮御祭りを見学。

昭和六年（一九三一）　　四五歳

一月、藤井春洋、金沢歩兵連隊に入営。三月、郷土研究会で「諏訪の御柱」について講演。JOAKで「皇女の神聖なる御生活」を放送。また、西金砂神社の田楽を見学。八・九月、南部や津軽に採訪旅行。一〇月後半、体調を崩す。一二月、北陸に旅行。月末、春洋除隊。

昭和七年（一九三二）　　四六歳

三月、文学博士となる。学位論文「『古代研究』国文学篇中、万葉集に関する研究」。六月、郷土研究会大会（大学講堂）で八王子車人形を実演。曲目は「山椒大夫」「小栗判官」「刈萱」、解説をする。一〇月、改造社より雑誌「短歌研究」が創刊、選者となる。以後、執筆することが多い。一〇月末から、慶應義塾大学国文科万葉旅行で石上・三輪・多武峰・明日香・吉野・南河内・恭仁京址を歩く。

昭和八年（一九三三）　　四七歳

二月、慶應の三田地人会に出席し、西脇順三郎の講演「エピックとフォーク・ローア」を聴く。「連歌俳諧発生史」を改造社版『俳句講座1』に発表。四月、藤井春洋、國學院大学講師となる。九月二十九日、佐々木喜善没（四八歳）。後年（昭和28・8）、建立された墓碑の揮毫をする。一〇月、JOAKから「万葉集講座」を一二回放送。一一月、小石川伝通院での古泉千樫七回忌法要・追悼会で北原白秋と講演。

昭和九年（一九三四）　四八歳

一月、姉あゐ死去（五六歳）。四月、國學院の教え子故秋山太郎の墓石の文字を書く。四月末、鈴木金太郎大阪に転勤。同居は二一年間に及んだ。夏中、藤井春洋療養のため、北軽井沢の法政大学村の別荘を借りる。一一月、東北旅行し、平泉の延年舞・早池峰の神楽を見学。この旅中、青森県西津軽郡出精村の水虎像の模造を仏師に依頼。一二月、郷土研究会の中山太郎『日本盲人史』出版を祝う会で中山が講演中に久我家文書の閲覧をめぐる発言をし、折口が激怒。

昭和一〇年（一九三五）　四九歳

二月、郷土研究会講演会で柳田国男が「郷土研究の成長」を講演し、折口の学問の危うさを指摘する。四月、初めて叔母えいを家に招く。六月、郷土研究会で川祭りを挙行し、俄狂言「わが命の早づかひ」上演。川祭りは以後恒例の行事となり、水虎像は大井出石宅玄関に祀られる。七月、信州小谷温泉に行く途中、下川原で落馬。以後、腰部神経痛の原因となる。八月、民間伝承の会を発足。一一月、大阪木津の折口家から分家。一二月〜翌年一月、春洋を伴い、三回目の沖縄採訪旅行。

昭和一一年（一九三六）　五〇歳

一月、「山の音を聴きながら」を「多磨」に発表。二月、國學院郷土研究会大会で「琉球国王の出自」を講演。四月、亡くなった友人の氷室昭長の長男良彦を、しばらく同居させる。五月、日本民俗協会主催琉球古典芸能大会を日本青年館で開催（昼夜二回で二日間）。玉城盛重・新垣松含ほか約二十名を招き、その舞踊や組踊りの公演を催す。琉球舞踊ブームのさきがけとなる。七月、鶴岡市の三矢重松歌碑除幕式に参列し、記念講演会で「三矢先生の学風」を講演。後、出羽の黒川能を観る。九月、「新古今前後」を「短歌研究」に連載し始める。一三年五月まで七回。

昭和一二年（一九三七）　五一歳

一月、短歌文学全集『釋迢空篇』を第一書房より刊行。二月、山形県の黒川能を見学。三月頃、初めて頭髪を伸ばす。八月、改造社の『新万葉集』の選者として選歌を開始。一二月、箱根明神ヶ岳で道に迷い、一夜を野宿。

昭和一三年（一九三八）　五二歳

四月、自選歌五〇首を『新万葉集』に掲載。五月、「寿詞をたてまつる心々」を「日本評論」に発表。六月、JOAK国民講座で「短歌の歴史」「短歌の本質」「短歌の鑑賞」を三回放送。七・八月、室生犀星や堀辰雄の尽力で軽井沢に滞在。一二月、「日本文学の内容」を「俳句研究」に発表。

昭和一四年（一九三九）　五三歳

一月、小説「死者の書」を「日本評論」に三回連載。四月、箱根仙石原に山荘「叢隠居」を建て、休暇の多くを過ごす。五月、自選歌の朗詠をコロムビア・レコードに吹き込む。一〇月、抒情詞曲「山家集」をJOAKで放送。一一月中旬、京都帝国大学史学科特別講師として神道を中心に連続講義。この間、近江の比良山で道に迷い、一夜野宿。また天王寺中学時代の恩師田中常憲（白茅）の京都深草の家を訪問。講義終了の後、大和万葉旅行。

昭和一五年（一九四〇）　五四歳

二月、日本文学大系『近代短歌』を河出書房より刊行。九月、信州で「神道と古代日本」を講演。一一・一二月、JOAK国文講座で「明治時代の短歌」を八回放送。

昭和一六年（一九四一）　五五歳

一月、宮中御歌会始めの儀に召される。題「漁村曙」。三月、室生犀星宅で雑誌「むらさき」のために「古典について」の対談をし、連句を巻く。『橘曙覧評伝』を教学局より出版。五月、仙台中央放送局主催の東北民謡試聴団の旅行に参加し、車中で柳田国男・土岐善麿と歌仙「東北車中三吟」を巻く。七月、「日本文学における笑ひ」を「俳句研究」に発表。八・九月、中国に旅行し、北京で講演。一二月、太平洋戦争起こり、藤井春洋応召。

昭和一七年（一九四二）　五六歳

四月、春洋召集解除。七月末、箱根仙石原の叢隠居で柳田国男・穂積忠と連句「若すゝきの巻」「かな蛇の巻」を巻く。八月、叔母ゆう死去（七九歳）。「日本文学の発生」を「日本評論」に四回連載。九月、歌集『天地に宣る』を日本評論社より刊行。一二月、大日本言論報国会の会員となる。

昭和一八年（一九四三）　五七歳

一月、「小説戯曲文学における物語要素」を「日本評論」に発表。三月末か四月初め、日本文学報国会理事会で「アラヒトガミ事件」あり、現人神は天皇一人にあらずと発言して収まる。四月、大日本芸能学会を創設し、会長となる。機関誌「芸能」を監修。七月、三矢重松二〇年祭記念歌碑建立のため、山形県鶴岡に赴く。九月、藤井春洋再び応召し、金沢の連隊に入隊。この後、加藤守雄同居（翌年六月まで）。『死者の書』を青磁社より刊行。十月、國學院大学学徒出陣壮行会で、詩「学問の道」を高崎正秀代読。一二月、三兄進上京し同居。

昭和一九年（一九四四）　五八歳

三月、『日本芸能史六講』を三教書院より刊行。四月、慶應義塾大学内に語学研究所が発足し、第一部長となる。七月、藤井春洋硫黄島に着任。柳田国男・鈴木金太郎を保証人として、春洋を養嗣子に入籍。「山越しの阿弥陀像の画因」を雑誌「八雲」に発表。この頃から、長詩型の詞章頻りに心に浮ぶ。八月、叔母えい死去（七三歳）。一一月頃、折口春洋の歌集『鵠が音』の原稿を出版社に渡す。この年、「日本の創意」（草稿）を執筆。

昭和二〇年（一九四五）　　五九歳

一月、越後出湯温泉石水亭に静養。三月、印刷中の詩集『古代感愛集』戦火に焼失し、事前に入手した十数部のみ残る。それを自装し、身辺の者たちに贈る。大阪の生家焼失。三一日、大本営、硫黄島全員玉砕の発表。この頃、信州への疎開を勧められるが、出石に留まる。四月、大阪に親戚を見舞い、能登一ノ宮の藤井家を訪う。七月二六日、文化芸能団体に協力要請する会合で、裏で政府に和平交渉を勧める海軍のその報道部少将が国民には本土決戦を煽る発言をしたことを批判する。八月一五日、日本敗戦の詔勅を聴き、箱根山荘の叢隠居に四十日間籠もる。一一月、叢隠居で大森義憲と連句「湯小屋両吟」を巻く。

昭和二一年（一九四六）　　六〇歳

二月、詩篇「近代悲傷集」を「人間」に発表。三月、伊馬鵜平（後、春部と改名）復員して出石宅に同居。四月、三兄進死去（六二歳）。この月から、伊馬春部・池田弥三郎・戸板康二らと創作戯曲朗読会「例の会」を開く。五月、國學院大学に「神道概論」を開講。戦後最も心を注いだ講義。六月、春洋と共著の歌集『山の端』を八雲書店より刊行。八月、「沖縄を憶ふ」を「時事新報」に三回連載。一〇月、「女帝考」を「思索」に発表。一一月、國學院大学講堂で自作の戯曲「芹川行幸」を上演し、自身も声の出演をする。一一月、「文学を愛づる心」を「生活文化」に発表。「女流短歌史」を「婦人文庫」に連載発表。一二月、手伝いの矢野花子同居。この年、詩作・劇評の執筆が多い。

昭和二二年（一九四七）　　六一歳

一月、「天子非即神論」を「夕刊新大阪」に発表。二月、「民族教より人類教へ」を「神社新報」に発表。三月、戦火に焼けた『古代感愛集』を改訂して青磁社より刊行。四月、國學院学生岡野弘彦同居。七月、「宮廷生活の幻想」を「日本歴史」に発表。八月、『日本雑歌集』を芸文社より、九月、『短歌啓蒙』を芸苑社より、一〇月、『日本文学の発生　序説』を斎藤書店より刊行。雑誌「悠久」の座談会「神道とキリスト教」に、一二月、同誌の座談会「神道と仏教」に出席。『迢空歌選』を養徳社より刊行。

昭和二三年（一九四八）　六二歳

一・三月、釈迢空短歌綜集三『水の上』を、その四『遠やまひこ』を好学社より刊行。二月一一日、自由学園で「新時代における紀元節の考へ方について」を講演。以後、年数回講話する。四月上・中旬、塩竈・仙台・石巻・気仙沼・関本に講演旅行。弟親夫死去（五五歳）。五月、『古代感愛集』により日本芸術院賞受賞。九月、能登一ノ宮で春洋の墓石を選んで帰宅し、墓碑銘を撰ぶ。「もつとも苦しき　たゝかひに　最くるしみ　死にたる　むかしの陸軍中尉　折口春洋　ならびにその　父　信夫の墓」（翌年七月建立）。一〇月、雑誌「本流」創刊で小林秀雄と「古典をめぐりて」を対談。一二月、第一回日本学術会議会員に選ばれる。この頃、ハワイの短歌グループに添削指導をする（没年まで）。この年頃、「死者の書 続編」（草稿。新編『折口信夫全集　27』所収）を執筆。

昭和二四年（一九四九）　六三歳

一月、西脇順三郎と慶應義塾大学研究室で対談。「近代憂愁と古歌」を「歌学」に発表。二月、『恋の座』を和木書店より刊行。四月、「道徳の発生」を「表現」に発表。八月、箱根山荘に伊原宇三郎滞在し、肖像画を製作。六月、『万葉講義　畝傍・飛鳥篇』を推古書院より、九月、『世々の歌びと』を鎌倉文庫より刊行。一二月、「民族学研究」に柳田国男との対談「日本人の神と霊魂の観念そのほか」載る。また、宮中御歌会詠進歌選者を命ぜられ、以後、没年に及ぶ。この年、「婦人公論」の全国未亡人の短歌選を行なう。

昭和二五年（一九五〇）　　六四歳

二月、『日本文学啓蒙』を朝日新聞社より刊行。三月、「詩語としての日本語」「詩歴一通」を口述（岡野弘彦筆記）、五月に創元社の『現代詩講座』に発表。七月、「反省の文学源氏物語」を「婦人之友」に発表。一〇月、柳田国男に従い、伊勢・大和・大阪・京都に旅行。岡野弘彦同行。一二月、短歌「冬至の頃」五首を詠む。

昭和二六年（一九五一）　　六五歳

一月、「女流の歌を閉塞したもの」を「短歌研究」に発表。二月、「源氏物語と歌舞伎芝居」を東京大学源氏物語特別講座で講演。六月、腰部神経痛激しく日本紀の会・鳥船歌会など床についたまま講ずる。この年、靖国神社の求めで、奉祭歌「人おほくたへらざりけり　海やまにみちてきこえし　こゑもかそけし」を詠む。九月、「もののけ其他」を「紫花余香」に、「源氏物語における男女両主人公」を『朝日古典講座』に発表。一二月、「仇討ちのふおくろあ」を「古代研究」に発表。

昭和二七年（一九五二）　　六六歳

一月、『日本古代抒情詩集』のための口述を始める（没後に刊行）。二月、自作の詩・短歌の朗読を「NHK声のライブラリー」に録音。三越本店での奈良春日大社・興福寺国宝展に因み、毎日新聞本社で「浄きまなじり」の演題で阿修羅像を講演。五月、詩集『古代感愛集』『近代悲傷集』を角川書店より刊行。夏、軽井沢の貸別荘に滞在し、室生犀星・堀辰雄らと交歓。八月以来、健康すぐれず。九月二〇日、國學院の講義中、軽い言語障害。一〇月、「民族史観における他界観念」を『古典の新研究』に発表。一二月、第二国立病院で診察を受けるが、内臓・血圧などに異常なしと診断される。東をどり台本「万葉飛鳥之夢」を新橋演舞場で上演。

昭和二八年（一九五三）　六七歳

一月、信州新野の雪祭りの映画化でシナリオ執筆。二月、『かぶき讃』を創元社より刊行。「自歌自註」の口述（岡野弘彦筆記）を開始。四月、横浜の外人墓地を散歩し短歌「孃子塋」連作を詠む。岡野弘彦同行。六月、堀辰雄の葬儀に追悼詩を読む。七月四日から岡野弘彦を伴い箱根山荘に滞在。一二日、箱根に集まった鳥船社有志に各自の今後一年間に研究すべき論題を提出させる。春洋の歌集『鵠が音』校了し、「追ひ書き」成る。八月、この秋執行の三矢重松三十年祭祝詞を起草。「自歌自註」の口述を続ける気力失せる。八月一五日、「遠東死者之書」「八月十五日」等の詞章や「いまははた　老いかゞまりて、誰よりもかれよりも　低き　しはぶきをする」「かくひとり老いかゞまりて、ひとのみな憎む日はやく　到りけるかも」の二首を作る。錯覚と幻視起こり、衰弱著しい。伊馬春部や池田弥三郎ら、下山を勧める。二九日、帰京。三一日、慶應病院に入院。九月二日、胃癌と診断される。三日午後一時一一分永眠。六日、自宅で神式により葬儀。一二月一三日、能登の墓所に、養嗣子春洋と共に遺骨を埋葬。また、大阪木津願泉寺の折口家累代の墓にも分骨埋葬する。

没後、「三田文学」（一一月）、「コスモス」（一二月）、「短歌」（創刊号、翌年一月）、「國學院雑誌」（同年五月）の追悼号が出る。昭和二九年二月一一日、折口信夫記念会発足。一〇月～三二年四月、『折口信夫全集』全三一巻を中央公論社より刊行し、翌月に日本芸術院恩賜賞受賞。昭和三〇年一月、戦後に発表された口語発想の詩などで編まれた第三詩集「現代襤褸集」成る。六月、歌集『倭をぐな』を中央公論社より刊行。昭和四〇年一一月～四三年六月、前記の全集の新訂版を同社より刊行し、さらに昭和四七年五月からその新訂再版本を同社より刊行。昭和五〇年四月～五一年一二月、その新訂再版本を文庫として刊行。昭和四五年九月～四七年二月、『折口信夫全集ノート編』全一八巻を、昭和六二年一〇月～六三年二月、『折口信夫全集ノート編追補』全五巻を中央公論社より刊行。平成七年二月～一四年四月、新編『折口信夫全集』全三七巻・別巻四巻（別巻4、未刊行）を中央公論社（後、新社）より刊行。平成二八年六月、岡野弘彦編『釈迢空全歌集』を角川ソフィア文庫より刊行。

（長谷川政春）

本書は昭和五十二年一月に刊行された角川文庫を底本とし、改版にあたっては『折口信夫全集1　古代研究（国文学篇）』（平成七年二月中央公論社刊）を適宜参照しました。

本文中の仮名遣いについて、古典の引用および語原解釈に関わる単語については旧仮名遣いを採用し、他は底本どおり現代仮名遣いといたしました。

本文中には、支那・非人・夙の者・物吉（ものよし）・かつたい（癩病）・傍居・非人部落・跛といった、今日の人権意識や歴史認識に照らして不当・不適切な語句や表現がありますが、扱っている題材の歴史的状況およびその状況における著者の記述を正しく理解するため、底本のままとしました。

ハンセン病については、過去に「癩病」と呼ばれ、その患者や家族が理不尽な差別や人権意識に苦しみ、また不当な隔離政策を強制されてきた歴史に、深い遺憾の意を表します。

古代研究Ⅴ
国文学篇1

折口信夫

昭和52年 1月30日 初版発行
平成29年 4月25日 改版初版発行
令和6年 5月30日 改版5版発行

発行者●山下直久

発行●株式会社KADOKAWA
〒102-8177 東京都千代田区富士見2-13-3
電話 0570-002-301(ナビダイヤル)

角川文庫 20311

印刷所●株式会社KADOKAWA
製本所●株式会社KADOKAWA

表紙画●和田三造

Printed in Japan
ISBN978-4-04-400200-8 C0139